防洪-通航协同下
强冲刷河段航道整治

袁达全　黄召彪　李　明　刘林双　郑惊涛　等　著

科学出版社

北　京

内 容 简 介

本书在国家重点研发计划项目的课题"防洪-通航协同下强冲刷河段航道整治技术研究及示范"成果的基础上，以防洪-通航协同下的整治理念、整治参数、水位及滩槽控制技术和设计施工辅助技术为研究对象，提出有利于防洪-通航协同的航道整治理念和整治参数；揭示坝下砂卵石河段流量补偿与枯水位变化动态关系，并提出枯水位控制方法；阐明冲刷条件下滩槽水沙运动特性及洲滩调整发育模式；构建防洪-通航协同下复杂分汊和典型急弯河段滩槽控制方法；建立设计及施工阶段航道建筑信息模型，研制航道疏浚测量一体化装备，并应用于长江中游荆江二期、武汉至安庆等河段的航道整治工程。

本书可供水运、水利等专业的研究人员参考阅读。

图书在版编目（CIP）数据

防洪-通航协同下强冲刷河段航道整治/袁达全等著.—北京：科学出版社，2021.9
ISBN 978-7-03-069815-5

Ⅰ.①防… Ⅱ.①袁… Ⅲ.①河道冲刷-航道整治 Ⅳ.①U617

中国版本图书馆 CIP 数据核字(2021)第 184872 号

责任编辑：何 念 / 责任校对：高 嵘
责任印制：彭 超 / 封面设计：无极书装

科学出版社 出版
北京东黄城根北街 16 号
邮政编码：100717
http://www.sciencep.com

武汉精一佳印刷有限公司印刷
科学出版社发行 各地新华书店经销
*
开本：787×1092 1/16
2021年9月第 一 版 印张：13 1/2
2021年9月第一次印刷 字数：317 000
定价：158.00 元
（如有印装质量问题，我社负责调换）

前　言

长江中游河段、河型众多，河床组成多样，江湖关系复杂，河道内洲滩变迁频繁，河床演变剧烈，航槽极不稳定，碍航情况频发。三峡水库运行以来，在经济社会方面产生了较大效益。但由于水文、泥沙情势的改变，长江中游防洪、通航条件也发生一定调整，对长江中游航道治理提出了新的挑战。为此，2016年科学技术部设立了国家重点研发计划项目"长江'黄金航道'整治技术研究与示范"的课题"防洪-通航协同下强冲刷河段航道整治技术研究及示范"。该课题主要研究、分析传统航道整治技术存在的不足，考虑河道防洪和通航的双重属性，通过理论分析、数学模型、物理模型等手段，开展长江中游强冲刷河段的航道整治理论、整治方法及设计-施工辅助技术研究。该课题的实施对提高长江干线航道的保障水深，改善航行条件，实现"畅通、高效、平安、绿色"的长江航运具有重要的意义。

本书是作者在整个课题研究过程中，综合各专题研究过程及成果，不断思考，最后总结而成的。本书撰写的主要目的是，通过此项课题的研究，深入认识新水沙条件下的坝下强冲刷河段存在的航道问题，重点完善防洪-通航协同下的航道整治理论、整治方法及整治辅助技术等关键技术问题，完善防洪-通航协同下的航道整治参数理论，提出砂卵石河段水位控制方法，构建复杂分汊和典型急弯河段滩槽控制方法，研发航道整治工程信息化及航道疏浚测量一体化等设计-施工辅助技术，形成防洪-通航协同下的强冲刷河段航道整治技术，并实现宜昌至昌门溪、荆州至城陵矶、武汉至安庆等河段在航道整治工程中的示范应用，为长江中下游河道航道整治技术水平的提高提供支撑。

本书具体研究内容如下。

（1）划分长江中游河道组成因子，阐明航道建筑物类别、功能及特点，揭示工程对水位、水深的影响，发展航道"守、调、疏"相结合的航道整疏方法，形成防洪限制条件下确定强冲刷河段航道整治参数的方法体系，丰富航道治理理论。

（2）揭示坝下砂卵石河段流量补偿与枯水位变化动态关系，提出强冲刷砂卵石河段水位控制方法，阐明冲刷条件下滩槽水沙运动特性及洲滩调整发育模式，构建防洪-通航协同下复杂分汊和典型急弯河段滩槽控制方法，推进航道整治方法的进步。

（3）构建航道整治工程设计和施工的BIM技术体系，实现航道整治建筑信息模型、地理信息系统和水沙模型的融合，研制航道疏浚测量一体化设备，完善航道整治设计-施工技术手段。

本书共分为9章。第1章为强冲刷河段航道整治技术现状分析（执笔人：刘怀汉、袁达全、黄召彪）；第2章为长江中游航道特点及浅滩特性（执笔人：刘奇峰、李明、邓良爱）；第3章为防洪-通航协同下航道整治方法（执笔人：刘林双、柴华峰、江凌、余文钧);第4章为坝下砂卵石河段水位控制(执笔人:李明、万平、周成成);第5章为防洪-通航协同下分汊河段洲滩守护与塑造(执笔人:郑惊涛、游强强、董丽瑾);第6章为防洪-通航协同下典型急弯河段滩槽控制(执笔人:渠庚、陈栋、刘亚);第7章为航道整治BIM技术(执笔人:刘松、李国杰、牛作鹏);第8章为航道疏浚测量一体化设备(执笔人:余文钧、骆文广、李文强);第9章为成果应用示范(执笔人:黄成涛、郑力、王云波、陈婧)。

在研究探索防洪-通航协同下强冲刷河段航道整治技术过程中,作者得到了长江航道局、长江航道规划设计研究院、长江水利委员会长江科学院、中交第二航务工程勘察设计院有限公司、长江航道勘察设计院(武汉)有限公司的大力支持,谨向这些单位及研究团队全体成员表示衷心的感谢。

在本书写作过程中,尽管力求完美,但由于作者水平有限,书中难免存在不足之处,敬请读者批评指正。

作 者

2021年4月5日

目　　录

第1章

强冲刷河段航道整治技术现状分析

　　本章将介绍长江中游航道治理情况及成效，洪水灾害特点，防洪体系建设情况，三峡水库建成后的防洪形势，并从航道整治理念、航道整治参数、水位控制技术、滩槽控制技术、沙质急弯河段整治方法及设计与施工辅助技术六个方面分析强冲刷河段航道整治技术的研究进展。

1.1　长江中游航道治理情况及成效

1.1.1　长江中游航道概况

　　长江航道作为沟通我国东部、中部、西部地区的运输大动脉，是构建长江经济带综合立体交通走廊的主骨架，在航运方面具有独特的优势和巨大的发展潜力，在流域经济社会发展中的地位极其重要。随着加快长江等内河水运发展和长江经济带发展等国家战略的深入推进，加强长江航道治理已成为长江水运发展的重点工作。

　　作为长江水运最基础的设施，长江航道的条件好坏直接影响到沿江经济的发展的快慢。长江中游航道作为长江干线航道的重要组成部分，起着承上启下的作用，具有显著的经济发展地位和开发利用价值。三峡水库蓄水运行后，因水库蓄水拦沙，上游库区河段河道大幅淤积，坝下河段来沙减少，水流挟沙能力沿程恢复饱和，河床自上而下冲刷发展，尤其是位于近坝区域的长江中游河段，"清水"下泄条件下河床冲刷强烈。同时，随着长江下游南京以下 12.5 m 深水航道工程的实施，长江干线航道呈现两头深、中间浅的情况，长江中游特别是荆江、武汉至安庆等河段，河道洲滩冲蚀、航槽不稳、滩槽及水位控制困难、航道条件稳定性差等航道问题普遍存在，航道瓶颈效应更趋凸显，航道条件急需改善。

　　根据《长江干线航道发展规划》（2003 年）及《长江干线航道总体规划纲要》（2009年），至 2020 年，长江中游宜昌全城陵矶河段、城陵矶至武汉河段、武汉至安庆河段航道水深将分别达到 3.5 m、3.7 m、4.5 m，随着荆江等河段航道整治工程的实施，此目标在 2015 年已基本实现。近年来，《水运"十三五"发展规划》《长江经济带发展规划纲要》等文件围绕"生态优先、绿色发展"的基本思路，设立到 2020 年、到 2030 年两个阶段的战略目标，明确长江经济带"一轴、两翼、三极、多点"的发展新格局，是依托黄金水道推动长江经济带发展重大国家战略的纲领性文件，对长江航运发展具有重要的指导意义。2019 年 7 月，交通运输部印发了《交通运输部关于推进长江航运高质量发展的意见》（交水发〔2019〕87 号），以"共抓大保护、不搞大开发""生态优先、绿色发展"为根本遵循，以改革创新为动力，提出到 2025 年、到 2035 年的总体发展目标，着力推进设施装备升级、夯实安全基础、提高服务品质、提升治理能力，将长江航运打造成交通强国建设先行区、内河水运绿色发展示范区和高质量发展样板区，为推动长江经济带高质量发展提供坚实支撑和有力保障。其中，在"强化设施装备升级，促进航运顺畅发展"方面，提出推进航道网络化，其涉及的主要任务有推进航道区段标准统一，加快推进干支航道系统建设；积极推动实施三峡枢纽水运新通道和葛洲坝航运扩能工程，打通瓶颈制约；推进长江干线航道扩能提升工程，实现长江干线 3 000 t 级船舶直达宜宾、5 000 t 级船舶直达重庆、$1×10^4$ t 级船舶直达武汉、$5×10^4$ t 级船舶直达南京；结合长江上游水库群联合调度，提高通航保证率；等等。

1.1.2　航道治理情况

长江中游航道整治主要分为三个阶段。

（1）"战枯水，保畅通"阶段。20 世纪 90 年代以前，长江中游河道以自然河道为主，长江中下游航道主要利用自然水深通航，在局部河段需根据自然条件下的河道冲淤特点，年年"战枯水"，采取维护措施，保障航道畅通。

（2）"重点碍航浅水道疏通"阶段。20 世纪 90 年代～2002 年，长江中下游航道建设以疏通重点碍航浅水道为主，宜昌至安庆河段仅实施了"长江中游界牌河段综合治理工程""长江下游马当河段沉船打捞工程""长江航道清淤应急工程""长江中游碾子湾水道航道整治工程""长江下游张家洲水道航道整治工程"五个项目。

（3）"全面守护与调整"阶段。2003 年《长江干线航道发展规划》颁布以来，长江中下游航道建设拉开了序幕。采用的工程形式主要包括守护型工程和调整型工程。至 2017 年底，长江中游宜昌至安庆河段共实施航道整治工程 42 项（表 1-1-1）。

表 1-1-1　长江中下游宜昌至安庆河段航道整治工程统计表

河段	序号	项目名称	建设年份	建设标准
宜昌至城陵矶河段	1	长江航道清淤应急工程（周天河段、碾子湾水道）	2001～2006	—
	2	长江中游宜昌至昌门溪河段航道整治一期工程	2014～2017	3.5 m×150 m×1 000 m
	3	长江中游宜昌至昌门溪河段航道整治二期工程	2018～2021	
	4	长江中游枝江至江口河段航道整治一期工程	2009～2013	2.9 m×150 m×1 000 m
	5	长江中游沙市河段三八滩应急守护工程	2004～2005	2.9 m×80 m×750 m
	6	长江中游沙市河段航道整治一期工程	2009～2012	2.9 m×80 m×750 m
	7	长江中游沙市河段腊林洲守护工程	2010～2013	3.2 m×150 m×1 000 m
	8	长江中游瓦口子水道航道整治控导工程	2008～2011	3.2 m×150 m×1 000 m
	9	长江中游马家咀水道航道整治一期工程	2006～2010	2.9 m×80 m×750 m
	10	长江中游瓦口子至马家咀河段航道整治工程	2010～2013	3.5 m×150 m×1 000 m
	11	长江中游周天河段航道整治控导工程	2006～2011	2.9 m×150 m×1 000 m
	12	长江中游藕池口水道航道整治一期工程	2010～2013	2.9 m×80 m×750 m
	13	长江中游碾子湾水道航道整治工程	2002～2008	3.5 m×150 m×1 000 m
	14	长江中游窑监河段航道整治一期工程	2009～2012	2.9 m×80 m×750 m
	15	长江中游窑监河段乌龟洲守护工程	2010～2013	2.9 m×80 m×750 m
	16	长江中游荆江河段航道整治工程 昌门溪至熊家洲河段工程	2013～2017	3.5 m×150 m×1 000 m
城陵矶至武汉河段	17	长江中游杨林岩水道航道整治工程	2013～2016	3.7 m×150 m×1 000 m
	18	长江中游界牌河段综合治理工程	1994～2000	3.7 m×80 m×1 000 m
	19	长江中游界牌河段航道整治二期工程	2011～2013	3.7 m×150 m×1 000 m

河段	序号	项目名称	建设年份	建设标准
城陵矶至武汉河段	20	长江中游陆溪口水道航道整治工程	2004～2011	3.7 m×150 m×1 000 m
	21	长江中游嘉鱼至燕子窝河段航道整治工程	2006～2010	3.7 m×150 m×1 000 m
	22	长江中游赤壁至潘家湾河段（燕子窝水道）航道整治工程	2015～2017	3.7 m×150 m×1 000 m
	23	长江中游武桥水道航道整治工程	2011～2013	3.7 m×150 m×1 000 m
武汉至安庆河段	24	长江中游天兴洲河段航道整治工程	2013～2016	4.5 m×200 m×1 050 m
	25	长江中游罗湖洲水道航道整治工程	2005～2008	4.5 m×200 m×1 050 m
	26	长江中游湖广至罗湖洲河段航道整治工程	2013～2016	4.5 m×200 m×1 050 m
	27	长江中游戴家洲河段航道整治一期工程	2009～2012	4.5 m×100 m×1 050 m
	28	长江中游戴家洲河段右缘中下段守护工程	2010～2013	4.5 m×100 m×1 050 m
	29	长江中游戴家洲河段航道整治二期工程	2012～2015	4.5 m×200 m×1 050 m
	30	长江中游牯牛沙水道航道整治一期工程	2009～2012	4.5 m×150 m×1 050 m
	31	长江中游牯牛沙水道航道整治二期工程	2013～2016	4.5 m×150 m×1 050 m
	32	长江中游鲤鱼山水道航道整治工程	2015～2018	4.5 m×150 m×1 050 m
	33	长江下游武穴水道航道整治工程	2007～2012	4.5 m×150 m×1 050 m
	34	长江中游新洲至九江河段航道整治工程	2012～2016	4.5 m×200 m×1 050 m
	35	长江下游张家洲水道航道整治工程	2002～2007	4.0 m×120 m×1 050 m
	36	长江下游张家洲南港上浅区航道整治工程	2009～2013	4.5 m×200 m×1 050 m
	37	长江下游东北水道航道整治工程	2016～2019	4.5 m×200 m×1 050 m
	38	长江下游马当河段沉船打捞工程	2000～2005	4.5 m×200 m×1 050 m
	39	长江下游马当河段航道整治一期工程	2009～2011	4.5 m×200 m×1 050 m
	40	长江下游马当南水道航道整治工程	2011～2016	4.5 m×200 m×1 050 m
	41	长江下游东流水道航道整治工程	2004～2008	4.5 m×200 m×1 050 m
	42	长江下游东流水道航道整治二期工程	2012～2016	4.5 m×200 m×1 050 m

1.1.3　航道治理成效

在航道治理中初步掌握了三峡水库蓄水运行后长江中游河道的演变规律及碍航特性，研发了适应新水沙条件的航道整治思路、原则、布置、结构，初步形成了新水沙条件下的长江中下游航道整治技术体系。

经过不同时期的航道治理，宜昌至安庆河段的通航条件不断改善，实现了规划目标。宜昌至城陵矶河段，航道维护尺度标准在2009年以前的56年一直为2.9 m×80 m×750 m，经过逐步治理，2015年11月提高至3.5 m×100 m×750 m，2016年11月荆州至城陵矶河段进一步提高至3.8 m×150 m×1 000 m。城陵矶至武汉河段，航道维护尺度标准在 2010 年以前为 3.2 m×80 m×750 m,经过逐步治理,2018 年 11 月提高至 4.2 m×150 m×1 000 m。武汉至安庆河段,航道维护尺度标准在 2014 年以前为 4.0 m×100 m×1 050 m,2014 年 1 月提高至 4.5 m×200 m×1 050 m,2015 年 12 月安庆吉阳矶至皖河口河段提高至 6 m×200 m×1 050 m,2017 年 11 月黄石上巢湖至安庆吉阳矶河段提高至 5 m×200 m×1 050 m。

1.2　洪水灾害和防洪工程建设概况

长江是以暴雨洪水为主的河流,洪灾基本上由暴雨洪水形成。除海拔 3 000 m 以上青藏高原的高寒、少雨区外,凡是有暴雨和暴雨洪水行经的地方,都可能发生洪灾。因此,长江流域洪灾分布范围广泛,在山区、丘陵区、平原区、河口区都可能发生程度不同的各种洪水灾害。

1.2.1　长江中游洪水灾害特点

长江中游洪灾类型主要包括干支流洪水上涨漫溢造成的冲毁、淹没两岸河谷阶地的灾害和干流及其支流洪水泛滥或堤防溃决造成的平原区大片土地淹没的灾害。干支流洪水上涨造成的洪灾,一般具有洪水峰高、来势迅猛、历时短和灾区分散的特点,局部地区性大洪水有时也造成局部地区的毁灭性灾害,但其受灾范围与影响则有局限性。长江中游受堤防保护的防洪保护区,其地面高程一般低于汛期江河洪水位 5~6 m,有的低10 余米,洪水灾害最为频繁严重,一旦堤防溃决,淹没时间长,损失大,特别是荆江河段,还将造成大量人员死亡的毁灭性灾害。因此,平原区是长江流域洪灾最频繁、最严重的地区,也是长江防洪的重点。

1.2.2　长江中游河道防洪体系建设

根据 2015 年《国务院关于长江防御洪水方案的批复》,目前长江中游基本形成了以堤防为基础,以三峡水库为骨干,其他干支流水库、蓄滞洪区、河道整治工程、平垸行洪、退田还湖等相配合的防洪工程体系。长江中游总体防洪标准为防御中华人民共和国成立以来发生的最大洪水(1954 年洪水)。荆江河段防洪标准为 100 年一遇,同时应有可靠的措施来应对类似 1870 年的洪水,保证荆江两岸干堤防洪安全,防止发生毁灭性灾害。

长江干线堤防是长江防洪的基础,长江中下游 3 900 km 干堤已基本达标,以防洪较为严重的长江中游荆江河段为例,沿江左岸有荆江大堤和监利长江干堤,另外还有下百里洲江堤、学堂洲民堤,右岸有荆南长江干堤和岳阳长江干堤。其中,荆江大堤和长江干堤的岳阳城防堤属一级堤防,监利长江干堤和荆南长江干堤均属二级堤防,下百里洲江堤、学堂洲民堤属三级堤防。

以防御 1954 年洪水为目标,为保障重点地区防洪安全,长江中游安排了 40 处可蓄

滞洪水约 627×10^8 m³ 的蓄滞洪区。其中：荆江地区 4 处，蓄洪量为 71.6×10^8 m³；城陵矶附近地区 25 处，洞庭湖区 24 处，洪湖 1 处，蓄洪量约为 345×10^8 m³；武汉附近地区 6 处，蓄洪量约为 122×10^8 m³；湖口附近地区 5 处，鄱阳湖区 4 处，蓄洪量约为 26×10^8 m³，华阳河区 1 处，蓄洪量为 62×10^8 m³。目前，已建分洪闸的蓄滞洪区有荆江分洪区、杜家台蓄滞洪区、围堤湖蓄洪垸和澧南蓄洪垸，荆江分洪区和杜家台蓄滞洪区两个蓄滞洪区自分洪闸建成后发挥了削减洪峰、蓄纳超额洪水、降低江河洪水位的作用。

经过多年建设，长江干支流主要河段现有防洪能力大致达到以下标准：荆江河段依靠堤防可防御约 10 年一遇洪水，加上使用蓄滞洪区，可防御约 40 年一遇洪水，考虑三峡水库的防洪作用，可使荆江地区防御 100 年一遇洪水；城陵矶河段依靠堤防可防御 10～15 年一遇洪水，考虑比较理想地使用蓄滞洪区，可基本满足防御 1954 年洪水的防洪需要；武汉河段依靠堤防可防御 20～30 年一遇洪水，考虑比较理想地使用河段上游及本地区蓄滞洪区，可基本满足防御 1954 年洪水（其最大 30 天洪量约为 200 年一遇）的防洪需要；湖口河段依靠堤防可防御 20 年一遇洪水，考虑比较理想地运用河段上游及本地区蓄滞洪区，可基本满足防御 1954 年洪水的防洪需要；考虑三峡水库的防洪作用，在减少部分蓄滞洪区使用的情况下，可使荆江以下河段满足防御 1954 年洪水的防洪需要（长江水利委员会，2008）。

1.2.3 三峡水库建成后的防洪形势

三峡水库位于长江干流宜昌境内，控制流域面积 100×10^4 km²。

三峡水库采用"一级开发，一次建成，分期蓄水，连续移民"的建设方案。三峡水库已于 2003 年 6 月利用右岸围堰和左岸大坝挡水，按 135 m 水位通航发电（围堰发电期）；2006 年汛后，水库蓄水至 156 m，进入运行期初期；2009 年工程完建，在移民完成且经过水库泥沙观测、论证后，按最终规模（正常蓄水位 175 m）运行。

正常运行期，水库正常蓄水位（防洪高水位）为 175 m，防洪限制水位为 145 m，防洪库容达 221.5×10^8 m³。三峡水库按正常规模投入使用后，中游各地区防洪能力将有较大提高，特别是荆江地区的防洪形势将发生根本性变化。

对荆江地区，遇 100 年一遇及以下洪水（如 1931 年、1935 年、1954 年洪水，1954 年洪水洪峰流量在荆江地区不到 100 年一遇）时，可使沙市水位不超过 44.5 m，不启用荆江分洪区；遇 1 000 年一遇或类似 1870 年的洪水时，可使枝城流量不超过 80 000 m³/s，并配合运用荆江地区的蓄滞洪区，使沙市水位不超过 45.0 m，从而保证荆江两岸的防洪安全。对城陵矶附近地区，一般年份基本上可不分洪（各支流尾闾除外）；遇 1931 年、1935 年、1998 年、1954 年大洪水时，可减少本地区的分蓄洪量和土地淹没。对武汉地区，由于长江上游的洪水得到了有效控制，可以避免荆江大堤溃决后洪水取捷径对武汉的威胁。三峡水库调蓄提高了对城陵矶附近地区洪水的控制能力，配合丹江口水库和武汉附近地区的蓄滞洪区的运用，可避免武汉水位失控。三峡水库建成后，武汉以上控制洪水的能力除原有的蓄滞洪区容量外，增加了三峡水库的防洪库容（221.5×10^8 m³），提高了武汉防洪调度的灵活性。

对于长江中游河段而言，三峡水库建成后，虽然长江中游的防洪能力有了较大提高，但由于长江河道的安全泄量与长江洪水峰高量大的矛盾十分突出，三峡水库的防洪库容仍是不足的。同时，三峡水库建成后，由于天然水沙情势发生较大的变化，在相当长的时期内，中下游河床将发生长距离的沿程冲淤变化，其结果将会导致长江中下游河势、江湖关系发生变化，防洪面临新形势、新问题。同时，近年来，受全球气候变化影响，流域部分地区极端水文事件发生频次增加，暴雨强度加大，局部区域洪灾仍较为严重，对长江中游航道整治工程的限制仍较为严峻。

1.3　强冲刷河段航道整治技术研究进展

水运是人类最早的一种运输方式，最早的航道整治工程发生在 15 世纪的德国和法国。长期以来，人们对航道治理技术的积累较多，包括航道整治理论、技术和工程手段等多方面。

1.3.1　航道整治理念研究进展

早期的整治方法基本是纯经验性的，以重建优良稳定河床这一基本观点为依据。直到 21 世纪初前后，河相学的出现才使这一问题的理论研究初步形成。其研究历史从时间上大致可划分为以下三个阶段（王秀英，2006）。

第一阶段为 20 世纪初以前，国内外学者开展了大量有关渠道稳定断面形态与水沙因素之间关系的研究，并提出了"束水攻沙"治理理论。但受当时科学技术水平的限制，理论上有诸多不严谨之处，通用性很差，许多工程由此造成失误。因此，这一阶段的研究总的来说是简单粗糙的，属于经验性的（谢鉴衡，1992）。

第二阶段是 20 世纪 30～60 年代，河流动力学与河床演变学的诞生为研究提供了坚实的理论基础，使得研究工作迅速从感性阶段上升为理性阶段。国外学者提出了"长河段缩窄后冲深""造床流量"等重要概念，在理论上也进一步明确了整治线宽度的物理意义（钱宁 等，1989）。这期间我国学者的工作也不容忽视，许多成果同样具有重大意义。他们提出了"浅滩整治前后河道输沙能力不变"，导出了整治线宽度公式（窦国仁，2003；刘建民，1998）。但同时也应看到，这阶段的研究成果考虑的水沙因素尚不全面、细致，所得理论精度上有缺陷，实际工程资料的验证工作做得也较少，在小流量、低流速、河道断面较为简单的河道中较为实用，对于类似长江的大流量、高流速、航道组成因子众多、滩槽演变关系较为复杂的河道来说，无法较好地利用河道局部水保资源，已有成果的应用比较受限。

第三阶段为 20 世纪 70 年代后，河流动力学理论的发展及航道整治工程技术水平的不断提高，使研究工作更为深入。此阶段考虑的水沙、河床等因素更全面，研究深度也相应增加，并大都被工程实际资料所验证。对三峡水库蓄水运行后的长江中下游而言，提出了"固滩稳槽"整治方法（长江航道局，2003；闵朝斌，2002；荣天富和万大斌，1994），即通过工程手段，在航道条件较好时期守护现存滩体，促使水流回归并冲刷航槽，以保障或提升现有航道的水深。这一治理方法较好地适应了长江中下游河道近期的冲刷特点，但随着我国经济的持续发展，长江干线河道治理的外界约束条件逐步增强，单单依靠"固滩稳槽"的整治方法难以兼顾防洪等多目标要求，因此，需要综合航道内部特性和外界约束要求，开展航道治理理论的创新，为航道工程提供理论支撑。

1.3.2　航道整治参数研究进展

1. 调整型工程整治参数确定方法

1）整治水位

传统调整型工程航道的整治水位一般指与整治建筑物头部高程齐平的水位。随着治理航道、提高通航等级实践经验的不断积累，整治水位确定方法在某种程度上得到了深入研究和应用，已有整治水位的确定方法主要有经验取值法、造床流量法、平滩水位法、临界水位法等（李义天和邓金运，2009；王秀英 等，2008；王秀英，2006；刘建民，2005；长江航道局，2003；窦国仁，2003；闵朝斌，2002；李万松，2000；刘建民，1998；荣天富和万大斌，1994；谢鉴衡，1992；钱宁 等，1989）。

2）整治线宽度

整治线宽度是与整治水位相对应的，二者综合作用的结果是航道满足通航条件要求。目前整治线宽度的确定方法主要有经验分析法、水力学公式法及河流动力学公式法三种，主要代表方法如表1-3-1所示。

表1-3-1　整治线宽度确定方法总结

方法	代表人物	依据原理	公式形式	备注
经验分析法	阿尔图宁（高凯春 等，2010）	河相关系	$\frac{B^m}{H}=\zeta$	B为河宽；H为断面平均水深；ζ为随河床形态而变的系数；m为待定参数
	广东省航道局（黄克中和锺恩清，1991）	优良河段整治水位的河宽B_2与浅滩河宽B_1之间的比值关系	$B_2=AB_1\left(\frac{H_1}{H_2}\right)^y$	B_1为浅滩河宽，B_2为优良河段整治水位的河宽；H_1、H_2为工程前后的断面平均水深；A、y为待定参数
水力学公式法	—		$B_2=\frac{1}{CH^{\frac{3}{2}}}\frac{Q}{J_2^{\frac{1}{2}}}$	J_2为工程后的水面比降；C为谢才系数；Q为断面流量
	罗辛斯基（乐培九和李旺生，1991）	明渠恒定均匀流的连续方程和阻力方程	$B_2=(K_a^5 n^3)^{\frac{2}{11}}\left(\frac{Q}{J^{\frac{1}{2}}}\right)^{\frac{6}{11}}$	K_a为与河型有关的系数；n为曼宁糙率；J为水面比降
	格里沙宁（唐存本，1990）		$B_2=\left(\frac{J_1}{J_2}\right)^{\frac{1}{3}}\left(\frac{\alpha_2}{\alpha_1}\right)B_1\left(\frac{H_1}{\eta_2 t_2}\right)^{\frac{3}{2}}$	α_1、α_2分别为工程前后与河床形态有关的系数；J_1为工程前的水面比降；η_2为工程后的断面形态系数；t_2为工程后要求航深

续表

方法	代表人物	依据原理	公式形式	备注
河流动力学公式法	格里沙宁（丁君松和王树东，1989）	浅滩缩窄整治后，从浅滩上冲刷至下深槽的泥沙数量应等于每年淤积在航道底标高以上的泥沙数量	$$\left(\frac{V_2}{V_1}\right)^3\left(\frac{V_2}{V_1}-\frac{V_{c2}}{V_{c1}}\right)=\frac{\Delta Y_2}{\Delta Y_1}\left(\frac{V_{c2}}{V_{c1}}\right)^2\left(\frac{d_1}{d_2}\right)\left(1-\frac{V_{c1}}{V_1}\right)$$	V_c为泥沙颗粒止动流速；d为河床质平均粒径；V为断面平均速度；ΔY为航道底标高以上的泥沙淤积深度。其中，下角标1表示整治前，2表示整治后。未考虑河道上游的来水来沙这一重要因素，因而是有缺陷的
	贡炳生（1964）	挟沙水流能量相对平衡	$$B_s\Delta H\gamma_s=\int_{T_1}^{T_2}\Delta g\mathrm{d}t$$	γ_s为泥沙重度；B_s为航道整治线宽度；ΔH为水位变化；Δg为泥沙输移变化量；T_1和T_2为计算的起止时间。在理论上较为严谨，存在的不足一是未考虑上游来水来沙；二是冲刷过程并不仅仅在整治水位与设计水位之间；三是计算较为复杂
	斯屈奥伯（Andrew，1980）	从河道沿程输沙平衡考虑，长距离河道缩窄后流量、输沙率不变	$$\frac{H_2}{H_1}=\left(\frac{B_1}{B_2}\right)^{\frac{3}{7}}\left\{\frac{-\frac{\tau_c}{\tau_1}+\left[\left(\frac{\tau_c}{\tau_1}\right)^2+4\left(1-\frac{\tau_c}{\tau_1}\right)\left(\frac{B_1}{B_2}\right)^2\right]^{\frac{1}{2}}}{2\left(1-\frac{\tau_c}{\tau_1}\right)}\right\}$$	τ_1为床面切应力；τ_c为泥沙起动临界切应力。不足是公式应用的流量级不明确，同一断面整治前后形态的调整是否与沿程断面调整的机理完全相同
	窦国仁（2003）		$$B_2=B_1^{m_1}\left(\frac{H_1^{m_1}}{\eta_2 t_2}\right)^{1.5}$$	m_1为随河道流量、泥沙颗粒沉速、缩窄率而变化的系数
	张沛文（1979）、刘建民（2005）	整治前后输沙平衡原理	$$B_2=\left(\frac{\alpha_2}{\alpha_1}\right)^{y_a}\left(\frac{d_1}{d_2}\right)^{y_d}\left(\frac{Q_2}{Q_1}\right)^{y_Q}B_1\left(\frac{H_1}{\eta_2 t_2}\right)^{y_H}$$	$y_a=\dfrac{1}{m+2}$，$y_d=\dfrac{4m-1}{12(m+2)}$，$y_Q=\dfrac{m+3}{m+2}$，$y_H=\dfrac{14m+43}{12(m+2)}$；$\alpha_1$、$\alpha_2$、$m$随相对流速（$V/V_c$）变化。考虑了受分流、渗流等影响的整治前后的流量；整治前后底沙粒径变化可借类似滩段实测粗化程度计算
	长江航道局、武汉大学（邓金运 等，2013；卢汉才和刘建民，1961）	局部输沙不平衡原理	$$\frac{B_2}{B_1}=A\left(\frac{H_1}{H_2}\right)^y$$	考虑了输沙不平衡

传统航道整治工程仍主要立足于"河道渠化""束水攻沙"等理论，以这些理论为基础的方法在小流量、低流速、河道断面较为简单的河道中较为实用，对于类似长江的大流量、高流速、河道组成因子众多、滩槽演变关系较为复杂的河道，尤其是对目前仍处于强冲刷状态，洲滩稳定性较差的长江中游河道来说，无法较好地利用河道局部水保资源，已有成果的应用比较受限。

2. 守护型工程整治参数确定方法

近年来研究成果表明,坝下河段由于"清水"下泄,一般为强冲刷环境,不利的航道条件一般也是由局部滩体的冲刷造成的,相应的航道整治工程除了调整型工程外,还包括大量的守护型工程,其本质在于守护冲刷河段的滩体,从而达到维持较好航道条件的目的,但相应的航道整治参数研究则较少。

1) 整治水位

目前已有方法中,主要借鉴调整型工程整治水位的确定方法,采用造床流量法、平滩水位法、临界水位法等,从塑造优良河槽的角度,提出整治水位的确定方法,但考虑到守护型航道整治工程的性质,即在航道尚优良的有利时期,通过一定的工程措施(多为护滩工程,如边滩守护工程、心滩守护工程等),维持现有较好的滩槽格局,避免洲滩冲散造成浅滩段的不利变化,对于浅滩冲刷、增加水深的要求并不是首要的,因此上述方法难以适用于守护型工程。对此,邓金运等(2013)在长时期的长江中游河道治理基础上,探索性地提出了守护型工程的整治水位确定方法——浅滩河段边心滩高程控制法。该方法主要针对现状较为良好的洲滩格局,以及可能出现的不利演变趋势,确定主体守护洲滩,将所需守护的洲滩的滩面高程或岸坡高度作为整治水位,其目的是控制主体守护洲滩不冲蚀,维持滩槽格局,并进而间接增强河床下切,促使航道条件维持现状或进一步向有利条件转化。

2) 整治线宽度

目前常用的整治线宽度确定方法主要是借鉴调整型工程整治线宽度的确定方法,应用成果在长江中下游较为受限。根据守护型工程的整治思想及本质内涵,邓金运等(2013)提出了守护型工程整治线宽度的确定方法——浅滩优良时期河宽法。其主要思路是:通过选取近几年中浅滩优良时期的该河段洲滩资料,统计浅滩断面岸线与洲滩边线的间距(定义为优良时期河宽);点绘优良时期河宽与最小航深的关系曲线,确定下包线;确定不同航深尺度下的优良时期河宽值,将其作为守护型工程的整治线宽度。

对于长江中游河道而言,三峡水库蓄水运行后,坝下河段洲滩萎缩崩退,地面高程普遍低于河道汛期洪水位,蓄水后仍存在局部极端水文事件,暴雨强度仍在持续增加,局部防洪形势仍较为严峻,航道整治工程必须考虑防洪安全,相应的防洪-通航协同下的航道整治参数也亟须建立。

3. 疏浚工程参数确定方法

疏浚技术在世界范围内广泛应用,在我国已有上千年历史(史卿 等,2017;武建中 等,2017;张旭东 等,2017;吴江平,2011),其原理主要是应用人力、机械等进行水下土石方开挖,以达到扩宽水域、疏通航道、提高排洪能力等的目的。对于长江中下游河道,在2017年以前,已经在长江中游宜昌至昌门溪河段、荆江河段、界牌河段等众多河段开展了航道整治工程,工程以水沙调节、岸滩守护等型式为主,整治工程中疏浚工程较少,仅在零星的重点河段对部分不利水文年份可能造成的航道不通开展了应急疏浚工程，如为了缓解 1998 年、1999 年特大洪水对长江干线航道造成的影响，配合后期航道整治工程开展，先期开展了周天河段清淤应急工程、碾子湾水道清淤应急工程等。

目前的疏浚措施主要用于局部淤积严重的重点碍航浅滩在不利年份的航槽疏通，疏浚作为一种单纯的治理措施，可以较好地保证应急情况下短时间内（一般为 1～2 个枯水期）的航道畅通，但由于未改变河道长期形成的河势和滩槽格局，疏浚后易回淤，无法在长时间内保证航道畅通。

已有疏浚设计规范［《疏浚与吹填工程设计规范》（JTS 181—5—2012）、《疏浚与吹填工程技术规范》（SL 17—2014）等］（中交上海航道勘察设计研究院有限公司和中交天津航道勘察设计研究院有限公司，2012）主要用在湖泊、沿海等浅区的疏浚，规范建议疏浚平面布置和尺度 "结合使用要求、施工要求和水域冲淤情况等确定"，没有具体的计算方法和公式，但对于长江中下游内河航道治理而言，受河道枢纽修建、水沙条件变异（Chen and Wang，2010）、地质条件多样（Yang et al.，2018）、河床演变剧烈（Dai and Lu，2014；陈远芳和高凯春，1997）、外部条件限制等复杂因素影响，在强冲刷河段目前疏浚参数的适应性仍然不足，无法满足设计要求，需要优化完善。

1.3.3　水位控制技术研究进展

随着三峡水库的蓄水运行，因水库蓄水拦沙，坝下河段来沙减少，水流挟沙能力沿程恢复饱和，河床自上而下冲刷发展，尤其是位于近坝区域的长江中游河段，"清水"下泄条件下河床冲刷强烈，宜昌水位逐年下降。同时，芦家河水道卵石浅滩区域仅能勉强维持目前的航道尺度需求，随着水位的进一步下降，航道水深将进一步恶化。从近期的变化趋势来看，天然情况下，坝下砂卵石河段的河床冲刷及水位下降将长期持续，从这一角度来看，维持砂卵石河段水位稳定十分必要且极为紧迫；从技术层面上来看，近坝砂卵石河段受三峡影响最为直接，其河床变形特点、河床变形与水流条件之间的互馈关系、浅滩成滩机理、治理对策等方面的问题均与下游的沙质河段有显著不同。

考虑到宜昌水位的复杂性和砂卵石河段航道问题的日益突出，加之坝下宜昌至昌门溪河段的系统研究较为薄弱，同时该河段实施系统治理涉及的技术问题与外部条件问题均极为复杂，本书第 4 章将介绍坝下砂卵石河段水位控制技术研究，主要针对蓄水后坝下砂卵石河段水位控制难题，通过揭示坝下砂卵石河段流量补偿与枯水位变化动态关系，提出针对不同流量补偿力度的枯水位控制需求，结合水槽试验开展加糙结构体的研究，推导淹没条件下加糙结构体阻力系数计算公式，优选护底加糙的工程结构，提出砂卵石河段护底加糙工程的布置方案，并定量评价其水位控制效果，形成系统的坝下砂卵石河段水位控制的河床加糙技术，为实际工程中利用加糙结构体控制坝下砂卵石河段水位提供理论依据与技术指导。

1. 砂卵石河段水位流量关系

针对砂卵石河段水位流量关系的研究由来已久，已有成果表明，宜昌、沙市的水位下降分别始于 1975 年和 1970 年。在经历了葛洲坝蓄水以来的冲刷之后，宜昌水位主要受磨盘溪至枝城河段所控制，近坝段 20～30 km 距离内的冲刷对宜昌水位影响幅度有限。河床冲刷过程中，断面面积扩大尤其是河床下切造成的深度增加将使水位降低，而河床组成的粗化将使糙率增大，水位抬高。

在节点控制作用的分析研究方面，认为宜昌至江口的砂卵石河段深泓高低起伏，这些位置在枯水期过水面积小，比降、流速较大，是对上游水位起关键控制作用的节点。一般认为芦家河水道是对上游水位控制作用最强的关键节点，陈二口以上的关洲、外河坝、宜都、胭脂坝等位置的作用也不可忽视。

为研究砂卵石河段的水位问题，早期长江水利委员会长江科学院、中国水利水电科学研究院、清华大学、交通运输部天津水运工程科学研究院等多家单位先后模拟、预测了三峡水库蓄水运行后的水位下降情况。一般认为，水位下降主要发生在前 10 年，降幅约为 0.8 m。第 10 年之后，降幅较小。对于河段形态与水位变化，由于大埠街以下沙质河床抗冲性弱，随着河床冲刷的发展，在芦家河、枝江、江口等位置将出现连续的水面跌坎，存在严重的"坡陡流急"现象；宜昌至枝城河段对水位也存在控制作用，宜昌至大埠街河段内各节点对水位降幅有层层缓冲作用。

近期，对于砂卵石河段的水位流量关系变化问题，长江水利委员会水文局、长江航道规划设计研究院等单位结合三峡水库蓄水以来的实测资料开展了分析研究工作，认为河床冲刷下切是枯水同流量下水位下降的主要原因，而节点河段的控制作用及河床组成的粗化是制约水位下降幅度的重要因素。

2. 枯水位控制方法

长江三峡工程"十五"泥沙问题研究中，进行了"宜昌至杨家脑河段综合治理措施研究"，通过长江航道局、长江水利委员会长江科学院、武汉大学、南京水利科学研究院的联合攻关，提出了维持宜昌水位的工程措施，认为护底加糙比修筑潜坝的壅水效果更明显，而由此带来的局部流速、比降增大现象较少，因此建议工程措施以护底加糙形式为主；抛石粒径至少要大于 50 mm，以保证抛石粒径不被冲动，起到护底作用。护底位置围绕着有利于遏制宜昌枯水位下降、不构成新的局部陡比降、具有较好的自然河势条件、易于进行工程施工与防护稳定且工程量较小等原则选取。在河床平面形态上选择河宽较窄的河段，纵剖面上则选取床面较为高凸的部位，并要求同流量断面面积小于上下游河段；在河床抗冲能力上，尽量选择河床组成坚实、河道横竖向变动很小的区域。三峡水库蓄水运行后的 2004 年，试验性护底工程在宜昌河段的胭脂坝尾部得到实施。

近年来，长江航道规划设计研究院在宜昌至昌门溪河段航道整治工程的相关科研、设计工作中，结合三峡水库蓄水运行以来的河道实际变化，在"三峡-葛洲坝枢纽坝下砂卵石河段（宜昌至昌门溪）航道治理关键技术研究"等研究项目中对砂卵石河段水位控制的系统方案进行了进一步的论证与优化，认为通过实施护底加糙工程，是可以有效控制宜昌水位降幅的。

3. 加糙结构体

在众多的加糙结构体控制水位工程中，四面体透水框架、潜坝和抛石护岸应用较广。

四面体透水框架作为一种大尺度加糙结构体，是 20 世纪 90 年代初原水利部西北水利科学研究所研制成功的一种新型河道护岸固脚技术。经室内试验和大量的工程试验证实，四面六边透水框架群在增强自身稳定性、降低流速、促进滩体淤积、护岸等方面具有良好的作用，即使在易受水流侵蚀、河床深度较深和易崩塌的地段，也能体现其淤积护岸的功能（丁兵 等，2015；余新明，2014；徐国宾和张耀哲，2006；李若华，2004；水利部西北水利科学研究所，2000；王南海 等，1999）。

潜坝是河道整治与航道整治中常见的建筑物，常用于支汊堵塞，窜沟封堵，控制流量分配，增加主汊流量，降低河道水流流速，减少冲刷，稳定河势并增加溶解氧含量，提高河流自净能力。河道中修建群潜坝后，河道糙率会增至原河道糙率的 1.1～2.6 倍甚至更大，具体大小取决于群潜坝的坝间距与水深坝高比。修建群潜坝后，河道糙率随着河道中水深坝高比的增加先减小，后增加，而后基本趋于稳定。河道糙率随着水深坝高比的变化可以分为减小区、增大区与恒定区。各变化区分界点的水深坝高比与潜坝间距有关（杨中华 等，2014）。

抛石护岸是采用较早、较多的一种护岸工程。长江中游荆江大堤抛石护脚始于 1465 年，距今已逾 500 年。迄今，抛石护岸仍是长江中下游最广泛采用的结构形式。它具有加工方便，施工简单灵活，可分期实施、可逐步积累加固，维修要求低、便于修补，耐久性好等优点。该方法对水深、岸坡和流速等复杂施工环境具有较强的适应性，既不怕航行船只撑篙、抛锚的破坏，又能有效地用于工矿码头的汛期抢险、水下建筑物的防冲等。

抛石护岸最大的好处是其可变形性很大，以至破坏是缓慢发生的。当一个块石相对于另一个块石移动时，抛石有一定的自愈能力，这样可以允许维修工作按常规实施，而混凝土板等保护系统如果一旦发生局部破坏，就必须立即修补，以防产生更大范围的累积破坏。但块石的移位走失仍是一个很严重的问题，经常会导致工程自身失稳，故实施维修仍很重要。

4. 粗糙理论

在理论研究方面，常根据是否占用过水面积将加糙结构体分为小尺度加糙结构体与大尺度加糙结构体，对阻力系数的研究也常常根据分类展开（Cheng，2017；Rickenmann and Recking，2011；Salant et al.，2006；Katul et al.，2002；Nikora et al.，2001；Lawrence，1997；Yen，1992；Amin，1987；Bathurst et al.，1981；Einstein and El-Samni，1949）。

对于小尺度加糙结构体，当计算沿程水头损失时，达西-韦斯巴赫公式（Darcy-Weisbach equation）广泛应用。该公式为均匀流条件下的水头损失计算公式。对于明槽水流而言，应用最广的当属谢才公式和曼宁公式，公式中用糙率来反映河床阻力的大小。谢才提出的是均匀流的经验公式；曼宁公式物理意义比较模糊，是一个反映边壁粗糙程度和形态特征等因素影响的综合性经验系数。针对小尺度加糙结构体，Nikuradse、普朗特边界层理论和混合长度理论中分别提出了阻力系数的流速对数分布公式，流速对数分布律（Nikuradse，1933）、沿程水头损失系数与粗糙高度的幂函数关系式等。

近年来，不少针对卵石河床的研究发现，对于大尺度加糙结构体，过流条件下，湍流流核绕过凸出高度时将形成小漩涡，边壁对水的阻力主要是由这些小漩涡造成的。在河床床面的粗糙度很大，影响到水流的过水面积的情况下，传统的沿程水头损失系数与粗糙高度的关系式不再满足，需要对阻力系数公式进行重新率定。不少研究者开展了大尺度加糙结构体的阻力系数的研究，认为当水体以下河床粗糙度较大时，相比于传统意义上的雷诺数，用淹没度表示更合理，据此提出了局部淹没、临界淹没和高淹没三种物理模型。不同模型的阻力系数变化规律不同，建立的公式差异也较大。

同时，针对大尺度加糙结构体，在明渠均匀流前提下，综合考虑时间和空间均匀性，考虑其是否透水，学者提出了不同的分层理论，主要包括不考虑底层透水的分层理论、考虑底层透水的分层理论。尽管学者对于分层理论已展开了较深入的研究，但利用其分层理论求解断面过流特征量往往需要对每一层的流速分布分别求解，增加了问题难度。因此，本书将主要在 Nikora 等（2001）、Cheng（2017）、潘文浩（2018）等研究的基础上，考虑大尺度加糙结构体内部的过流能力，基于已有的流速分层理论，提出适用于加糙结构体的糙率特性系数与相对粗糙高度之间关系的计算公式。

1.3.4 滩槽控制技术研究进展

长江中游分汊河段较为复杂，可细分为顺直分汊、微弯分汊和弯曲分汊，长江中下游分汊河段一般都经历了江心洲并洲（或并岸），河道由多汊向少汊（或单一河槽）转化的漫长历史演变过程。在这个演变过程中，河宽缩窄，主流摆幅减小，滩槽趋于稳定，逐渐形成目前的分汊河段。三峡水库蓄水运行后，部分分汊河段高滩崩退、中低滩冲刷萎缩、主流在两汊间摆动加剧，航道变化更趋复杂。本小节对分汊河段主要从冲刷条件下洲滩生成发育、促淤结构及洲滩塑造技术等方面归纳其研究现状及进展。

1. 冲刷条件下洲滩生成发育

洲滩生成发育属于河流泥沙工程领域的学术前沿问题，国内已有部分研究学者通过现场实测资料分析、室内试验、数值模拟计算等手段对滩槽水沙交换机理、交换模式等进行了初步探讨研究（Salant et al.，2006；Shields et al.，2000；姜加虎和黄群，1997；贾锐敏，1996；韩其为和何明民，1995；曹文洪和陈东，1988；Williams and Wolman，1984；Shalash，1983）。研究内容主要包括河道滩、槽间泥沙的交换过程与滩槽冲淤的相关性，冲积河流悬移质泥沙与床沙的交换关系，水沙交换与滩区交换模式，沙波形成、发展和消失与潮差及落潮流速的相关性，洪水过程中淤滩与刷槽的关系。对主槽、滩地、窜沟及支汊内水沙交换过程，鱼骨坝、软体排、透水框架群守护心滩的防冲促淤特性等进行分析可见，国内方面对出水沙洲分汊河型下，主支汊水沙特性进行了较多研究，但把水沙特性与航槽变化及航道尺度结合起来的研究较少。

2. 洲滩塑造技术

以护滩为目的的整治建筑物在国外应用较少，相应研究也较少，而在国内的河流治理中应用较为广泛（刘林 等，2014；王兵 等，2013；付中敏 等，2010；喻涛，2009；曹耀华，1994）。目前国内研究对护滩边缘破坏类型、破坏原因有较为透彻的分析，一般认为护滩带边缘破坏形式主要有：边缘塌陷形成陡坡，边缘排体变形较大甚至排体悬挂；边缘排体下部河床局部淘刷，形成空洞。并进一步通过试验等对软体排结构破坏的水流条件、河床组成、护滩建筑物自身结构、护滩建筑物平面布置及施工工艺等展开了深入研究。

护滩带边缘的防冲措施主要有两大类（马爱兴 等，2011；张秀芳 等，2010；刘怀汉 等，2007；徐国宾和张耀哲，2006；李若华，2004）：一类是在护滩边缘采取预埋处理措施，即预先将护滩边缘预埋入床面以下，降低护滩头部高程，以提前适应冲刷变形后的河床，减小排体在河床冲刷变形中产生的破坏；另一类是在护滩边缘设置预留变形区，并在预留变形区内设置相应的防冲促淤工程结构，将护滩的变形或破坏限制在预留变形区，从而保护预期稳定区的正常使用。防冲促淤结构大致可以分为两类：一类是刚性防冲促淤结构，主要有块石、四面六边透水框架群、钻孔灌注桩防护墙等，其中四面六边透水框架群运用最为广泛；另一类是柔性防冲促淤结构，主要有水生植被、仿生植物结构等，该种结构在国外河道治理中运用较多，主要是为了实现河道的生态修复功能，也是今后发展的方向，目前国内还处在起步阶段。

综上所述，国内外对促淤结构的研究主要停留在整治工程的辅助结构保持建筑物局部稳定的层面，较少考虑对防洪的影响。

1.3.5　沙质急弯河段整治方法研究进展

沙质急弯河段整治方法主要从急弯河段的滩槽演变机理及整治技术研究两方面归纳其研究现状及进展。

（1）在急弯河段滩槽演变机理方面，主要集中在弯道流速分布、水位特点、输沙特性、床面形态和河湾演变的影响等（杨绪海 等，2020；张明，2019；薛兴华 等，2018；假冬冬 等，2017；林芬芬 等，2017；薛兴华和常胜，2017；周美蓉 等，2017；周祥恕 等，2013；Chen and Duan，2012；Huang et al.，2009）。弯曲河段泥沙异岸输移与同岸输移有不同的运动轨迹，异岸输移的规模一般不超过同岸输移。绝大部分推移质颗粒都集中在"凹岸—过渡段浅滩—凹岸"这条输沙带内运动。蓄水前荆江沙质河床以造床流量为界发生冲淤交替，蓄水后坝下游荆江河段水量过程上的重分配，沙量区域上及过程上的重分配，激发河床的高强度冲刷响应，弯曲河段凹淤凸冲现象明显。蓄水后下荆江枯水河槽与基本河槽之间低滩的累积性冲刷主要由变化的流量过程所驱动，平滩流量附近流量级的持续时间超过 20 天时，弯曲河段发生凸冲凹淤现象，而悬沙中造床粗沙的减少，加剧了凸岸的冲蚀程度（李健 等，2019；李明 等，2018；舒安平 等，2018；宋晓龙和白玉川，2018；杨树青 等，2018；朱玲玲 等，2018；白玉川 等，2017；樊咏阳 等，2017；贺莉 等，2016；韩剑桥 等，2014；李志威和方春明，2012；Frank and Bruce，2012；张瑞瑾 等，2007）。

（2）在急弯河段的整治技术方面，目前弯曲型（沙质河床）浅滩河段的整治原则为，遏制凸岸边滩冲刷、切割，稳定弯道主流，保护岸线稳定，控制河势变化（薛兴华 等，2018；林芬芬 等，2017）。因此，急弯河段航道整治技术以守护型护滩、护岸整治建筑物为主。相关方法可以分为调整型工程技术和守护型工程技术。就结构特点而言，比较发达的国家和地区主要有坝体整治建筑物、软体排护底（或护滩）结构、框架结构、散抛石等，其中软体排护底（或护滩）结构、框架结构、散抛石往往作为防护结构之一（陈立 等，2018）。

总体而言，目前水库下游沙质弯曲河段的研究中，凸冲凹淤现象普遍存在，但不同弯道的撇弯切滩程度各异，可见有必要对急弯河段撇弯切滩的差异性展开研究。同时，在急弯河段，受河道形态阻力较大、凸凹岸冲淤频繁等因素影响，防洪问题一般也较为严重。因此，有必要对防洪–通航限制下急弯河段的航道整治技术进行提升。

1.3.6 设计及施工辅助技术研究进展

1. 建筑信息模型技术研究现状

在国外，目前建筑信息模型（building information model，BIM）技术比较发达的国家和地区包括美国、欧洲、新加坡、日本等，BIM 已经成为设计和施工企业承接项目所必备的能力之一，受到广泛的重视。例如，美国是较早启动建筑业信息化研究的国家，BIM 研究与应用都走在世界前列。目前，美国大多数工程项目已应用 BIM 技术，BIM 的应用也种类繁多，而且存在各种 BIM 协会，出台了各种 BIM 标准。欧洲早在 1984 年就提出了以 BIM 技术为核心的"虚拟建筑"设计理念。近年来，欧洲一些高校和科研机构开始对 BIM 技术展开深入研究，并在工程建设行业尤其是工程设计领域逐步推广使用。目前，在芬兰、挪威、德国、英国等，BIM 应用软件的普及率已经达到 60%～70%。在亚洲，新加坡负责建筑业管理的国家机构是建筑管理署，它发布了 BIM 发展路线规划，规划明确推动整个建筑业在 2015 年前广泛使用 BIM 技术。多家日本软件研发企业在 IAI 日本分会的支持下，成立了 BIM 解决方案软件联盟，发布了日本 BIM 指南，从 BIM 团队建设、BIM 数据处理、BIM 设计流程、应用 BIM 进行预算和模拟等方面为日本的设计院与施工企业提供指导。

国内，在工程建设行业中，中国勘察设计协会和中国建筑学会已经在普及、推广 BIM 的工作中走在了前列。2007 年 11 月中国勘察设计协会主办了"全国勘察设计行业信息化发展技术交流论坛"，首次在全国性的行业会议上讨论 BIM 技术在工程建设领域中的革新及运用。伴随着 BIM 技术的快速发展，基于 BIM 技术工具软件的不断出现，BIM 技术正逐渐被中国工程界人士所重视与应用。目前我国国家级 BIM 标准于 2012 年立项，包括 6 项关于民用建筑和一般性工业建筑的 BIM 标准，一些地方、行业和企业也陆续制定了相应的 BIM 标准，见表 1-3-2。

表 1-3-2　相关部门和区域颁布的 BIM 标准一览表

发布单位	发布时间	标准和信息	要点
住房城乡建设部	2011 年 5 月	《2011—2015 年建筑业信息化发展纲要》	推动信息化标准建设，促进具有自主知识产权软件的产业化，形成一批信息技术应用达到国际先进水平的建筑企业
	2013 年 8 月	《关于征求关于推荐 BIM 技术在建筑领域应用的指导意见（征求意见稿）意见的函》	（1）2016 年以前政府投资的 $2 \times 10^4 \ \mathrm{m}^2$ 以上大型公共建筑及省报绿色建筑项目的设计、施工采用 BIM 技术。（2）截至 2020 年，完善 BIM 技术应用标准、实施指南，形成 BIM 技术应用标准和政策体系；在有关奖项，如全国优秀工程勘察设计奖、鲁班奖（国家优质工程奖）及各行业、各地区勘察设计奖和工程质量最高的评审中，设计应用 BIM 技术的条件
	2014 年 7 月	《住房城乡建设部关于推进建筑业发展和改革的若干意见》	推进 BIM 等信息技术在工程设计、施工和运行维护全过程的应用，提高综合效益，推广建筑工程减隔震技术，探索开展白图代替蓝图、数字化审图等工作
	2015 年 6 月	《关于推进建筑信息模型应用的指导意见》	（1）到 2020 年末，建筑行业甲级勘察、设计单位及特级、一级房屋建筑工程施工企业应掌握并实现 BIM 与企业管理系统和其他信息技术的一体化集成应用。（2）到 2020 年末，以下新立项项目勘察设计、施工、运营维护中，集成应用 BIM 的项目比率达到 90%：以国有资金投资为主的大中型建筑；申报绿色建筑的公共建筑和绿色生态示范小区
交通运输部	2014 年 6 月	《交通运输部关于科技创新促进交通运输安全发展的实施意见》	提出重点开展"建筑信息模型（BIM）技术研究与应用，基于全寿命周期成本设计和可靠度设计技术研究"等
	2015 年 11 月	《交通运输部关于印发〈交通运输重大技术方向和技术政策〉的通知》	将 BIM 技术列为"十三五"交通运输部重大技术方向和技术政策之首
北京质量技术监督局、北京市规划委员会	2014 年 5 月	《民用建筑信息模型设计标准》（DB/11T 1069—2014）	提出 BIM 的资源要求、模型深度要求、交付要求是在 BIM 的实施过程中规范民用建筑 BIM 设计的基本内容
上海市城乡建设和管理委员会	2015 年 6 月	《上海市建筑信息模型技术应用指南（2015 版）》	（1）指导本市建设、设计、施工、运营和咨询等单位在政府投资工程中开展 BIM 技术应用，实现 BIM 应用的统一和可检验；作为 BIM 应用方案制定、项目招标、合同签订、项目管理等工作的参考依据。（2）指导本市开展 BIM 技术应用试点项目的申请和评价。（3）为开展 BIM 技术应用试点或没有制定企业、项目 BIM 技术应用标准的企业提供指导和参考。（4）为相关机构和企业制定 BIM 技术标准提供参考

续表

发布单位	发布时间	标准和信息	要点
深圳市建筑工务署	2015 年 5 月、2015 年 4 月	《深圳市建筑工务署政府公共工程 BIM 应用实施纲要》《BIM 实施管理标准（2015 版）》	（1）从国家战略需求、智慧城市建设需求、市建筑工务署自身发展需求等方面，论证了 BIM 在政府工程项目中实施的必要性，并提出了 BIM 应用实施的主要内容是 BIM 应用实施标准建设、BIM 应用管理平台建设、基于 BIM 的信息化基础建设、政府工程信息安全保障建设等。（2）实施纲要中还提出了市建筑工务署 BIM 应用的阶段性目标，至 2017 年，在其所负责的工程项目建设和管理中全面开展 BIM 应用，并使市建筑工务署的 BIM 技术应用达到国内外先进水平
中国铁路 BIM 联盟	2014 年 12 月、2015 年 3 月	《铁路工程实体结构分解指南（1.0 版）》《铁路工程信息模型分类和编码标准（1.0 版）》	规范了铁路工程信息模型的分类、编码，实现了铁路工程全生命周期信息的交换、共享，推动了铁路工程信息模型的应用发展
中国建筑工业出版社	2014 年 10 月	《建筑工程设计 BIM 应用指南》《建筑工程施工 BIM 应用指南》	制定了满足设计和施工不同阶段要求的 BIM 实施方法，为提升项目 BIM 设计和施工管理中的质量与效率奠定了基础
交通运输部	2019 年 10 月	《水运工程信息模型应用统一标准》（JTS/T 198—1—2019）	规范水运工程信息模型应用，统一信息模型应用基本要求，提高信息模型应用效率和效益，适用于港口工程、航道工程、通航建筑物工程和修造船水工工程等水运工程全生命期信息模型的创建、运用和管理
	2019 年 10 月	《水运工程设计信息模型应用标准》（JTS/T 198—2—2019）	规范水运工程设计阶段信息模型应用，提高设计阶段信息模型应用效率和效益，适用于港口工程、航道工程、通航建筑物工程和修造船水工工程设计阶段信息模型的创建、运用和管理
	2019 年 10 月	《水运工程施工信息模型应用标准》（JTS/T 198—3—2019）	规范水运工程施工阶段信息模型应用，提高施工阶段信息模型应用效率和效益，适用于港口工程、航道工程、通航建筑物工程和修造船水工工程施工阶段信息模型的继承、创建、运用和管理

　　目前，我国 BIM 技术整体应用情况同发达国家相比，仍有一定的差距。国内绝大部分工程项目设计采用的仍是 2D 工程制图，仅在需要进行特定分析计算时（比如日照、节能）搭建并不十分精准的三维（体量）模型。虽然一些项目率先应用了 BIM，如 2008 北京奥运会奥运村空间规划及物资管理信息系统、南水北调工程及香港地铁项目等，不过相对于中国的基础建设大潮，BIM 的应用明显不足。BIM 技术在国内的实践推广程度较低，无法形成完整的产业链以应对各环节的协同需要。

2. 航道疏浚测量技术研究现状

　　航道疏浚是开发航道，增加和维护航道尺度的主要手段之一。目前在长江航道进行维护性疏浚施工的船舶类型主要包括自航绞吸式挖泥船、自航耙吸式挖泥船（含带艏冲和不带艏冲两种船型）、自航和非自航式抓斗式挖泥船、自航吸盘式挖泥船等。目前已知的挖泥船疏浚工程的水深测量均采用浚前测量、浚中检查、浚后自测等方式，需要为疏浚工程配备专用的测量船艇，存在成本较高、工作量大、测量周期长、消耗成本高、数据时效性不强等问题，限制航道整治疏浚效率的提高，航道疏浚工程需要通过技术研发，增强疏浚、测量等过程的融合，以提高工程效率。

　　因此，本书拟针对长江中游强冲刷河段的航道整治理论、整治方法及设计-施工辅助技术开展深入研究，以完善防洪-通航协同下的航道整治参数理论，提出砂卵石河段水位控制方法，构建复杂分汊和典型急弯河段滩槽控制方法，研发航道整治工程信息化及航道疏浚测量一体化等设计-施工辅助技术，形成防洪-通航协同下的强冲刷河段航道整治技术，为实现项目"不同类型河段航道滩群整治联动技术"的目标提供支撑，为长江中游整治技术的提升提供支撑。

第2章

长江中游航道特点及浅滩特性

总结长江中游航道特点、浅滩分类及各类浅滩断面的特点，分析长江中游航道断面类型分类情况，在此基础上对航道组成因子进行划分。

2.1　航　道　特　点

长江中游上起宜昌,下至湖口,大埠街以上为低山丘陵区向江汉平原过渡的砂卵石河段,大埠街以下为江汉平原与洞庭湖平原之间的沙质河段,其碍航问题历来较为突出,是长江干线航道维护最为困难的河段。主要航道及防洪特点如下。

(1)长江中游河段、河型众多(弯曲、顺直、分汊),弯道间多由不同长度的顺直段连接,部分弯道放宽处,存在江心洲分汊。河床组成复杂(砂卵石和沙质河床),河段天然节点较少,两岸抗冲性弱,上下游河道间的演变关联性较强。同时,中游河道与众多大小支流、湖泊相连,包括清江、汉江入汇,洞庭湖水系的湘、资、沅、澧四水入汇,鄱阳湖水系的赣、抚、信、饶、修五河入汇,以及荆江三口分流。众多因素导致长江中游河床演变剧烈,洲滩变迁频繁,滩多水浅,航槽极不稳定,碍航情况频发,历来是长江航道治理的重点和难点,也是长江船舶航行最为困难的河段,更是制约长江黄金水道整体航运效益发挥的瓶颈。

(2)三峡水库蓄水运行后,长江中游河段水沙条件发生根本性改变。一方面,水库拦截大量泥沙,"清水"下泄,坝下来沙大幅减少;另一方面,三峡水库"蓄洪调枯"的运行,使坝下来流过程延长,汛后退水速度加快,流量过程趋平。水沙条件的变化使得长江中游河段水沙输移特性发生改变,出现以河床冲刷为主的适应性调整,沿程水位不同程度下降,河床持续粗化。砂卵石河段坡陡流急、航道水浅问题较为突出;沙质河段局部岸线崩退、洲滩冲刷、断面展宽、支汊发展现象明显,航道条件变化更趋复杂,这些不利变化将随着三峡水库的持续运用而逐步加剧。

(3)河道防洪要求高,航道治理难度大。对于长江中游河段而言,河道河型复杂,堤防临河而建,两岸堤防外平原区由于地面高程普遍低于汛期洪水位数米至数十米,河道洪灾频繁且严重,河道防洪等级高,压力大。三峡水库蓄水运行后,长江中游防洪形势明显缓解,中游防洪形势最为严峻的荆江河段,依靠堤防可防御 10 年一遇洪水,启用蓄滞洪区,可保障荆江河段遇 1 000 年一遇特大洪水时的行洪安全。虽然长江中游的防洪能力有了较大提高,但长江防洪仍然面临着如下主要问题和挑战:一是三峡及上游其他水利枢纽建成后,局部河段会长时间剧烈调整,使得中游河道河势与江湖防洪关系仍处于调整之中,其影响仍需进一步揭示;二是强冲刷条件下,保障防洪安全的主体建筑(岸坡)仍存在较大的冲刷损毁风险;三是近年来,受全球气候变化影响,流域内部分地区的极端水文事件发生频次增加,暴雨强度加大,局部区域洪灾仍较为严重,对长江中游航道整治工程的限制仍较为强烈。

对此,在长江中游河段,尤其是在荆江河段开展了大量的护岸工程,左岸守护岸线总长约为 120 km,下荆江已守护岸线总长约为 146 km。尽管如此,由于部分河湾堤外无滩或滩窄,深泓逼岸,防洪形势十分严峻,压力巨大,而目前航道整治工程的主体部分仍位于河道滩槽内,防洪要求仍对航道整治工程有较大的限制。在整治工程中,在保证整治效果的同时,应尽量减小对防洪的影响。

2.2　航道浅滩分类

平原河流多为冲积性河流，河道边界主要由河床、河岸等组成。以洪、中、枯三级水位为标准，河道相应可划分为洪水河槽、中水河槽、枯水河槽。在航道整治工程中，河道的通航能力主要由航槽的宽度、深度、弯曲半径决定，尤其是枯水河槽的相关参数直接决定了河道的全年通航能力，而相应的河漫滩、河岸则决定了整体河道和航槽的稳定性。

由于陆续兴建了护岸工程及其他河势控制工程，目前长江中游河道格局基本稳定，河道演变主要为河岸内主流摆动，淤积体（各类洲滩）冲淤、移位，以及汊道兴衰。其中，浅滩河段的河势变化仍然较大，有些甚至相当不稳定。根据长江中游的河型特点，以下分别讨论弯曲河段浅滩、顺直河段浅滩、分汊河段浅滩的特性。

2.2.1　弯曲河段浅滩

一般而言，弯道发展过程中凹冲凸淤的横向变形及弯顶下移的纵向蠕动并行。由于弯道中存在环流，且横向环流的强度及旋度以弯顶和弯道后半部最为强大，河床断面形态具有河湾处窄而深、弯道上段宽而浅的特性。因此，中洪水期受河湾阻力影响，弯顶上游水位升高，比降减小，流速降低，水流挟沙能力减小，泥沙易在河湾上游落淤；水位下降时，若不能将中洪水期淤积物冲走，枯水期易出浅碍航。

对于长江中游，按弯曲河段水流特点，弯曲河段一般可分为进口顺直段、过渡段、弯顶段和出口顺直段，如图 2-2-1 所示。进口顺直段的主流线一般在弯道进口较为顺直，在上游河势影响下居于河道一侧或中部位置。过渡段主流由凸岸一侧过渡至凹岸一侧，由于水流横向过渡，主流逐步发散，当断面过分宽阔时，泥沙落淤，可能形成心滩。弯顶段主流一般偏靠凹岸侧，弯顶段横向弯道环流较强，一般凸岸一侧易形成边滩，凹岸一侧易形成深槽。出口顺直段与进口顺直段主流的特点较为相似，主流线一般较为顺直，不同的是，出口顺直段水流特性一般随弯顶段边滩和深槽的变化而变化。

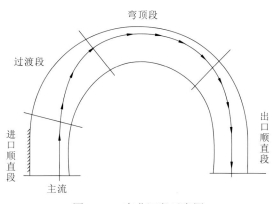

图 2-2-1　弯曲河段示意图

2.2.2 顺直河段浅滩

顺直河段多分布于弯道间较长的过渡段，或者分汊河段之间曲率较小的单一段。顺直河段河身比较顺直，河槽两侧分布有犬牙交错的边滩。当河岸不可冲刷时，河道演变最主要的特征是犬牙交错的边滩向下游移动，与此相应的是，深槽和浅滩也同步向下游移动。

长江中下游顺直河段中，洪、中、枯流向差异大，水流动力轴线变化范围大，洪水期淤积的泥沙不易在枯水期被冲走，不同水文年深泓过渡段会发生下移、上提变化。由于展宽段往往形成较大范围的下边滩，主流下移可能切割下边滩头部使之成为心滩，随着过渡段的上提，心滩会再次并入下边滩。因此，浅滩形态复杂多变，对航行极为不利，部分年份浅滩碍航十分严重。

长江中下游顺直河段的常见浅滩可分为正常浅滩、交错浅滩与复式浅滩三类。正常浅滩一般位于蜿蜒性河流两反向河湾之间，且位于平面形态较好的过渡河段之上，上下深槽彼此不相交错，而是通过鞍凹平顺地相连，沙脊前坡与后坡的坡度平缓，鞍凹具有稳定而足够的宽度和水深，水流漫溢方向与鞍凹的方向一致，这些特点使得这类浅滩对航行有利，一般不需要整治[图2-2-2（a）]。交错浅滩多出现在河身较宽的顺直（微弯）河段，它的上下深槽交错成沱口，从上深槽流出的水量有相当大一部分经上边滩流入下深槽首部的沱口处，使两深槽间的沙脊处流量减小、水深不足。另外，其水流分散，还易使船舶偏航，撞上边滩，发生事故[图2-2-2（b）]。复式浅滩多出现在比较顺直或者过渡段很长的河段内，由两个或多个浅滩组成，此类浅滩对航行很不利，特别是长船队通过此类浅滩更困难。为了改善浅滩的航行条件，通常在中间边滩上设置挖槽，进行大量疏浚挖泥工作，开辟新航道[图2-2-2（c）]。

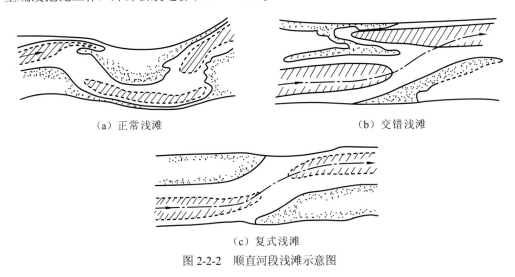

（a）正常浅滩   （b）交错浅滩

（c）复式浅滩

图 2-2-2 顺直河段浅滩示意图

2.2.3　分汊河段浅滩

历史资料表明，分汊河段大多是由顺直河段演变而成的，发展到一定程度河道平面形态逐渐趋于稳定，此后的年际变化表现为随着进口水沙条件的波动产生主支汊周期性的易位交替。在易位过程中，原主汊表现为单向淤积，河床抬高，断面尺度缩小；原支汊则表现为单向冲刷，河床下切，断面尺度扩大。

一般而言，分汊河段发展过程中两汊此冲彼淤，分汊进口江心洲头部滩体在年际冲淤交替。对于长江中游，按分汊河段水流特点，分汊河段一般可分为进口段、横向过渡段、多汊段和出口汇流段，其示意图见图 2-2-3。进口段上段一般在较为顺直的河道一侧或两侧存在矶头节点，主流线在上游河势与矶头节点影响下居于河道一侧或中部位置；进口段下段水流逐渐由单一流路向多个流路进行转变，河道展宽，水流逐渐分散，水流动力逐渐减弱，在一侧容易出现不稳定的浅滩。多汊段水流已经完成了由单一流路水流向多流路水流的转变，就每个流路而言，根据每个流路的河道形态，其水流运动特点类似于顺直河段或弯曲河段的水流运动特点。出口汇流段是水流由多流路向单一流路转换的变化段，由于多条流路的水流动力存在差异，汇流点下游水流趋中或继承于水流动力强的那汊流路。随着主支汊调整，分流比及水流交汇夹角的变化，分汊河段极易形成交错、散乱的浅滩。

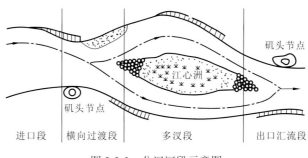

图 2-2-3　分汊河段示意图

2.3　浅滩断面特点

2.3.1　弯曲河段浅滩断面特点

长江中游弯曲河段较多，比较典型的有调关水道、莱家铺水道等。

1. 调关水道

调关水道上起南堤上，下至八十丈，河道全长 16 km，河道自鲁家湾出碾子湾水道后经过渡段逐渐进入调关水道，弯顶段河道逐渐放宽，凹岸侧有成型淤积体季家咀边滩，凹岸侧肖家拐一带有浅包存在，调关镇一带存在挑流矶头，河宽急剧缩窄。出调关矶头后，经调关水道下段的顺直、窄深过渡段进入莱家铺水道。调关水道为典型的弯曲河段。按浅滩分布特点及其水流特性分类，弯曲河段总体分为进口顺直段、过渡段、弯顶段、出口顺直段。对河势图（图2-3-1）分析可知：在进口顺直段，河槽贴左岸；在过渡段，深槽由左岸转向右岸（凹岸）；在弯顶段和出口顺直段，延续过渡段深槽位置，深槽沿左岸分布。

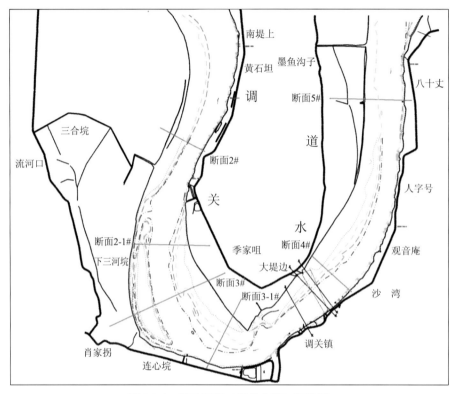

图 2-3-1　弯曲河段（调关水道）河势图

从断面分布来看，断面 2#位于进口顺直段，断面 2-1#、断面 3#位于过渡段，断面 3-1#位于弯顶段，断面 4#、断面 5#位于出口顺直段。断面 2#呈 V 形，断面深槽偏向于左岸，多年来断面整体比较稳定，从断面形态特点上看，进口顺直段河床由凸岸侧向凹岸侧总体以"高滩—河槽—边滩—高滩"形式分布。过渡段（断面 2-1#、断面 3#位于过渡段）河道断面整体由偏 V 形向复式 W 形过渡，从断面形态特点上看，河床由凸岸侧向凹岸侧总体以"高滩—河槽—心滩—河槽—边滩—高滩"形式分布。断面 3-1#位于弯顶段，河道断面整体呈复式偏 V 形，深槽稳定在右侧，从断面形态特点上看，河床由凸岸侧向凹岸侧总体以"高滩—边滩—河槽—高滩"形式分布。断面 4#、断面 5#位于出口顺直段，河道断面整体呈复式偏 V 形，与弯顶段断面相似，以"高滩—边滩—河槽—高滩"形式分布，但其边滩和河槽分界没有弯顶段明显（图 2-3-2）。

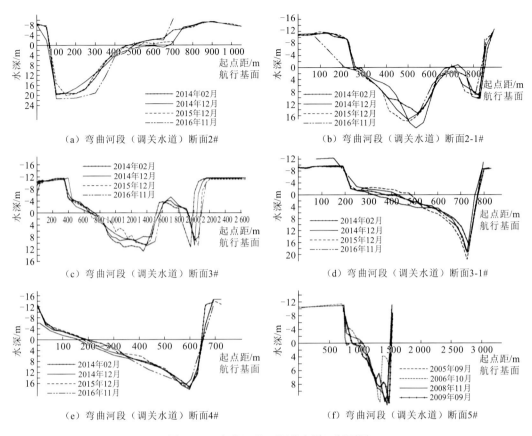

图 2-3-2　弯曲河段（调关水道）断面图

2. 莱家铺水道

莱家铺水道上起八十丈，下至北湖，全长约 11.5 km。本河道为典型的弯曲河段，由莱家铺弯道及过渡段组成。水道出调关水道后，经八十丈进入莱家铺水道，在南河口一带再度弯曲放宽，河道凸岸侧有桃花洲边滩，出方家夹后河道顺直，但宽度较大，右岸有莱家铺边滩，出顺直段后，以微弯形式与下游河段相连。河势图见图 2-3-3。按浅滩分布特点及其水流特性分类，弯曲河段总体分为进口顺直段、过渡段、弯顶段、出口顺直段。对河势图分析可知：在进口顺直段，河槽贴右岸；在过渡段，深槽由右岸转向左岸（凹岸）；在弯顶段和出口顺直段，延续过渡段深槽位置，深槽沿左岸分布。

从断面分布来看，断面 5#位于进口顺直段，断面 5-1#位于过渡段，断面 6#位于弯顶段，断面 7#位于出口顺直段。断面 5#呈 V 形，断面深槽偏向于右岸，断面整体比较稳定，河床由凸岸侧向凹岸侧总体以"高滩—河槽—边滩—高滩"形式分布。断面 5-1#位于过渡段，河道断面整体呈 U 形，河床由凸岸侧向凹岸侧总体以"高滩—边滩—河槽—边滩—高滩"形式分布。断面 6#位于弯顶段中部，呈偏 V 形，断面总体呈凸冲凹淤特点，河床由凸岸侧向凹岸侧总体以"高滩—边滩—河槽—高滩"形式分布。断面 7#位

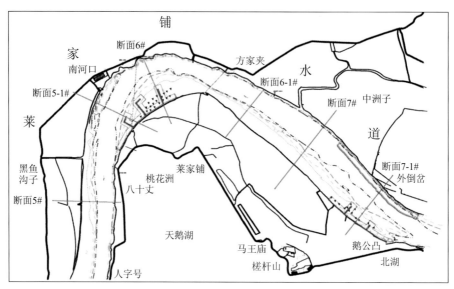

图 2-3-3　弯曲河段（莱家铺水道）河势图

于出口顺直段，断面呈偏 V 形，河槽位于河道左侧，多年来断面总体稳定，河床断面由凸岸侧向凹岸侧总体以"高滩—河槽—边滩—高滩"形式分布（图 2-3-4）。

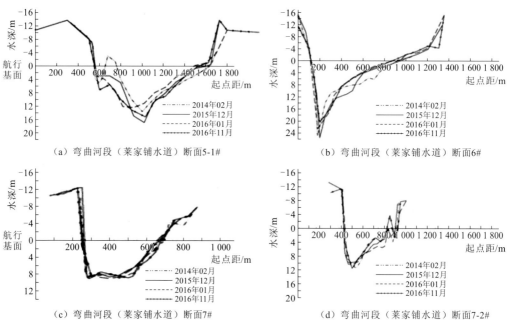

图 2-3-4　弯曲河段（莱家铺水道）断面图

进口顺直段与出口顺直段主流较为稳定，河道窄深，断面呈深 V 形，高滩与河槽位置相对固定，航道条件较好；而过渡段河床断面呈 W 形，断面较进（出）口顺直段展宽，水流分散，位于凸岸侧的高滩易于在高水下刷低，一部分泥沙落淤于河中，导致心滩淤长而引发碍航，另一部分泥沙会随水流运动到凸岸边滩下部，致使复式偏 V 形的弯顶段的边滩淤长，挤压了航槽，减小了弯曲半径。

　　总体来看，长江中下游弯曲河段中，进口顺直段与出口顺直段航道条件较好，断面以 U 形或 V 形为主，断面多以"高滩—河槽—边滩—高滩"形式分布；碍航部位多位于过渡段与弯顶段，断面分别为 W 形（高滩—河槽—心滩—河槽—边滩—高滩）与复式偏 V 形（高滩—边滩—河槽—高滩），碍航问题主要来源于凸岸边（高）滩不稳，高水滩面刷低，泥沙来不及冲刷，落淤于河槽，使心滩淤长或下移堆积形成新的心滩，从而使航宽或弯曲半径不足。

2.3.2　顺直河段浅滩断面特点

　　长江中下游河段顺直河段中严格的较少，仅有界牌河段顺直段和大马洲水道。

　　界牌河段（河势图见图 2-3-5）进口断面 4#处的浅滩为正常浅滩，该滩型下航道条件较优，从断面形态来看，断面为 U 形单槽，断面构成由左岸侧向右岸侧总体以"高滩—河槽—边滩—高滩"形式分布，5 m 深槽宽度约为 900 m，该滩型塑造了良好的航道条件，而断面 6#与断面 8#处的浅滩为复式浅滩，断面形态呈 W 形，断面构成由左岸侧向右岸侧总体以"高滩—河槽—心滩—河槽—边滩—高滩"形式分布，单侧 5 m 深槽宽度不足 300 m，航道条件较进口处发生了明显恶化（图 2-3-6）。

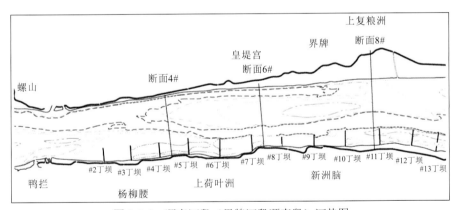

图 2-3-5　顺直河段（界牌河段顺直段）河势图

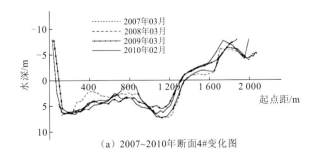

（a）2007~2010年断面4#变化图

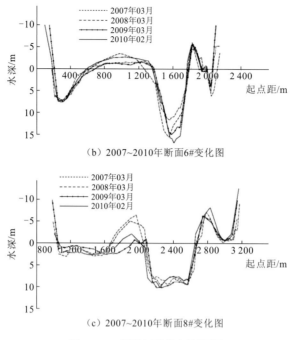

（b）2007~2010年断面6#变化图

（c）2007~2010年断面8#变化图

图 2-3-6　界牌河段特征断面图

大马洲水道（河势图见图 2-3-7）就包含了正常浅滩与交错浅滩，进口断面 2#、断面 3#的正常浅滩呈现出 U 形或 V 形，断面构成由左岸侧向右岸侧总体以"高滩—河槽—边滩—高滩"形式分布，5 m 深槽单一，航宽较宽，而中尾部交错浅滩断面 4#则呈现出 W 形，断面构成由左岸侧向右岸侧总体以"高滩—边滩—河槽—心滩—高滩"形式分布，5 m 深槽中间出现小包，航宽明显窄于进口断面 2#处的航宽（图 2-3-8）。

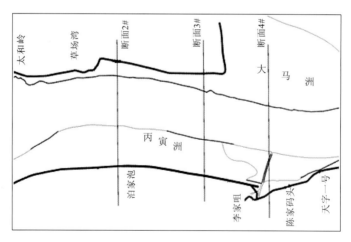

图 2-3-7　大马洲水道河势图

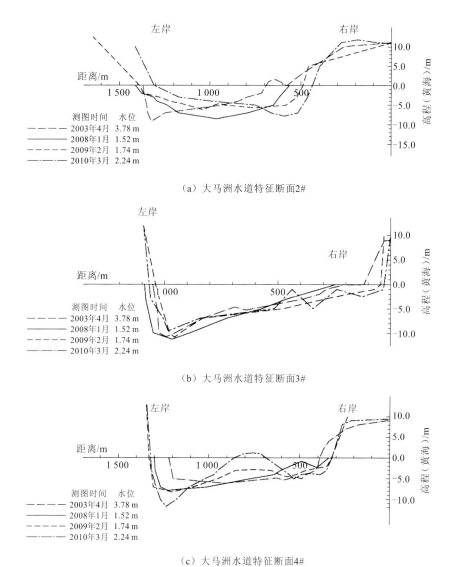

（a）大马洲水道特征断面2#

（b）大马洲水道特征断面3#

（c）大马洲水道特征断面4#

图 2-3-8 大马洲水道特征断面图

总体来看，长江中下游顺直河段中正常浅滩航道条件较优，断面以 U 形或 V 形为主，断面构成多以"高滩—河槽—边滩—高滩"形式分布。而同一河段中的交错浅滩与复式浅滩航道条件均差于正常浅滩，且断面多为 W 形，断面构成主要呈"高滩—边滩—河槽—心滩—高滩"形式，河道中心存在凸起心滩、潜洲或小包，不利于水流平顺归槽与航行的安全。

2.3.3 分汊河段浅滩断面特点

分汊河段中有相当一部分浅滩是由所在河段河床的不稳定性引起的。一方面，主支汊交替发展，主槽移位，使航道变化不定。分汊河段最主要的特点是主支汊之间周期性地交替消长，主航道相应发生变换。特别是在汊道兴衰交替时期，新汊刚形成，老汊已衰败，往往碍航很严重。另一方面，河势不稳定，不同水流条件下主流摆动，洲滩遭冲刷、切割，致使局部河段水深时好时坏。一般汊道在分流区或一些长的汊道中部有浅滩存在。由于各个汊道的演变仍然遵循各类单一河道的演变规律，在各汊冲淤相对稳定时期，汊道中部浅滩的演变特性与单一河道相似。加上长江中下游分汊河段的主支汊交替周期一般较长，因此，分流区浅滩碍航现象在分汊河段尤为典型。以下分别分析不同平面形态汊道浅滩的演变特点。

顺直（微弯）分汊河段的平面形态较稳定，但分汊河段一般进口段放宽，年内洪枯期主流不一，不同来水来沙使进口段边滩、江心洲洲头发生变化，而直接影响主汊口门航道条件。

而鹅头型分汊河段内主支汊至少有一汊较为弯曲，分汊后两汊比降、阻力等水力特征的差别较明显，易造成出口或进口的横流，形成水下斜向潜洲。加之洪枯水流动量变化造成曲率半径的增减、动力轴线的摆动，在中、高水位下有大面积淹没的心滩或边滩的河道内，洪枯水冲淤部位的较大差异致使易形成浅滩。

1. 顺直（微弯）分汊河段（界牌河段）

界牌河段下段被新淤洲与南门洲分为左右两汊（图 2-3-9），断面 10#处于进口顺直段，从断面形态来看，呈偏 V 形单槽，断面构成由左岸侧向右岸侧总体以"高滩—边滩—河槽—高滩"形式分布；断面 11#处于横向过渡段，断面形态呈 W 形，断面构成由左岸侧向右岸侧总体以"高滩—河槽—心滩—河槽—边滩—高滩"形式分布；断面 13#、断面 14#处于多汊段，断面形态呈 W 形，断面构成由左岸侧向右岸侧总体以"高滩—河槽—心滩—河槽—高滩"形式分布；断面 15#处于出口汇流段，断面为 V 形单槽，断面构成由左岸侧向右岸侧以"高滩—河槽—低滩—高滩"形式分布（图 2-3-10）。

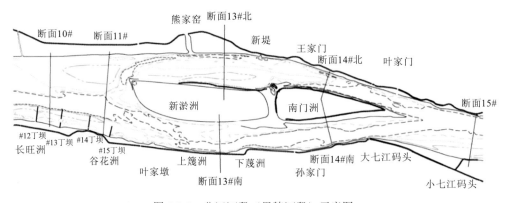

图 2-3-9　分汊河段（界牌河段）示意图

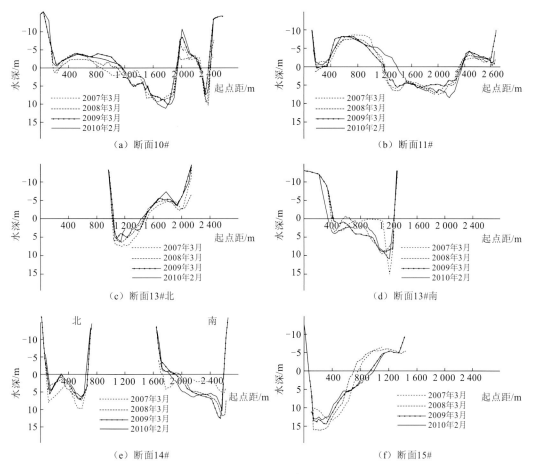

图 2-3-10　分汊河段（界牌河段）断面图

2. 弯曲（鹅头型）分汊河段（窑监河段）

窑监河段上起窑集脑，下至太和岭，全长 16 km，属弯曲分汊河型（图 2-3-11）。窑监河段汊道不稳定，曾发生过多次主支汊转换。1995 年汛后，监利左汊严重淤积并持续衰退，枯水期基本淤塞，右汊乌龟夹发展成为主汊，航道也随之移至乌龟夹并使用至今。1995～2000 年，在航道移至乌龟夹初期，航道条件虽然较差，但通过航道部门采取多种措施加大维护力度，保证了航道畅通。2000 年以后，由于乌龟洲洲头及右缘逐年崩退，分汊口门过于放宽，枯季乌龟夹进口段河道宽而浅、航道水深严重不足，疏浚后回淤严重。

按浅滩分布特点及其水流特性分类，分汊河段总体分为进口段、横向过渡段、多汊段和出口汇流段。对河势图分析可知：在进口段，河槽贴右岸；在横向过渡段，深槽由右岸转向左岸；在多汊段，主流沿主汊（右汊）贴左岸；在出口汇流段，水流交汇后，仍贴左岸。

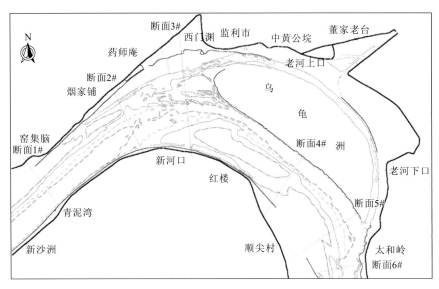

图 2-3-11　窑监河段示意图

从断面分布来看，断面 1#位于进口顺直段，断面 2#、断面 3#位于横向过渡段，断面 4#位于分汊段，断面 5#、断面 6#位于出口汇流段。对段面进行分析（图 2-3-12），断面 1#呈 V 形，断面深槽偏向于右岸，断面整体比较稳定。断面 2#、断面 3#位于横向过渡段，河道断面整体呈复式 W 形，其深槽位于右岸侧。断面 4#、断面 5#的深槽则位于左岸侧，由于汊道内边滩中部有窜沟，断面整体呈 W 形。断面 6#受两股水流共同作用呈 W 形，总体左深右浅，多年来深槽变化较大。

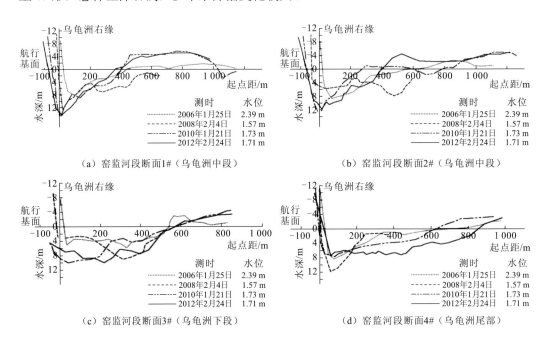

（a）窑监河段断面1#（乌龟洲中段）　　　　　（b）窑监河段断面2#（乌龟洲中段）

（c）窑监河段断面3#（乌龟洲下段）　　　　　（d）窑监河段断面4#（乌龟洲尾部）

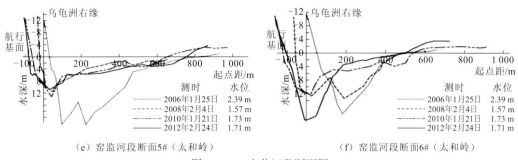

（e）窑监河段断面5#（太和岭）　　　　　　（f）窑监河段断面6#（太和岭）

图 2-3-12　窑监河段断面图

　　总体来看，长江中下游分汊河段中，进口顺直段、多汊段内部航道条件较好，断面以 U 形或 V 形为主，断面构成多以"高滩—河槽—边滩—高滩"形式分布。出口汇流段虽然断面呈现出深 V 形或极其不规则的 W 形，但由于水流是由多汊向单一顺直过渡的，水流逐渐集中，冲刷动力逐渐增强，也较少出现碍航现象。碍航问题较多出现在横向过渡段，此断面多呈现不规则的 W 形，断面构成主要呈"高（边）滩—深槽—心滩—支汊—高（边）滩"形式，多为河道一侧高（边）滩或者洲头心滩冲刷变形，泥沙落淤于多汊段上段，形成零星浅滩或浅包，进而碍航。

2.4　航道组成因子

2.4.1　断面类型分类

　　由前述分析可知，在长江中游河道中，弯曲河段的进口顺直段、出口顺直段、弯顶段，顺直河段的正常浅滩，分汊河段的进口顺直段等区域，河道断面以 U 形和 V 形为主，断面构成呈"高滩—深槽—边滩—高滩"形式，河道总体较为稳定，但三峡水库蓄水后，随着来沙减少、退水过程加快等，部分河段也存在边滩的侵蚀和高滩的崩退等航道问题。而弯曲河段的过渡段，顺直河段的复式浅滩、交错浅滩，分汊河段的横向过渡段和多汊段，河道断面以 W 形为主，断面结构也以"高滩—深槽—江心滩（洲）—支汊—边滩—高滩"形式为主，浅滩航道条件则较差，在三峡水库蓄水以后，存在主支汊交替、凸岸边滩冲蚀、凹岸潜洲（心滩）淤积、高滩崩退等问题。

　　因此，航道组成因子主要分为两类：一类是船舶航行的基本水域，即航槽；另一类则是保证航槽功能发挥的航道边界因子，如心滩、边滩和高滩。对于长江中游部分河段，由于其河道流量大、流速高、河道断面结构及滩槽演变关系较为复杂，如太平口水道中下段、碾子湾水道过渡段、窑监河段中上段、九江水道鳊鱼洲头部一带等处，河道滩槽交替，航道组成因子复杂，明确各航道组成因子的特点及类别，将为不同类工程的分析及整治参数研究提供基础。

2.4.2　航道组成因子划分

在断面类型分类基础上，明确了航道一般可划分为航槽和航道边界两部分，具体包括航槽、心滩、边滩和高滩等组成因子。

1. 航槽

河槽一般指河谷中被水流淹没的地方。其随水位涨落而变化。洪水时，被河水淹没的部分，叫作洪水河槽；枯水时期，有水流的部分，叫作枯水河槽；中水期，有水流的部分，叫作中水河槽。相应地，航槽则主要指河槽中船舶能通行的区域。航槽一般分为枯水航槽、中水航槽和洪水航槽。长江中游为全年通航河段，航道整治主要针对枯水河槽。

2. 心滩

心滩主要发育在顺直河段束窄段上游的壅水段与下游展宽段，弯曲河段的过渡段，分汊河段的横向过渡段等处，这里流速减小，挟沙能力降低，致使泥沙沉积，形成雏形心滩，随后因河床对水流的阻力增大，引起滩面上流速减小，使雏形心滩不断沉积，成为心滩。心滩由河床沉积物组成，抗蚀性弱，在水流作用下易发生下移，或者向右岸、左岸偏移。目前对心滩的研究已有部分积累，认为心滩的形状以受水流条件影响为主，心滩一般在顺水流方向呈尖角形，而滩体后部呈圆形，原因在于滩体前部受水流冲刷，部分泥沙移向滩体后部。心滩的形成及冲淤机理受较多方面影响。从河道纵向看，心滩多分布于河流弯道处、汇流处、河道突然放宽处等，主要原因在于河道的形态因素使得水沙输移不平衡，泥沙在下游过渡段流速较小处淤积成滩。

3. 边滩

边滩是河道内滩面高程较低的河漫滩。边滩可以是孤立的，但更多的是成群分布的，在弯曲河段的凸岸常形成固定边滩，在顺直河段边滩常呈犬牙交错状分布。长江中游河道边滩多为床沙质或沙夹卵石，冲淤变化迅速，对于河道水流和河床演变有重要影响。长江中游边滩分为凸岸边滩、凹岸边滩、顺直边滩及三角滩等类型。其中，凸岸边滩又可分为雏形边滩、半成熟边滩和成熟边滩三个亚类，它们分别发育于河道的不同演化阶段。边滩的稳定受水动力条件、来水来沙情况、边界条件、滩槽分布等较多方面的影响。

4. 高滩

高滩是指河道内滩面高程较高的河漫滩，滩面顶高程一般为中高水位，高滩作为航道的边界，是航道条件稳定的关键。对于长江中下游河道而言，蓄水后高滩崩退现象普遍存在，影响岸坡失稳的因素多而复杂，目前在研究岸坡失稳的影响因素时，一般认为其与纵向水流强度、横向环流强度、深泓离岸距离、顶冲部位的变化、河湾形态、岸坡形态、河岸土质条件、地下水渗流作用、风浪、船行波、江砂开采等因素有关。

第3章

防洪−通航协同下航道整治方法

　　本章将按不同航道组成因子划分航道工程类别，分析各类工程的特点，并以此为基础，结合"束水攻沙"和"固滩稳槽"等航道治理方法，以促进防洪和通航协同为目标，提出"守、调、疏"相结合的航道整治方法，并分析其对防洪和通航的影响。

3.1 基于不同航道组成因子的航道工程分类及特点

3.1.1 航道工程分类

由第 2 章的研究结论可知，目前长江中游航道工程按航道组成因子可分为调整型工程、守护型工程、疏浚工程，各类航道工程分类见表 3-1-1。

表 3-1-1 航道工程分类表

航道组成因子	建筑物类别	工程类别
全断面	坝体	调整型工程
边滩、心滩	坝体	
	护滩带	守护型工程
高滩	护岸建筑物	
航槽	深槽护底工程	
	疏浚工程	疏浚工程

根据统计，截至 2019 年底，长江中游（宜昌至湖口河段）目前已竣工航道整治工程共 36 项，已竣工建筑物共 258 座，结合工程特性，对守护型工程（深槽护底工程、边滩守护工程、心滩守护工程、高滩守护工程）、调整型工程和疏浚工程分别进行分析。

3.1.2 航道工程特点

1. 守护型工程

守护型工程可分为深槽护底工程、边滩守护工程、心滩守护工程和高滩守护工程。

深槽护底工程主要是通过在河槽底部采取守护工程措施，防止河床冲刷下切和水位下降，稳定主航槽航行条件。例如：在砂卵石河段防止深槽冲刷下切，以免引起其他河段水位下降；或是在支汊内护底，防止支汊冲刷发展，保证主汊内航道条件的稳定等。目前，长江中游已竣工航道整治工程中深槽护底建筑物共 13 座。深槽护底工程通常采取间断式守护方式，即采取有一定间距的几道护底带进行深槽守护，护底带一般为 D 型排+抛石结构，宽度一般为 180 m 左右。从已建工程实际效果来看，目前常用的护底技术主要有软体排混凝土块护底、块石护底、混凝土格状护底等。

边滩守护工程是通过工程措施对河道内边滩进行守护，通常采取护滩带形式进行守护，以保持边滩不被刷低，保障附近河槽稳定，即"固滩稳槽"的主要方式。目前长江中游已竣工航道整治工程中边滩守护建筑物共 69 座。边滩守护工程也一般采取间断式守护，即用几道具有一定间距的护滩带进行守护，长江中游河道护滩带以往常使用软体排+边缘处理结构。就护滩机理而言，可分为实体抗冲结构和减速不冲结构。这些工程措施均能在不同程度上达到预期的整治效果，起到一定的积极作用，但各自有其适用条件和优缺点。

心滩守护工程指采取工程措施对河道内心滩进行守护，以稳定分流比，保持航道条件的稳定。目前长江中游已竣工航道整治工程中心滩守护建筑物共 46 座。心滩守护工程通常有整体式和间断式两种守护方式。整体式守护比较稳定，间断式守护则容易出现沟槽，进而演变成鱼骨坝之类的建筑物平面形态。心滩护滩带原来常使用 X 型排+边缘处理结构，近年来逐渐使用联锁块排+边缘处理结构。

高滩守护工程主要是指采取工程措施对河道内高滩边缘进行守护，使其不崩退，保持线型平顺、稳定，以形成有利于航槽稳定的河道边界。目前长江中游已竣工航道整治工程中高滩守护工程建筑物共 44 座。高滩守护工程类似于水利部门的护岸，通常分为坡顶马道、陆上护坡、枯水平台、水下护脚四个部分。陆上护坡一般使用环保性能较好的钢丝网石笼等结构；水下护脚一般先采取软体排进行护底，然后使用排上抛石结构，其中，对于坡比较陡的还需要进行抛石补坡，外侧需要进行抛石棱体镇脚等。

2. 调整型工程

调整型工程区别于守护型工程，一般会对河道内水流有所调整，如采取丁坝、顺坝、鱼骨坝等突出河床高程的建筑物。目前长江中游已竣工航道整治工程中调整型建筑物共 82 座。调整型工程的常见形式为坝体结构，如长江上游常见的为无护底的抛石坝体结构，长江中下游常见为软体排护底+抛石坝体结构。对于丁坝类坝体，通常丁坝坝头、坝下游侧为冲刷剧烈区域，容易发生破坏，故在结构上对坝头及坝下游侧会采取加宽坝体、减缓坡比等措施，或者使用抗冲及稳定性较好的扭王字块构件等。筑坝工程可分为两类：一类是新建坝体；另一类是在已建工程的基础上筑坝，结构主要由护底和坝体组成。

3. 疏浚工程

疏浚工程一般分为配合整治工程开展的疏浚（基建性疏浚）和为维持航道畅通开展的维护性疏浚，以往长江干线航道治理中，疏浚工程主要用于航道维护。长江中游于 2017 年开始开展市场化维护性疏浚，2017 年、2018 年、2019 年长江总共疏浚量分别为 909.44×10^4 m³、1 191.47×10^4 m³、1 074.02×10^4 m³。

3.2　航道整治工程有效整治区域

航道整治工程主要通过对河道平面、流速、水位、泥沙等因素的输移和分布规律的调节，实现提升航道条件的目的。本章中，将整治工程实施后的有效影响区域定义为有效整治区域。不同类型的工程整治原理差别较大，相应的有效整治区域区别也较大。

3.2.1 整治工程对平面流速的影响

1. 守护型工程与调整型工程的有效整治区域

以铁铺水道广兴洲边滩守护为例，在相同部位分别进行护滩带与丁坝的效果研究（图 3-2-1）。平面流速影响范围表明，工程区域流速下降，工程对侧流速上升是守护型工程与调整型工程的相同特征，但它们在调整程度上仍存在差异，具体表现为：受护滩带影响，在沿水流方向，流速影响区域约为护滩带区域的 1.5 倍，而垂直于水流方向，对侧流速提升范围约为护滩带区域的 2 倍；受丁坝影响，在沿水流方向，流速影响区域约为丁坝工程区域的 2 倍，而垂直于水流方向，对侧流速提升范围约为丁坝群长度的 2 倍。

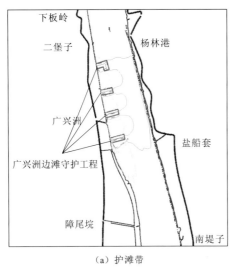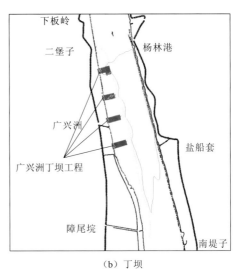

（a）护滩带 　　　　　　　　　　　（b）丁坝

图 3-2-1　铁铺水道广兴洲边滩守护工程（枯水）

在莱家铺水道鹅公凸边滩修建护滩带与丁坝（图 3-2-2），受护滩带影响，在沿水流方向，流速影响区域基本为护滩带区域，而垂直于水流方向，对侧流速影响较小；受丁坝影响，在沿水流方向，流速影响区域约为丁坝群区域的 1.2 倍，而垂直于水流方向，对侧流速提升范围约为丁坝群长度的 2.3 倍。

在周天河段皮家台边滩修建护滩带与丁坝（图 3-2-3），受护滩带影响，在沿水流方向，流速影响区域为护滩带区域的 1.5 倍，而垂直于水流方向，对侧流速影响较小；受丁坝影响，在沿水流方向，流速影响区域约为丁坝群区域的 2 倍，而垂直于水流方向，对侧流速提升范围约为丁坝群长度的 2.5 倍。

此外，在藕池口水道倒口窑心滩与窑监河段新河口边滩修建丁坝工程，其中藕池口水道倒口窑心滩为鱼骨坝守护工程（图 3-2-4），在沿水流方向，其影响范围为工程区域的 1.8 倍，在垂直于水流方向影响范围是工程区域的 2.5 倍左右；窑监河段新河口边滩修建 6 道丁坝工程（图 3-2-5），在沿水流方向，其影响范围为工程区域的 1.4 倍，在垂直于水流方向影响范围是工程区域的 2 倍左右。

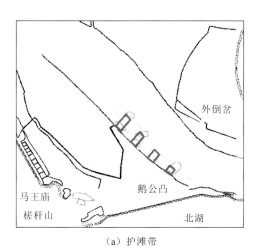

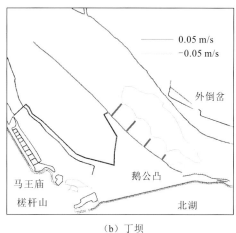

（a）护滩带 （b）丁坝

图 3-2-2 莱家铺水道鹅公凸边滩守护工程（枯水）

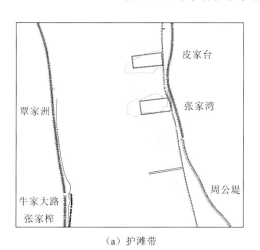

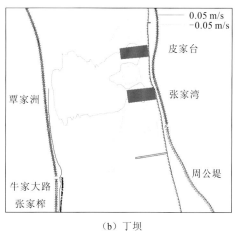

（a）护滩带 （b）丁坝

图 3-2-3 周天河段皮家台边滩守护工程（枯水）

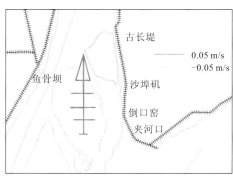

图 3-2-4 藕池口水道倒口窑心滩
鱼骨坝工程（枯水）

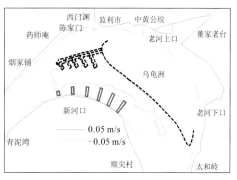

图 3-2-5 窑监河段新河口边滩
丁坝工程（枯水）

　　总体来看，调整型工程对流速的影响范围是明显高于守护型工程的（表 3-2-1），其中调整型工程的有效整治区域沿水流方向为工程范围的 1.2～2 倍，垂直于水流方向为工程范围的 2～2.5 倍，而守护型工程的有效整治区域沿水流方向为工程范围的 1～1.5 倍，垂直于水流方向为工程范围的 0～2 倍。

表 3-2-1　守护型工程与调整型工程实施后±0.05 m/s 流速影响范围表

工程区域	影响范围									
	铁铺水道广兴洲边滩		莱家铺水道鹅公凸边滩		周天河段皮家台边滩		藕池口水道倒口窑心滩鱼骨坝		窑监河段新河口边滩丁坝	
守护型工程	长	宽	长	宽	长	宽	—		—	
	1.5L	2B	1L	0B	1.5L	0B				
调整型工程	长	宽	长	宽	长	宽	长	宽	长	宽
	2L	2B	1.2L	2.3B	2L	2.5B	1.8L	2.5B	1.4L	2B

注：L 为原工程长度；B 为原工程宽度

2. 疏浚工程的有效整治区域

　　对比守护型工程、调整型工程与疏浚工程的有效整治区域的差异，守护型工程或调整型工程能提升工程对侧深槽的流速，而疏浚工程使得过流断面面积增大，从而降低疏浚区域的流速，能在提升航槽的同时降低整治工程对岸侧的流速，有利于降低对防洪的不利影响。

　　以东流水道为例，若只在天沙洲洲头修建 2 道潜丁坝，那么潜丁坝对侧流速增大范围基本扩展到航道对侧，但若在潜丁坝对侧深槽同时辅以疏浚工程，潜丁坝引发的流速增大与疏浚工程引发的流速降低将相互抵消，使得流速在平面分布上只集中在潜丁坝工程区域，从而降低了对岸侧堤岸冲刷的风险（图 3-2-6）。

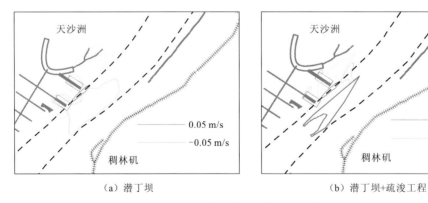

（a）潜丁坝　　　　　　　　　　（b）潜丁坝+疏浚工程

图 3-2-6　东流水道疏浚工程的效果比较图（枯水）

　　总体来看，采用疏浚工程形式，能大幅降低守护型工程或调整型工程对侧流速的增大幅度，甚至能在一定程度上减小工程对岸近岸流速，使得在保证原整治效果的同时，大幅降低工程对防洪的不利影响，有利于防洪和通航的协同。

3.2.2　整治工程对断面水深及水位的影响

冲积河流具有一定的自动调整功能，针对不同的来水来沙和边界条件，河流可以进行相应的调整。冲积河流自动调整的最终结果在于力求使得上游的水量和沙量能通过河段下泄，河流保持一定的相对平衡。

1. 水流连续性、运动方程推导

考虑充分长且顺直的宽浅矩形河道，河宽沿程不变，没有取水或者旁侧入流，河道平均水深、断面平均流速、输沙量及河流底坡都沿程不变。考虑来自上游的水量和沙量都能通过河段下泄的情况，航道整治工程平面及断面示意图见图3-2-7。

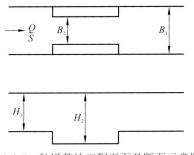

图 3-2-7　航道整治工程平面及断面示意图
S 为河道断面总泥沙输移量

水流连续性方程：

$$Q = BUH \tag{3-2-1}$$

水流运动方程：

$$Q = CBH^{3/2}i^{1/2} \tag{3-2-2}$$

式中：Q 为断面流量；B 为河宽；H 为断面平均水深；U 为断面平均流速；C 为谢才系数；i 为底坡。

2. 输沙率公式推导

常用的水流挟沙能力计算公式为

$$c = K\left(\frac{U^3}{gHw}\right)^m \tag{3-2-3}$$

式中：g 为重力加速度；c 为床沙质饱和含沙量；w 为悬移质中粒径大于 0.05 mm 泥沙的加权平均沉速；K、m 为根据实测资料确定的常数。

单宽输沙率为

$$S_q = HUc = K_1 U^4 \tag{3-2-4}$$

式中：$K_1 = \dfrac{K}{2650gw}$。

可简化为

$$S_q = mU^n \tag{3-2-5}$$

式中：m、n 为常数，对于水流挟沙能力计算公式，$n=4$；对于 Engelund-Hansen 公式，$n=5$。

河道断面总泥沙输移量为

$$S = BmU^n = BmC^n H^{n/2} i^{n/2} \tag{3-2-6}$$

工程前后流量和输沙量不变，下标 2 表示工程前后所对应的物理量，即

$$Q_1 = Q_2 \tag{3-2-7}$$

$$S_1 = S_2 \tag{3-2-8}$$

结合式（3-2-2）及式（3-2-6）～式（3-2-8）得

$$\frac{H_2}{H_1} = \left(\frac{B_2}{B_1}\right)^{\frac{1-n}{n}} \tag{3-2-9}$$

3. 影响分析

1）整治工程影响分析

设河底平均高程为 H_D，则河道平均水位 H_L 为

$$H_L = H + H_D \tag{3-2-10}$$

对于整治工程：

$$\Delta H_{ZL} = H_{ZL2} - H_{ZL1} = (H_{Z2} - H_{Z1}) + (H_{ZD2} - H_{ZD1}) \tag{3-2-11}$$

整治工程实施后，河槽河床平均高程不变($H_{ZD2} = H_{ZD1}$)，代入式（3-2-11）以后，得

$$\Delta H_{ZL} = H_{Z2} - H_{Z1} = H_{Z1}\left[\left(\frac{B_{Z2}}{B_{Z1}}\right)^{\frac{1-n}{n}} - 1\right] \tag{3-2-12}$$

若整治工程占用河道宽度用 ΔB_Z 表示，则

$$\Delta B_Z = B_{Z1} - B_{Z2} \tag{3-2-13}$$

代入式（3-2-12）得

$$\Delta H_{ZL} = H_{Z2} - H_{Z1} = H_{Z1}\left[\left(1 - \frac{\Delta B_Z}{B_{Z1}}\right)^{\frac{1-n}{n}} - 1\right] \tag{3-2-14}$$

分析图 3-2-8 可知，在整治工程实施前水深和河宽一定的情况下，整治后河宽越窄，相应水深增加得越明显，即河宽缩窄可以增加水深。因此，航道整治工程实施后，航深增加，但也增加断面水位，不利于防洪。

2）疏浚工程影响分析

疏浚工程一般主要对河槽进行局部开挖，航道疏浚工程断面示意图见图 3-2-9。

根据式（3-2-9），由于不改变河宽($B_{S1} = B_{S2}$)，疏浚前后断面平均水深不变（$H_{S2} = H_{S1}$，下标 S 代表疏浚区），则根据式（3-2-11），断面平均水深变化为

$$\Delta H_{SL} = (H_{SL2} - H_{SD2}) - (H_{SL1} - H_{SD1}) = -\Delta H_{SC}\Delta B_{SC}/B_{S1} \tag{3-2-15}$$

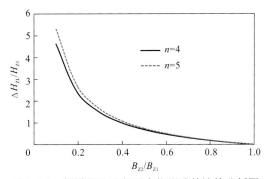

图 3-2-8 航道整治工程对水位影响的计算分析图

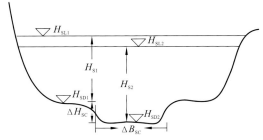

图 3-2-9 航道疏浚工程断面示意图

可见，疏浚工程实施后，断面水位整体降低。

对于疏浚工程，河槽疏浚区水深变化计算公式如下：

$$\Delta H_S = H_{S2} - H_{S1} = \Delta H_{SC}(1 - \Delta B_{SC}/B_{S1}) \qquad (3\text{-}2\text{-}16)$$

因此，疏浚后，疏浚区水深随疏浚槽深度的增加而增加，但随着疏浚宽度的增加而降低。

总体而言，航道整治工程实施后，河槽区水深增加，但水位也会抬升。疏浚工程实施后，河槽区域水位降低；水深则与疏浚槽结构有关，随疏浚槽深度的增加而增加，随疏浚槽宽度的增加而下降，但在实际疏浚工程设计中，疏浚槽宽度主要按实际建设需求确定，较少任意加宽。

3.3 "守、调、疏"相结合的航道整治方法

3.3.1 防洪–通航协同下的航道整治方法

航道疏浚方法：主要应用人力、机械等进行水下土石方开挖，以达到扩宽水域、疏通航道、提高排洪能力等的目的。疏浚技术在世界范围内广泛应用，但对于长江这种大流量、高流速的径流河道，疏浚一般针对河道局部区域，且未改变河道整体水动力和水沙条件，将难以避免回淤等问题，仅能在短时期或应急时保证航道畅通。

"束水攻沙"方法："束水攻沙"方法是潘季驯（1521～1595 年）结合前人对河流

泥沙运动规律的认识，以及治河经验总结出来的。该方法主要是通过堤坝稳定河槽，相对束窄河道横断面，提高水流挟沙能力，刷深河槽，以解决泥沙淤积问题。传统的河道渠化、"束水攻沙"等理论方法主要将河道视为一个整体，通过局部工程、束窄断面，实现对水流流速、流态的调整，从而达到重塑河道断面的目的。以该理论为基础的方法在小流量、低流速、河道断面较为简单、外界限制条件较少的河道治理中较为实用。

"固滩稳槽"方法：长江河道流量大、流速高，航道组成因子众多。对于长江中游航道而言，三峡水库蓄水运行后，长江中游来沙减少，河道整体呈冲刷态势，但组成航道的各因子变迁也更为频繁，河段高滩崩退，中低滩冲刷萎缩，局部洲滩的冲刷往往导致航道条件的恶化。因此，在传统"束水攻沙"的基础上，提出了"固滩稳槽"的方法，即针对长江中游持续冲刷的新条件，采用守护洲滩、冲刷河槽的思路，具体措施为，在碍航较为严重的河段，一般仍采用调整型工程措施，整治的对象主要为整个河段。而对于一般碍航河段，其碍航特点一般主要为航道水深资源勉强足够，但河道演变特点趋向于不利。对于此类问题，一般可采用守护型工程措施，河道治理的对象也一般局限于局部河段，整治的对象主要为组成河床的部分因子，包括高滩、心滩、边滩、河槽。

三峡运行后，长江中游防洪形势明显缓解，但仍面临着强冲刷条件下，河床调整剧烈，河道岸坡稳定性不足，防洪问题依然强烈，以及局部浅区航道条件不足等问题，而传统的航道整治工程，如调整型工程和守护型工程可能会带来水位的壅高，对防洪造成不利影响，守护型工程则对治理时机要求高，无法避免对外界防洪、生态产生不利影响。疏浚一般针对河道局部区域，且未改变河道整体河势、滩槽格局和水沙、水动力条件，将难以避免回淤等问题，仅能在短时期或应急时保证航道畅通。

因此，提出了"守、调、疏"相结合的航道整治方法，即在类似长江中游防洪限制较为严格的强冲刷碍航河段，在洲滩守护的基础上，按防洪要求控制调整力度，并辅以疏浚措施，在提高航道通航尺度的同时，增强对强冲刷条件的适应性，降低对防洪的不利影响等。各种航道治理方法的对比见表 3-3-1。

表 3-3-1　各种航道治理方法的对比表

方法	传统航道治理方法			"守、调、疏"相结合的航道治理方法
	束水攻沙	固滩稳槽	疏浚	
措施	调整型工程	守护型工程	疏挖航槽	守+调+疏
原理	束窄河道横断面，提高水流挟沙能力，刷深河槽，提高航道尺度	守护洲滩等航道边界，利用"清水"下泄冲刷航槽，提升航道尺度	通过清除航道浅区泥沙，保障航道尺度	在洲滩守护的基础上，按防洪要求控制调整力度，并辅以疏浚措施，在提高航道通航尺度的同时，增强对强冲刷条件的适应性，降低对防洪的不利影响等
应用情况	在中小河道、长江上游及中下游河段早期治理中应用较多	在长江中下游等坝下河段近期治理中应用较多	主要用于部分不利年份航道维护尺度应急打通	在武安、荆江二期等航道整治工程中初步应用
不足	大流量、大流速、高水深河道调节力度较大，对外界防洪等的不利影响较大	对治理时机要求高，无法避免对外界防洪、生态产生不利影响	未改变河道河势及滩槽关系，难以避免回淤，不利于航道条件的长期维持	

3.3.2 "守、调、疏"相结合的方法对水深及水位的影响

采用"守、调、疏"相结合的方法，河槽水深变化计算公式如下：

$$\Delta H = H_{Z1}\left[\left(\frac{B_{Z2}}{B_{Z1}}\right)^{\frac{1-n}{n}} - 1\right] + \Delta H_{SC}\left(1 - \frac{\Delta B_{SC}}{B_{Z1}}\right) \tag{3-3-1}$$

式中：H_{Z1}、B_{Z1} 分别为整治工程实施前水深、河宽。"守、调、疏"相结合的方法实施后，对于同一工程，工程实施前水位、河宽分别统一为 H_1、B_1。分析后，式（3-3-1）可优化为

$$\frac{\Delta H}{H_1} = \left(1 - \frac{\Delta B_Z}{B_1}\right)^{\frac{1-n}{n}} - 1 + \frac{\Delta H_{SC}}{H_1}\left(1 - \frac{\Delta B_{SC}}{B_{Z1}}\right) \tag{3-3-2}$$

相应的断面水位增加量为

$$\frac{\Delta H}{H_1} = \left(1 - \frac{\Delta B_Z}{B_1}\right)^{\frac{1-n}{n}} - 1 - \frac{\Delta H_{SC}}{H_1} \cdot \frac{\Delta B_{SC}}{B_1} \tag{3-3-3}$$

因此，工程实施后，断面水深、水位主要与 $\frac{\Delta B_Z}{B_1}$、$\frac{\Delta H_{SC}}{H_1}$、$\frac{\Delta B_{SC}}{B_1}$ 三项相关，即与整治工程宽度和河宽比、疏浚槽深和水深比、疏浚槽宽和河宽比三项相关。

工程对水深影响的计算结果见图 3-3-1 和图 3-3-2，分析可知，水深随整治工程宽度和河宽比（$\Delta B_Z/B_1$）、疏浚槽深和水深比（$\Delta H_{SC}/H_1$）的增加而呈增加趋势，但随疏浚槽宽和河宽比（$\Delta B_{SC}/B_1$）的增加呈降低趋势。

总体而言，采用"守、调、疏"相结合的方法，相对于仅采用整治措施，水深明显

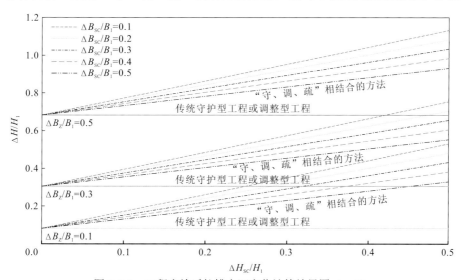

图 3-3-1　工程实施后航槽水深变化计算结果图（$n=4$）

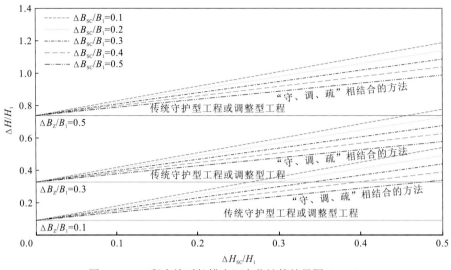

图 3-3-2　工程实施后航槽水深变化计算结果图（n=5）

增加，但在采用疏浚措施时，应在保证航宽的基础上，不过度扩展疏浚槽宽，以免造成航槽水深的降低。

　　工程对断面水位影响的计算结果见图 3-3-3 和图 3-3-4，分析可知，断面水位随整治工程宽度和河宽比（$\Delta B_Z/B_1$）的增加而呈增加趋势，随疏浚槽深和水深比（$\Delta H_{SC}/H_1$）、疏浚槽宽和河宽比（$\Delta B_{SC}/B_1$）的增加，均呈降低趋势，表明整治工程实施后，增加了河道断面水位，而疏浚工程实施后，降低了河道断面水位。同时，从图 3-3-3 和图 3-3-4 可以看出，水位变幅分为"正值"区域和"负值"区域。"正值"区域表明，"守、调、疏"相结合的航道整治措施实施后，相对仅实施整治工程，断面水位变化幅度明显下降，可降低对防洪的不利影响。"负值"区域表明，在采用一定的整治工程和疏浚工程配合系数下，断面整体水位下降，有利于防洪。

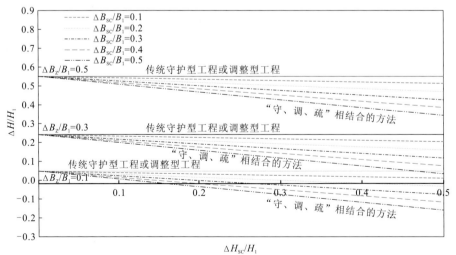

图 3-3-3　工程实施后断面水位变化计算结果图（n=4）

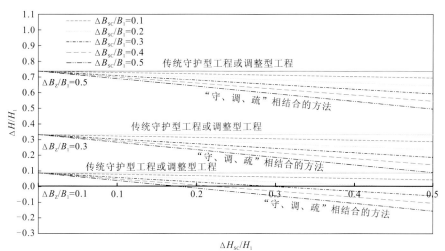

图 3-3-4   工程实施后断面水位变化计算结果图（$n=5$）

3.4   防洪-通航协同下航道整治参数确定方法

航道整治参数是整治工程布置的基本参数，直接决定工程的效果。但对于不同类型航道整治工程，由于治理原理不一，整治效果不同，整治参数也不一样。

3.4.1   守护型工程航道整治参数

守护型工程主要适用于冲刷条件下局部洲滩的守护。通过守护型工程，对滩体附近水沙进行调节，最终达到对滩体的防冲促淤，增强滩体稳定性的目的。为定量化分析航道整治参数与航道整治效果关系，提出航道整治强度概念，即工程布置和结构的改变所引起的滩体防冲促淤能力的改变程度和范围。守护型航道建筑物对滩体的守护强度与建筑物布置相关，航道整治线宽度直接界定航道建筑物平面布置，具体包括建筑物分布、长度、宽度、厚度，需守护滩体面积等。图 3-4-1 为守护型工程分析示意图，设河宽度为 B，整治线宽度为 B_L，建筑物涉水宽度为 B_1，则

$$B=B_L+B_1 \tag{3-4-1}$$

设建筑物整治强度为 C，与建筑物涉水长度（L_1）、滩体面积（A_2），建筑物涉水厚度（h）和建筑物分布系数 D（与护滩带长度/护滩带间距相关，定义为 $D = L_1 / \sum dL$，其中 dL 为建筑物间距）等因素有关。建筑物整治强度计算函数为

$$C=f_1(D, \ A_1/A_2, \ h) \tag{3-4-2}$$

建筑物涉水面积：

$$A_1=L_1B_1 \tag{3-4-3}$$

综合式（3-4-1）、式（3-4-2）和式（3-4-3），建筑物整治强度计算函数为

$$C=f_1(D, \ (B-B_L)L_1/A_2, \ h) \tag{3-4-4}$$

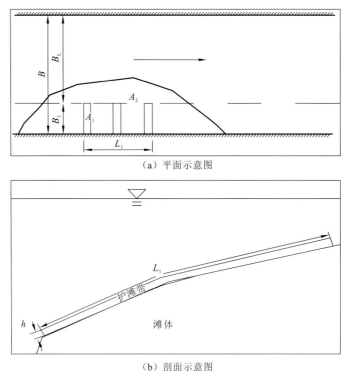

（a）平面示意图

（b）剖面示意图

图 3-4-1 守护型工程分析示意图

1. 整治水位

传统调整型工程整治水位，由于结构的断面特点，整治水位既表征工程应该达到的高度，也指明工程延伸至河岸侧的位置。但对于守护型，由于工程结构一般扁平，工程厚度一致，工程顶高随地形变化而变化，守护型工程的整治水位仅表征工程延伸至河岸侧的位置，不表征工程应该达到的高度。

基于此，提出守护型工程整治水位确定新方法。主要思路是：针对现状较为良好的洲滩格局，以及出现的不利演变趋势或可能，确定主体守护洲滩，比如边滩、心滩或洲头低滩等。在此基础上，考虑到工程的整治效益和防洪的影响，将所需守护洲滩的滩面高程或岸坡高度作为整治水位。其中：对于中低滩守护工程按目前滩体高程，控制在中枯水位；对于高滩守护工程按目前的岸坡高度，守护至洪水位。同时，考虑到滩体高程随来水来沙变化，滩面高程的选择建议选取近年来航道条件较好的滩面多年平均值。其目的是控制主体守护洲滩不冲蚀，维持滩槽格局，同时借助三峡水库蓄水后"清水"下泄的时机，冲刷或稳定河槽，实现固滩稳槽的目的，促使航道条件维持或进一步向有利条件转化。相对于以往方法，如平滩水位等方法（约为设计水位上 3 m），则不仅难以合理布置工程，而且也不利于减小在防洪方面的负效应。

2. 整治线宽

守护型工程主要适用于冲刷条件下局部洲滩的守护。通过工程结构的改变，对滩体附近水沙产生一定的调节作用，最终达到对滩体泥沙冲淤的调节，增强滩体稳定性。本小节在前述建立的整治强度和整治线宽度函数关系基础上，建立整治强度与浅滩冲淤量的关系。最后以整治强度为桥梁，构建整治线宽度的确定方法。

1）整治强度与滩体冲淤量关系

守护型工程主要通过建筑物结构对河道洲滩的局部守护，调节上滩水流流速，防止滩体冲刷，促进滩体淤积，实现洲滩的整体稳定。因此，工程功能主要分为防冲和促淤两部分。

防冲功能主要是工程对滩体的冲刷趋势的防护功能，体现为防护引起的滩体的冲刷量的减少部分。促淤功能主要为通过工程降低滩体附近流速，达到淤滩功能，体现在滩体上的淤积量。设两部分之和为 ΔG_t，则可建立：

$$\Delta G_t = f_2(C) \tag{3-4-5}$$

另一方面，一般而言，河床稳定性和来水来沙条件，水动力条件和河床组成等因素有关，而归根结底，主要和来水来沙条件有关。滩体作为河道的重要组成部分，其稳定性也主要和滩体冲淤情况相关，可以理解为对滩体附近输沙量 G_t 的影响。设守护型工程实施前、后，滩体附近输沙量为 G_{t1}、G_{t2}，工程前后滩体淤积量 ΔG_t：

$$\Delta G_t = G_{t2} - G_{t1} \tag{3-4-6}$$

设通过滩体的流量为 Q_t，水流挟沙能力为 S_*，T 为统计时长：

$$G_t = Q_t T S_* \tag{3-4-7}$$

根据张瑞瑾水流挟沙能力公式，由实测水沙资料调试确定：

$$S_* = k \left(\frac{v^3}{gR\omega} \right)^m \tag{3-4-8}$$

式中：k, m 分别为水流挟沙能力系数和指数；v 为断面平均流速；ω 为悬沙加权平均沉速；g 为重力加速度；R 为水力半径。

推导可得

$$\Delta G_t = (v_{t2}^3 - v_{t1}^3)^m \frac{Q_t T k}{(gR\omega)^m} \tag{3-4-9}$$

式中：v_{t2} 和 v_{t1} 分别为工程前后滩体附水流速度。

2）整治线宽与滩体冲淤量关系

联立式（3-4-2）和式（3-4-5），建立输沙量和建筑物结构关系：

$$\Delta G_t = f_2(C) = f_3(D, A_1/A_2, h) \tag{3-4-10}$$

考虑 D、A_1/A_2、h 三者相互独立，且三者明显均与守护强度呈正相关，则设：

$$\Delta G_t = a_1 D^{b_1} (A_1/A_2)^{c_1} h^{d_1} \tag{3-4-11}$$

式中：a_1、b_1、c_1、d_1 为率合系数。

则可得

$$\Delta G_t = a_1 (L_1 / \sum L)^{b_1} [L_1 (B - B_L) / A_2]^{c_1} h^{d_1} \tag{3-4-12}$$

联立式（3-4-9）和式（3-4-12）得

$$(v_{t2}^3 - v_{t1}^3)^m \frac{Q_t T k}{(gR\omega)^m} = a_1 (L_1 / \sum L)^{b_1} [L_1 (B - B_L) / A_2]^{c_1} h^{d_1} \tag{3-4-13}$$

推导得整治线宽度：

$$B_L = B - \left[\frac{(v_{t2}^3 - v_{t1}^3)^m Q_t k T A_2^{c_1} L_1^{c_1 - b_1} (\sum L)^{b_1}}{a_1 (gR\omega)^m h^{d_1}} \right]^{\frac{1}{c_1}} \tag{3-4-14}$$

或

$$B_L = B - \left[\frac{\Delta G_t A_2^{c_1} L_1^{c_1 - b_1} (\sum L)^{b_1}}{a_1 h^{d_1}} \right]^{\frac{1}{c_1}} \tag{3-4-15}$$

3. 整治线宽确定步骤

（1）根据待整治河道水沙特点，确定水流挟沙能力系数 k，水流挟沙力指数 m。

（2）根据已有（原型观测、模型）数据，统计不同方案下（4组以上）工程参数（D、A_1/A_2），以及工程前后滩体附近水流流速 v_{t2}、v_{t1} 的变化情况，率合系数 a_1、b_1、c_1、d_1，建立冲淤量 ΔG_t 与 D、A_1/A_2 间关系。

（3）结合工程目标，以及近年来河道的冲刷量，确定目前滩体状态至达到优良滩体目标时滩体的总淤积量。根据式（3-4-14）或式（3-4-15），确定守护工程整治线宽度。

3.4.2 调整型工程整治参数

调整型工程是利用整治工程束窄河道横断面，提高水流挟沙能力，刷深河槽，以提高航道水深。因此，其整治强度可以用水深提高量来衡量。调整型工程整治线宽度是与整治水位相对应的，二者综合作用的结果是航道满足通航条件要求。从水力学及输沙平衡等原理出发，得到的整治参数计算公式很多，基本形式类同，根据《航道工程设计规范》（JTJ 181—2016）推荐，公式结构形式可归纳为

$$B_2 = A B_1 \left(\frac{H_1}{\eta H_2} \right)^y \tag{3-4-16}$$

推导后，其整治强度计算公式如下：

$$C = H_2 - H_1 = \left(\frac{1}{\eta} \sqrt[y]{\frac{A B_1}{B_2}} - 1 \right) H_1 \tag{3-4-17}$$

式中：B_2 为整治线宽度，B_1 为整治前整治水位时的水面宽度；H_1 为整治前整治水位时的断面平均水深；H_2 为整治水位下航槽边缘水深；A 为系数，复杂情况下取值为 0.8~0.9；η 为水深改正系数，一般在 0.7~0.9 选取，设计中按 0.9 取值；y 为指数，取值为 1.3。

调整型工程整治参数研究相对较多，本小节主要采用已有研究成果，初步确定整治

水位及整治线宽度，再结合长江中游较为严峻的防洪问题，以阻水率为限制条件，推导防洪限制公式，提出防洪-通航协同下的调整型工程整治参数。

1. 整治水位

调整型工程的整治水位确定原则是寻找合适的浅滩冲刷水位，根据《航道工程设计规范》（JTS 181—2016），主要有经验取值法、造床流量法、优良河段平滩水位法等方法。此外，部分水道在此基础上结合模型试验确定。本小节中采用造床流量法、优良河段平滩水位法综合确定初步的整治水位。

2. 整治线宽

调整型工程的整治线宽度是与整治水位相对应的，二者综合作用的结果是航道满足通航条件要求，一般是在确定出整治水位后，根据规范通过理论计算法、优良河段模拟法综合确定整治线宽度初步值。

3. 防洪-通航协同下的调整型工程整治参数优化

令 Z_0 为初步确定的整治水位，Z_b 为地形高程，$\Delta B'$ 为坝体在河道横断方向上的宽度，可通过以往资料，建立河宽（B）与水位（Z）关系，为便于数学表达，令

$$B = f(Z) \tag{3-4-18}$$

则整治水位 Z_0 时：

$$B_0 = f(Z_0) \tag{3-4-19}$$

此时：

$$B_2 = B_0 - \Delta B \tag{3-4-20}$$

设地形高程为 Z_b，阻水面积为 A_e，则

$$A_e = \sum_{\Delta B / \Delta X} (Z_0 - Z_b) \Delta X \tag{3-4-21}$$

式中：ΔX 一般由地形资料精度确定，略大于地形测量精度即可。

设 A_r 为河道过水面积，考虑工程对防洪的影响，此处河道过水面积 A_r 为设计洪水位（Z_h）下的过水面积，其计算如下：

$$A_r = \sum_{B_0 / \Delta X} (Z_h - Z_b) \Delta X \tag{3-4-22}$$

阻水率 P 为

$$P = \frac{A_e}{A_r} \times 100\% \tag{3-4-23}$$

推导得

$$P = \sum_{(f(Z_0) - B_2) / \Delta X} (Z_0 - Z_b) \Delta X \Big/ \sum_{B_0 / \Delta X} (Z_h - Z_b) \Delta X \tag{3-4-24}$$

根据不同河段防洪需求，确定河道阻水率限制值 P_0 值，即建立了防洪限制下的整治水位和整治线宽度限制关系。

$$\sum_{(f(Z_0) - B_2) / \Delta X} (Z_0 - Z_b) \Delta X \Big/ \sum_{B_0 / \Delta X} (Z_h - Z_b) \Delta X \leqslant P_0 \tag{3-4-25}$$

4. 防洪限制条件下整治参数确定步骤

（1）采用经验取值法、造床流量法、优良河段平滩水位法等方法综合确定本河段的初步整治水位值；

（2）通过理论计算法、优良河段模拟法综合确定整治线宽度初步值；

（3）根据防洪限制条件公式（3-4-25），复核整治水位及整治线宽度。若不满足防洪限制条件，结合河段航道整治特征水位（如设计水位）合理降低整治水位，并依据式（3-4-25）复核整治线宽，至满足防洪要求为止。

第 4 章

坝下砂卵石河段水位控制

　　本章将建立近坝河道流量补偿与枯水位变化动态关系，指明维持宜昌枯水位的稳定需求流量，改进抛石、四面六边透水框架群及透空格栅结构等加糙结构体的阻力系数计算公式，提出砂卵石河段加糙位置的方案及结构，阐明强冲刷砂卵石河段枯水位控制的途径。

4.1 坝下砂卵石河段流量补偿与枯水位变化关系

4.1.1 主要控制站枯水位变化特点

1. 水位流量关系变化

水文部门在坝下游河段设有宜昌站、枝城站、沙市站等水文站，根据这些水文站和水尺的观测资料，点绘不同位置的水位流量关系，所得结果如下。

1) 宜昌站

根据 2008 年以来汛后宜昌站实测资料绘制了宜昌站枯水水位流量关系（图 4-1-1），统计了各流量级的水位变化，2019 年汛后最小流量为 5 950 m³/s（2019 年 11 月 28 日），相应的宜昌站最低水位为 39.36 m。虽然未出现影响葛洲坝枢纽航运安全的情况，但较往年流量始终维持在 6 000 m³/s 以上的情况有较大幅度的减小，对下游河道的通航产生了一定的不利影响。2019 年汛后宜昌站中、枯流量及水位关系显示：宜昌站各中、枯流量的相应水位在稳定中略有上升，具体为枯水位持平，中水位略有上升。其中，6 000 m³/s流量的相应水位为 39.38 m，与 2018 年持平，较 1973 年的设计线累积下降了 1.97 m，

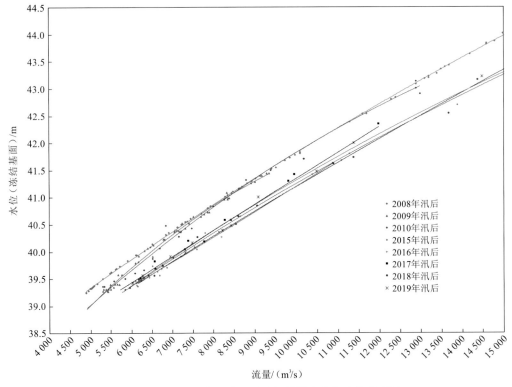

图 4-1-1　2008 年以来汛后宜昌站枯水水位流量关系图

较三峡水库蓄水前 2002 年的设计线累积下降了 0.65 m；7 000 m³/s 流量的相应水位为 39.88 m，较 2018 年的设计线上升了 0.02 m，较 1973 年的设计线累积下降了 2.09 m，较三峡水库蓄水前 2002 年的设计线累积下降了 0.80 m；10 000 m³/s 流量的相应水位较 2018 年的设计线上升了 0.05 m。

2）枝城站

2003 年三峡水库蓄水运行以来，枝城站枯水期水位有所下降，见图 4-1-2。由图 4-1-2 可知：2019 年，当流量为 7 000 m³/s 时，水位比 2018 年抬升了 0.03 m，当流量为 10 000 m³/s 时，水位比 2018 年下降了约 0.04 m；2003～2019 年，当流量为 7 000 m³/s 时，枝城站水位累积降低 0.58 m，当流量为 10 000 m³/s 时，水位累积降低 0.84 m，降幅主要发生在 2006～2014 年。2003～2014 年，同一流量条件下，水位逐年降低，2015 年趋于稳定，2016 年的水位相比 2015 年有所抬升，2017 年在 2016 年的基础上又出现了降低，2018 年的水位与 2017 年持平，2019 年的水位与 2018 年相比抬升下降互现，但水位流量关系总体有所下降。

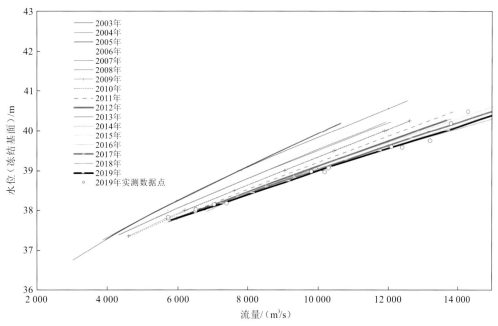

图 4-1-2　枝城站 2003 年以来枯水期水位流量关系图

3）沙市站

沙市站水位流量关系主要受洪水涨落影响，中高水位级水位流量关系曲线为绳套曲线，低水以下基本可以进行单一线定线。根据沙市站 2003～2019 年各年枯水期实测水位、流量成果点绘枯水期水位流量关系图，每年分别进行单一线定线，结果见图 4-1-3。由图 4-1-3 可知：2019 年，当流量为 7 000 m³/s 时，水位比 2018 年下降了约 0.22 m，当流量为 10 000 m³/s 时，水位比 2018 年下降了约 0.11 m；2003～2019 年，当流量为 7 000 m³/s 时，水位下降了约 2.65 m，当流量为 10 000 m³/s 时，水位下降了 2.32 m 左右，当流量为 14 000 m^3/s 时，水位下降了 1.82 m 左右。随着流量的增大，2019 年水位与 2003 年水位相比，差值逐渐收窄。

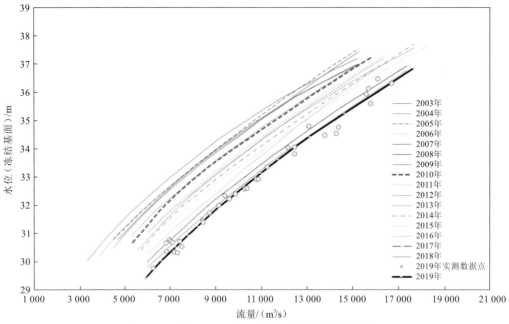

图 4-1-3　沙市站 2003 年以来枯水期水位流量关系图

2. 沿程最枯水位变化

枯水水位的变化是水位流量关系变化与枯水流量变化两者综合效应的反映。

从沿程最枯流量变化情况来看（表 4-1-1），三峡水库蓄水以来，随着坝前蓄水水位的不断抬升，水库枯水补偿调节直接引起了坝下游河段枯水流量不同程度的增加，特别是宜昌至城陵矶河段最枯流量增加明显，相比蓄水前，宜昌站、枝城站的流量增加了约 1 倍，沙市站、监利站的流量增加了 80%～90%。从最枯水位变化情况来看（表 4-1-2），

表 4-1-1　主要水文站沿程最枯流量变化　　　　　　　　　（单位：m^3/s）

水文站	年份								
	2003	2004	2005	2006	2007	2008	2009	2010	2011
宜昌站	2 950	3 670	3 730	3 890	4 030	4 380	4 710	5 080	5 430
枝城站	3 220	3 890	4 100	4 390	4 540	4 770	5 280	5 410	5 660
沙市站	3 270	4 150	4 400	4 500	4 550	4 730	5 280	5 660	5 990
水文站	年份								
	2012	2013	2014	2015	2016	2017	2018	2019	2020
宜昌站	5 640	5 680	5 620	6 080	5 960	6 060	6 200	5 970	5 950
枝城站	5 960	5 950	5 580	6 370	—	—	—	—	—
沙市站	5 970	6 060	5 830	6 190	6 280	6 110	6 220	5 840	5 620

注：年份指当年初及上一年末的枯水期

表 4-1-2　宜昌至沙市河段沿程各水尺最枯水位变化（85 国家高程）　（单位：m）

年份	宜昌	红花套	宜都	枝城	陈二口	毛家花屋	昌门溪	枝江	下曹家河	大埠街	沙市
2009	37.03	36.3	35.86	35.63	—	34.77	—	—	31.75	30.97	29.13
2010	37.05	36.05	35.78	35.63	35.29	34.69	33.93	32.51	31.46	30.75	28.86
2011	37.14	36.36	35.89	35.71	35.21	34.8	33.86	32.46	31.50	30.70	29.10
2012	37.14	36.37	35.95	35.66	35.14	34.76	33.71	32.42	31.32	30.76	28.63
2013	37.14	36.3	35.85	35.66	35.08	34.79	33.69	32.35	31.73	30.70	28.64
2014	37.15	36.18	35.78	35.67	35.05	34.58	33.64	32.28	30.89	30.35	28.35
2015	37.24	36.24	35.87	35.66	35.06	34.61	33.60	32.28	31.14	30.49	28.83
2016	37.23	36.29	35.94	35.79	35.05	34.63	33.59	32.17	30.90	30.05	28.42
2017	37.32	36.36	35.95	35.81	35.05	34.49	33.47	32.01	30.67	29.72	28.21
2018	37.51	36.50	36.05	35.90	35.04	34.61	33.42	31.88	30.58	29.36	27.92
2019	37.33	36.40	35.91	35.66	35.04	34.44	33.29	31.51	30.38	28.97	27.76
2020	37.39	36.33	35.87	35.72	34.85	34.32	33.07	31.23	30.20	28.65	27.53

三峡水库蓄水后，长江中下游沿程枯水期流量较蓄水前平均增加了约 1 000 m³/s，对中下游枯水水位的抬升起到了积极作用。但来水来沙条件变化带来的河床的不均匀冲刷，以及水位流量关系的下降，很大程度上抵消了枯水流量增大对水位抬升的积极作用。长江中游河段枯水水位并没有显著抬升，大部分浅滩河段水位甚至出现了下降。宜昌至枝城河段最枯水位有所抬升，抬升幅度在 30 cm 以内；枝城至昌门溪河段最枯水位变化不大；昌门溪以下站点最枯水位多有所下降，最大降幅可达 2 m 以上（大埠街）。

3. 特征流量下水面线变化

运用三峡水库蓄水后的实测水位流量资料，统计水位流量关系，计算得到各水尺 6 000 m³/s 水位，见表 4-1-3。从表 4-1-3 中可以看出，三峡水库蓄水后，沿程水位均出现了较为明显的下降，呈现出枝城附近降幅最小，其下游和上游降幅较大的特点。总体上，蓄水以来沿程水位的变化表现为，水位降幅中部小、两端大，枝城至毛家花屋河段附近水位降幅最小，蓄水以来枝城水位下降约 0.43 m，陈二口水位下降约 0.47 m；而上游宜昌、宜都水位降幅均超过 0.60 m；陈二口以下水位降幅迅速扩大，即使是坡陡流急段，水位降幅也接近 1.0 m，枝江水位降幅达到 1.8 m，砂卵石河段出口处，水位降幅已达到 3.0 m。

4.1.2　枯水流量补偿作用分析

最枯水位的变化是同流量下水位变化与枯水流量变化两者综合效应的反映。近 5 年来，每年最大月均补水量均在 1 700 m³/s 以上，发生的月份基本上都是每年的 2 月。最

表 4-1-3　宜昌至城陵矶河段沿程各水尺水位变化（85 国家高程，$Q=6\,000\ \mathrm{m^3/s}$）

（单位：m）

年份	宜昌	白沙脑	红花套	周家河	宜都	白洋	枝城	车阳河	陈二口	毛家花屋	姚港	昌门溪	枝江	大埠街	沙市
2003	38.04	—	37.10	—	—	36.43	36.14	—	35.38	35.16	34.32	34.20	33.08	31.81	30.08
2004	38.00	—	37.10	—	—	36.32	36.19	—	35.42	35.18	34.36	34.21	33.07	31.76	29.75
2005	37.90	—	37.06	—	—	36.35	36.14	—	34.43	35.14	34.33	34.15	33.05	31.72	29.80
2006	37.87	37.33	36.95	36.65	36.54	36.23	36.12	35.55	34.45	35.11	34.32	34.04	32.87	31.50	29.65
2007	37.89	37.26	36.83	36.51	36.35	36.11	36.03	35.40	35.32	35.09	34.21	34.00	32.72	31.41	29.60
2008	37.85	37.29	36.75	36.46	36.34	36.13	36.02	35.37	35.35	35.08	34.18	33.98	32.70	31.42	29.63
2009	37.74	37.22	36.78	36.51	36.28	36.07	35.98	35.34	35.27	35.10	34.20	34.01	32.72	31.43	29.61
2010	37.61	37.09	36.69	36.38	36.19	35.98	35.97	35.36	35.29	34.96	34.13	33.93	32.51	31.23	29.32
2011	37.57	37.07	36.63	36.35	36.14	35.95	35.93	35.23	35.21	34.95	34.11	33.86	32.46	31.16	29.14
2012	37.52	36.98	36.52	36.30	36.09	35.91	35.92	35.18	35.14	34.95	34.04	33.71	32.42	31.05	28.83
2013	37.49	36.97	36.50	36.29	36.03	35.91	35.80	35.20	35.08	34.93	34.02	33.69	32.35	30.87	28.64
2014	37.41	36.88	36.36	36.21	35.95	35.89	35.76	35.17	35.05	34.70	33.87	33.64	32.28	30.64	28.52
2015	37.38	36.89	36.34	36.22	35.94	35.90	35.73	35.19	35.06	34.68	33.86	33.60	32.28	30.50	28.50
2016	37.33	36.86	36.32	36.16	35.94	35.89	35.77	35.18	35.05	34.68	33.82	33.59	32.10	30.31	28.31
2017	37.34	36.89	36.33	36.18	35.94	35.90	35.78	35.19	35.05	34.58	33.65	33.47	31.79	29.78	28.22
2018	37.45	36.95	36.45	36.20	36.01	35.92	35.81	35.19	35.04	34.53	33.62	33.38	31.61	29.44	27.95
2019	37.39	36.95	36.46	36.20	36.00	35.91	35.76	35.15	35.04	34.48	33.58	33.29	31.51	29.20	27.78
2020	37.41	36.96	36.38	36.15	35.88	35.77	35.71	35.04	34.91	34.34	33.47	33.12	31.28	28.77	27.33
蓄水以来累积降幅	0.63	—	0.72	—	—	0.66	0.43	—	0.47	0.82	0.85	1.08	1.80	3.04	2.75

大月均补水量的均值约为 1 800 m³/s，从沿程各控制站的水位流量关系来看，枯水流量增加这一单因素对宜昌站、沙市站月均水位的最大增幅分别约为 1.0 m、1.3 m。补偿流量占总流量的权重越高，补水抬升枯水水位的效应越明显。从各站枯水水位流量关系的变化情况来看，宜昌站、沙市站枯水同流量下的水位降幅分别约为 0.63 m、2.75 m。从这两者之间的关系可以看出，除砂卵石河段的补水效应较枯水同流量下的水位下降效应略有盈余外，沙质河段沙市站的补水效应已不足以抵消枯水同流量下的水位下降效应。从近期砂卵石河段水位实测资料来看，较三峡水库蓄水前，宜昌至枝城河段最枯水位略有抬升，抬升幅度基本在 30 cm 以内；枝城至昌门溪河段最枯水位变化不大；枝城以下站点最枯水位多有所下降，最大降幅可达 2.32 m（大埠街）。

4.1.3　宜昌枯水位态势及流量补偿

在国务院批复的《三峡后续工作规划》中，提出了宜昌水位的控制目标，即调节水库的日均下泄流量为 5 600 m³/s，在基本满足宜昌枯水位下降 0.7 m 左右要求的情况下，葛洲坝三江下引航道枯水位不得低于 39.0 m（吴淞）。按此目标，根据宜昌的枯水比降，可以推得宜昌枯水位不应低于 37.12 m（85 国家高程）。然而，按 2014 年、2015 年的宜昌站水位流量关系，若以 5 600 m³/s 流量下泄，宜昌水位为 37.00～37.08 m，葛洲坝船闸的正常运行将受到影响。针对这一现状，2014 年、2015 年三峡水库均加大了枯水期下泄流量，宜昌站枯水期最小流量分别为 5 850 m³/s、5 960 m³/s，宜昌站最低水位分别为 37.24 m、37.23 m，实际水位并未低于 37.12 m。2015 年后，三峡水库枯水期下泄流量均大于 5 950 m³/s，2018 年下泄流量甚至达到了 6 200 m³/s，宜昌站实际水位均在 37.24 m 以上，基本满足了葛洲坝枢纽下游最低通航水位的要求。

随着下游沙质河段的持续冲刷下切，水位降幅逐年增加，水位下降溯源传递明显，若三峡不增加流量补偿，宜昌最枯水位在未来的下降趋势将无法避免。“三峡-葛洲坝枢纽坝下砂卵石河段（宜昌至昌门溪）航道治理关键技术研究”采用数学模型对未来 10 年的水位下降进行了预测，结果表明：在极限地形条件下，枝城水位出现了较大幅度的下降，相应的上游水位出现了显著的下降，其中宜昌水位下降 0.56 m，较三峡水库蓄水初期（2003 年）降幅近 1.1 m，枝城水位下降了 0.41 m，较三峡水库蓄水初期下降了 0.61 m。

若不采取水位控制工程措施，为确保葛洲坝船闸的正常运行，三峡水库的枯水期调度压力显然是持续增加的，根据宜昌站近期的水位流量关系，宜昌站枯水同流量下的水位每下降 10 cm，三峡水库需新增 200 m³/s 的补偿流量才能确保枯水水位的稳定。因此，当宜昌至昌门溪河段冲刷至极限地形时，三峡水库需新增 1 120 m³/s 的补偿流量，下泄流量达到 7 070 m³/s 以上，才能维持宜昌水位的稳定。若三峡水库不在当前基础上进一步增加下泄流量，或者下泄流量的增幅不足以抵消枯水位降幅，则只能通过壅水措施维持葛洲坝船闸的正常运行。

4.2 加糙结构体阻力系数

经过多年的探索，砂卵石河段水位控制技术已经取得了一定的进展，"三峡-葛洲坝枢纽坝下砂卵石河段（宜昌至昌门溪）航道治理关键技术研究"对砂卵石河段的变化趋势、工程位置的确定及平面布置开展了具体的研究工作，并取得了一定的成果，但其并未对工程结构的选型、阻水机理及阻力特性等开展研究，所提出的砂卵石河段水位控制技术并不十分完备。因此，本章针对护底结构的阻力特性等开展研究，以进一步完善砂卵石河段水位控制技术，旨在为水位控制工程的结构选型提供参考。

4.2.1 加糙结构体阻力系数理论公式推导

1. 大尺度加糙结构体特征高度

边界层理论和混合层理论被应用于底部透水条件下水流特性的研究，主要特征高度包括当量粗糙度 k_s、零平面位移 y_0 和入侵深度 δ_e 等（张雅静和申向东，2008；López and Barragán，2008；Molion and Moore，1983；Jackson，1981；Schlichting，1979）。

考虑底部过水情况下，常用入侵深度 δ_e 表示垂向流速分布规律的分界，入侵深度下界面上下层流速分布规律不同，对于不规则排列的加糙结构体没有对应的求解公式。当加糙结构体排列紧密时，加糙结构体与水流接触面处流速较低，流速轮廓线延伸长度短，理论河床下降高度相对于 k_s 较低；而切应力减小的速率快，入侵深度 δ_e 同样相对于 k_s 较小。当加糙结构体排列稀疏时，两者相对于 k_s 较大。因此，本书将零平面位移 y_0 与入侵深度 δ_e 下界面处的高度值视为相等。这种情况下，以入侵深度下界线 $y=0$ 为分界线将水流在垂向上分为两层（图 4-2-1）：上层为上部自由流动层，其高度 h 为自由流动液体高度与入侵深度 δ_e 之和；下层为底部透水层，上层自由流动液体对其影响很小，主要受水的重力与透水结构体的拖曳力影响，黏性底层的黏滞阻力作用可忽略不计。

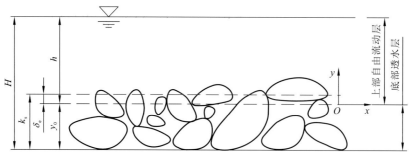

图 4-2-1　双层模型示意图

2. 考虑加糙结构体底层透水的阻力系数公式推导

1) 断面平均流速公式推导

根据分层理论，对上部自由流动层和底部透水层分别进行分析和计算。

a. 底部透水层流速计算

在底部透水层中，水体流动受到水的重力的分力、切应力和粗糙结构体产生的拖曳力的影响。入侵深度以下的水体，切应力可以简单近似为 0，线性动量守恒此时为重力分力和拖曳力之间的平衡。因此，对于均匀流条件下的底部透水层，根据动量守恒方程得

$$gi\phi = \frac{1}{2}\rho_0 a C_D U_{sub}^2 \tag{4-2-1}$$

式中：g 为重力加速度；i 为能量坡降；ϕ 为孔隙率；a 为粗糙结构体单位体积的迎流面面积；C_D 为拖曳力系数，与结构体形状、来流的雷诺系数 Re 有关；U_{sub} 为底部透水层平均流速。

由式（4-2-1）可得

$$U_{sub} = \sqrt{\frac{2gi\phi}{aC_D}} \tag{4-2-2}$$

b. 上部自由流动层流速计算

研究过流断面阻力系数 f_{tot} 时，常利用达西-韦斯巴赫公式：

$$f_{tot} = \frac{8gRi}{U_{tot}^2} \tag{4-2-3}$$

式中：R 为水力半径；U_{tot} 为断面平均流速。

将自由液面与渗透深度的流动视为整体，即 $R = h$，代入式（4-2-3）计算上部自由流动层的阻力系数 f_{sur}：

$$f_{sur} = \frac{8ghi}{U_{sur}^2} \tag{4-2-4}$$

式中：f_{sur} 为上部自由流动层阻力系数；U_{sur} 为上部自由流动层平均流速。

Yen（1992）结合曼宁公式推导出了适用于计算小尺度加糙结构体阻力系数的公式：

$$f_{tot} = N\left(\frac{k_s}{H}\right)^{1/3} \tag{4-2-5}$$

式中：H 为水深；N 为常数。

Cheng（2017）在不考虑底部透水情况下利用边界层理论研究大尺度加糙结构体阻力系数时证实，当零平面位移高度取值合适，上层的有效阻力系数可用式（4-2-5）求出。López 和 Barragán（2008）利用混合层理论分析了一定植被密度条件下刚性植被过水的试验数据，得出了上部自由流动层阻力系数的计算满足式（4-2-5）的结论。本章也将式（4-2-5）作为上部自由流动层的阻力系数计算公式。

将式（4-2-4）与式（4-2-5）联立，得

$$U_{sur} = \left(\frac{8gi}{N}\right)^{1/2} h^{2/3} k_s^{-1/6} \tag{4-2-6}$$

2）阻力系数公式推导

根据连续性方程，得

$$U_{sur}h + \phi U_{sub}y_0 = U_{tot}H \qquad (4\text{-}2\text{-}7)$$

将式（4-2-2）与式（4-2-6）代入式（4-2-7）中，得

$$U_{tot} = \frac{1}{H}\left[\left(\frac{8gi}{N}\right)^{1/2}h^{5/3}k_s^{-1/6} + \sqrt{\frac{2gi}{aC_D}}\phi^{3/2}y_0\right] \qquad (4\text{-}2\text{-}8)$$

对于宽浅型河道，$B \gg H$，当底部不透水时，水力半径 $R = h$；底部完全透水时，水力半径 $R = H$。不规则排列的大尺度加糙结构体的水力半径 R 为

$$R = \frac{A}{\chi} = \frac{Bh + By_0\phi}{B + 2H} = h + y_0\phi \qquad (4\text{-}2\text{-}9)$$

式中：A 为过流面积；χ 为湿周。

将式（4-2-8）、式（4-2-9）代入式（4-2-2），过流断面阻力系数 f_{tot} 为

$$f_{tot} = \frac{8g(h + y_0)^2(h + y_0\phi)i}{\left[\left(\frac{8gi}{N}\right)^{1/2}h^{5/3}k_s^{-1/6} + \sqrt{\frac{2gi}{aC_D}}\phi^{3/2}y_0\right]^2} \qquad (4\text{-}2\text{-}10)$$

对于不同类型的大尺度加糙结构体，应用推导的公式[式（4-2-10）]进行计算需要确定相应的当量粗糙度 k_s、零平面位移 y_0、孔隙率 ϕ、加糙结构体单位体积的迎流面面积 a、拖曳力系数 C_D 和常数 N 的值。实际工程中，当天然河道中存在加糙结构体时，河道中的过流将变成一种复杂而特殊的过流现象。要准确描述加糙结构体阻力的大小，必须进行更为深入的试验研究。

基于此，下面以理论推导公式为基础，利用抛石、四面六边透水框架群和透空格栅结构三类加糙结构体（对于抛石，利用已有试验数据；对于四面六边透水框架群和透空格栅结构，通过试验研究在不同流量、坡度、布置方式等条件下阻力系数的变化情况），拟定公式中的参数，分别得出阻力系数的计算公式。

4.2.2　抛石阻力系数公式

抛石本质上是卵石，研究抛石的阻力系数时可将其视为卵石。

1. 参数的确定

对于卵石层当量粗糙度的研究，一般将其与河床卵石粒径分配相联系。天然河道中，卵石粒径几何标准差 $\sigma = 2.0$，在该条件下，D_{84} 可作为体积平均粒径，$k_s = 2.5D_{84}$。D_{84} 表示分布曲线中累积分布为 84% 时最大颗粒等效直径（代表粒径）。零平面位移 y_0 常利用试验观测资料结合对数分布律得出，López 和 Barragán（2008）得到的高度范围为 $0.65k_s \sim 0.85k_s$，取均值得到 $y_0 = 0.75k_s$。本章采用该成果，即 $\delta_e = 0.25k_s$。加糙结构体单位体积的迎流面面积 a 与加糙结构体几何尺寸有关，对于卵石，利用体积平均粒径可以求出（Ghisalberti，2009）：

$$a = \frac{1.5(1-\phi)}{D_{84}} \tag{4-2-11}$$

拖曳力系数 C_D 与试验条件有关，对于天然河道中的卵石，C_D 取值为 1.7（Roberson et al.，2010；Bathurst，1996）。 Yen（1993）研究认为，对于卵石，取 $N=0.115$。

2. 抛石阻力系数公式的推导

将上述取值代入：

$$f_{\text{tot}} = \frac{(1+0.75\beta)^2(1+0.75\phi\beta)}{\left[2.949\beta^{-1/6} + 0.148\phi^{2/3}(1-\phi)^{-1/2}\beta^{3/2}\right]^2} \tag{4-2-12}$$

式中：β 为相对特征粗糙高度，$\beta = \dfrac{k_s}{h}$。

分别取 ϕ 为 0、0.2、0.4、0.6 和 0.8，作出 $f_{\text{tot}} - \dfrac{k_s}{h}$ 关系图（图 4-2-2），并与 Paintal（1971）、Bathurst 等（1981）和 Recking 等（2008）的试验数据，曼宁公式与程年生公式（Cheng，2017）进行比较。

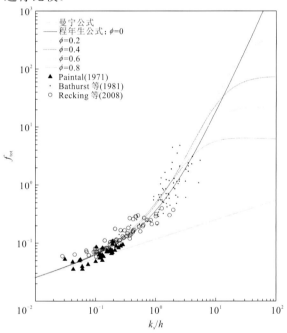

图 4-2-2　曼宁公式、程年生公式、不同孔隙率下修正后公式与试验数据的比较研究

对于卵石结构体，Cheng（2017）根据 k_s/h 的值划分粗糙度大小：当 $k_s/h<0.1$ 时，为小尺度粗糙；当 $0.1\leqslant k_s/h<1$ 时，为中等尺度粗糙；当 $k_s/h\geqslant1$ 时，为大尺度粗糙。从图 4-2-2 中可以看出：曼宁公式不适用于中等尺度粗糙和大尺度粗糙，曼宁公式的计算值远小于测量值。当不考虑底层透水时，孔隙率 $\phi=0$，过流断面 $R=h$，式（4-2-12）可转化为程年生公式，图中两条曲线重合。当考虑底层透水时，动量在上层和底层的交换使得能量损失更多，阻力系数 f_{tot} 大于不透水条件下的 f_{tot}（Fang et al.，2018），加糙

结构体淹没且透水条件下阻力系数 f_{tot} 的计算值大于不透水条件下的程年生公式计算值，满足这一性质；对于小尺度粗糙和中等尺度粗糙，随着底层孔隙率的增大，阻力系数增加；粗糙尺度逐渐增大，最终阻力系数与孔隙率呈负相关关系。k_s/h 趋向于无穷大时，程年生公式得出的 f_{tot} 值也为无穷大，这与实际透水情况不符，而式（4-2-12）求得的 f_{tot} 趋近于一个常数，更准确地描述了实际的过流情况。

天然河道中，认为卵石分布在空间上是均匀的，孔隙率 ϕ 常取 0.4（Wiberg and Smith，1991），代入式（4-2-12）中，得到抛石阻力系数计算公式：

$$f_{tot} = \frac{(1+0.75\beta)^2(1+0.3\beta)}{(2.949\beta^{-1/6}+0.048\beta^{3/2})^2}　　　　（4-2-13）$$

式中：β 为相对特征粗糙高度，$\beta = \dfrac{k_s}{h}$。

4.2.3　四面六边透水框架群阻力系数公式

1. 试验系统及验证

试验系统包括水槽试验系统和流速测量系统，水槽试验系统包括数字化变坡玻璃水槽试验系统和试验水深测量装置。试验在 Armfield 公司生产的高精度变坡水槽中进行。水槽长 7.5 m，宽 0.3 m，高 0.45 m。流量范围为 0～30 L/s，坡度为 0%～2%。试验水深测量装置采用探针法（精度为 0.1 mm）直接测量水深。流速测量系统包括粒子图像测速仪（particle image velocimetry，PIV）。

为了验证 PIV 的测量精度，调整水槽流量为 8 L/s，采用 PIV 从右岸向左岸分别测量了水槽内过流断面纵向时均流速的垂向分布，并分层积分计算出总的断面过水流量，与电磁流量计测得的流量进行比较，计算出相应的误差，见表 4-2-1。PIV 的测量误差在2.5%以内，测量结果满足试验研究的精度要求。

表 4-2-1　流量精度计算

组数	与右岸距离/cm	水深/m	流量/（L/s）	平均流量/（L/s）	误差/%
1	5.0	0.162 7	7.968 2		
2	7.5	0.161 4	8.578 8		
3	10.0	0.160 6	8.621 3		
4	12.5	0.161 1	8.652 8		
5	15.0	0.160 2	8.598 2	8.229 9	+2.226
6	17.5	0.159 3	8.176 8		
7	20.0	0.160 3	7.927 7		
8	22.5	0.159 3	8.043 6		
9	25.0	0.160 6	7.501 5		

　　无框架扰动情况下，测量并分析该流量下的流速矢量图（图 4-2-3），通过图 4-2-3 可以看出，玻璃水槽内明渠水流的流速分布均匀，流线平顺，PIV 测量区域已发展成均匀流。

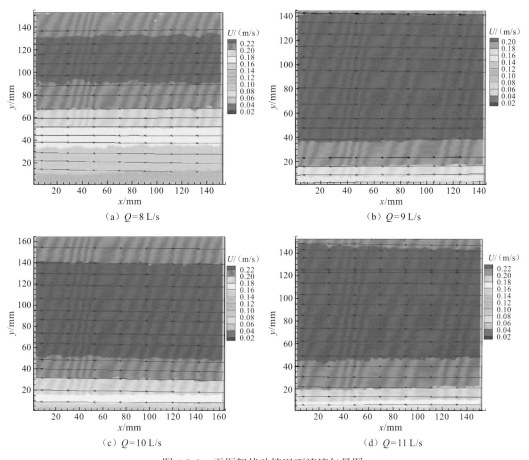

（a）$Q=8$ L/s　　　　　　　　　　　　（b）$Q=9$ L/s

（c）$Q=10$ L/s　　　　　　　　　　　（d）$Q=11$ L/s

图 4-2-3　无框架扰动情况下流速矢量图

　　测量面的确定：由明渠均匀流过流断面流速分布可知，液体的黏滞性使得靠近边壁位置的流速稍低，中间位置的流速稍高，过流横截面上某处的垂线流速等于平均流速。为简化试验，需要通过 PIV 的测定确定该断面位置。设定测量精度为 1%，由表 4-2-1 可以看出，符合要求的是 1 组、7 组、8 组。1 组、8 组的测量方差较大，7 组所在区域的测量数据较为稳定，且在前期预试验的试验过程中发现，流量增大时，靠近边壁的标定误差较大，故初步筛选 7 组（距右壁 20 cm）作为测定面。后改变流量为 9 L/s，对距右壁 20 cm 处重新测量，测量结果表明，所测量的结果验证了选取该横断面作为测量面的合理性。

2. 四面六边透水框架群试验设计

1）模型设计与制作

单个四面六边透水框架一般由六根相同的钢筋混凝土杆件搭接而成。在实际的河道工程中，杆件截面有正方形、三角形、圆形三种。本次试验框架群选用了四种尺寸类型的框架，四面六边透水框架的材质为金属，保证了水流冲击框架群过程中框架群的河床稳定不变。PIV 测量区域为防止激光照射框架反光，喷上亚光黑漆。框架实物图如图 4-2-4 所示，主要尺寸如表 4-2-2 所示。

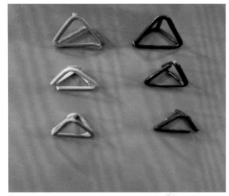

（a）型号1~3四面六边透水框架（右为涂漆亚黑）　　　（b）型号4四面六边透水框架

图 4-2-4　单个四面六边透水框架实物图

表 4-2-2　框架尺寸

型号	边长/cm	直径/cm	截面类型	质量/g	体积/cm³
1	1.5	0.18	圆形	0.66	0.27
2	2.0	0.24	圆形	1.47	0.57
3	3.0	0.26	圆形	2.10	0.76
4	5.0	0.50	正方形	18.6	7.46

2）试验工况的确定

为保证试验过程中的安全性和水流的稳定性，从距水槽入水口 0.3 m 处开始均匀铺设框架，距出水口 0.2 m 处布设防冲设施，框架群实际铺设长度为 7 m。试验底坡分别设置为 1‰和 2‰，属于缓坡，较符合天然河道的坡度情况。试验设置了多组不同流量，流量的范围为 6~13 L/s，用以研究不同流量条件下阻力系数的变化趋势，实际选取的流量大小结合试验条件确定。针对四种类型的四面六边透水框架，为保证框架群布置的合理性，采用称量法对框架进行计数，试验分为以下两类工况组。

（1）四种型号框架群混合均匀铺设。将四种型号的框架群混合均匀铺设，布置的密度如表 4-2-3 所示，布置如图 4-2-5 所示。工况为 28 组。

3

表 4-2-3　混合均匀铺设框架数

类型	框架数/个			
	型号 1	型号 2	型号 3	型号 4
1	4 000	900	2 200	700
2	8 000	1 800	4 400	1 400
3	12 000	2 700	6 600	2 100

（a）类型1-型号1铺设局部示意图

（b）类型2-型号1铺设局部示意图

（c）类型3-型号1铺设局部示意图

（d）混合均匀铺设整体示意图

图 4-2-5　框架群混合均匀铺设示意图

（2）型号 4 框架群均匀铺设。将型号 4 框架群进行均匀铺设，布置的密度分别为
1 136 个/m³（类型 1-型号 2）、2 272 个/m³（类型 2-型号 2）和 2 600 个/m³（类型 3-型号 2），
布置如图 4-2-6 所示，工况为 19 组。

（a）类型1-型号2铺设局部示意图

（b）类型2-型号2铺设局部示意图

（c）类型3-型号2铺设局部示意图

（d）型号4框架群均匀铺设整体示意图

图 4-2-6　型号 4 框架群均匀铺设示意图

3）水动力学参数测定

（1）框架群平均高度。框架群平均高度测量通过探针法实现，均匀铺设一组透水框
架群后，通过探针分别测出水槽中测量点与框架接触点的高程和槽底高程，接触点高程
减去槽底高程即可推算出该点处框架的高度。本试验在水槽方向上选取 8 个测量断面，
分别距出水口 1.0 m、1.8 m、2.6 m、3.4 m、4.0 m、4.8 m、5.6 m、6.4 m，每个断面选取

的测量点分别距右岸 0.05 m、0.10 m、0.15 m、0.20 m、0.25 m，共计 40 个测量点，如图 4-2-7 所示。

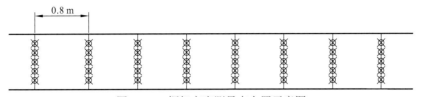

图 4-2-7 框架高度测量点布置示意图

（2）水深测量。本试验均保证在均匀流条件下进行。通过探针分别测出水槽中测量点的水面高程和槽底高程，水面高程减去槽底高程即可推算出水深。为保证试验的准确性，减少误差，选取水槽上游 1.5 m、4 m、6.5 m 三处作为测量横断面，并沿每个横断面布设两个测量点，为减小边壁对水深测量的影响，水深测点到玻璃边壁的距离分别为 0.1 m 和 0.2 m，一种工况下对应测出六组水深，并对其进行平均计算，得出平均水深并作为实际水深，具体水位测量点布置如图 4-2-8 所示。

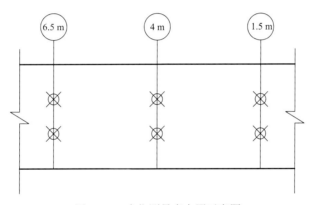

图 4-2-8 水位测量点布置示意图

（3）流速测量。选取距入水口 5.0～5.5 m 的区域为流速测量范围，利用 PIV 拍照并进行后处理得出垂向流速分布图，试验装置示意图如图 4-2-9 所示。

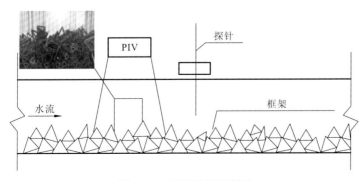

图 4-2-9 试验装置示意图

3. 试验成果分析

1) 四面六边透水框架群布置前后时均流速分析

框架群混合均匀铺设与同型号框架群均匀铺设原理相同，以框架群铺设类型 1-型号 1 为例，图 4-2-10（a）～（c）分别给出了 $Q=8$ L/s 条件下不同工况的流速分布云图。

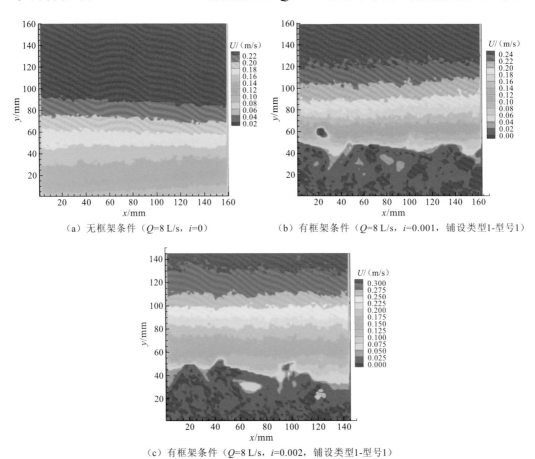

（a）无框架条件（$Q=8$ L/s，$i=0$）　　　　（b）有框架条件（$Q=8$ L/s，$i=0.001$，铺设类型1-型号1）

（c）有框架条件（$Q=8$ L/s，$i=0.002$，铺设类型1-型号1）

图 4-2-10　不同工况下的流速分布云图

四面六边透水框架群铺设后，由于对激光的阻挡作用，不能有效拍出下层的粒子，靠近槽底处的速度显示为零。对比发现，相同流量、框架密度条件下，水深随着坡度的增大而减小。由于其占用有效过水面积，框架群以上的流速增大，靠近框架群上部的流速减小，垂向流速分层明显。比较图 4-2-11（a）～（c）可以明显看出，不同工况下的断面流速分布变化：①框架铺设前，随着水深的减小，断面流速曲线呈对数分布式下降，总体呈 J 形分布；框架铺设后，在框架体上部水体中，断面流速曲线随水深的减小呈对数分布式下降，而在框架体内部断面流速曲线随水深的减小呈抛物线分布式下降，总体呈 S 形分布。②与框架铺设前相比，框架铺设后流速下降速率增大。框架群附近的流速明显降低，流速的降低使得水流的挟沙能力减小，泥沙沉降区域增大，泥沙更易沉降，解释了四面六边透水框架群减速促淤的原因。

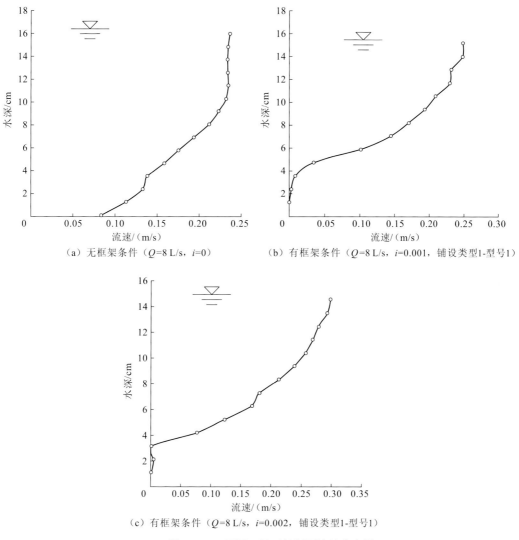

（a）无框架条件（Q=8 L/s，i=0）　（b）有框架条件（Q=8 L/s，i=0.001，铺设类型1-型号1）

（c）有框架条件（Q=8 L/s，i=0.002，铺设类型1-型号1）

图 4-2-11　不同工况下的断面流速分布图

2）四面六边透水框架阻力系数

（1）参数的确定。

目前已有文献对四面六边透水框架的零平面位移 y_0 没有准确的定义方式，y_0 的大小与框架本身的特征长度、投放框架类型等有关。框架群平均高度 $\bar{y}$ 表征结构体高度的平均化，本次研究中，将测量的 $\bar{y}$ 作为 y_0 的值，利用 y_0 推算 k_s，对于四面六边透水框架群的研究，仍取 $y_0 = 0.75k_s$。定义四面六边透水框架的孔隙率 ϕ 为

$$\phi = 1 - \frac{V_{tf}}{y_0 B_c L} \tag{4-2-14}$$

式中：V_{tf} 为四面六边透水框架的总体积；B_c 为水槽宽度；L 为框架铺设长度。

定义四面六边透水框架的单位体积迎流面面积 a：

$$a = \frac{3}{2}\frac{1-\phi}{y_0} \tag{4-2-15}$$

结合水流条件，得出了单一贴壁四面体四面六边透水框架的拖曳力系数 C_D 相对于雷诺数 Re 的变化曲线关系，本研究取 C_D 为 1.567。

（2）四面六边透水框架阻力系数公式的推导。

将式（4-2-14）、式（4-2-15）和 C_D 代入式（4-2-7），得

$$U_{tot} = \frac{1}{H}\left[2.828\left(\frac{gi}{N}\right)^{1/2}h^{5/3}k_s^{-1/6} + 0.599\sqrt{\frac{gi}{1-\phi}}\phi^{3/2}k_s^{3/2}\right] \tag{4-2-16}$$

调整式（4-2-16）中数值 N 的大小，使得利用该公式计算的 U_{tot} 与试验中设置的 U_{tot} 拟合度良好，进而求出流量，阻力系数和糙率。确定最佳的 N 值，需要用到优化问题及优化算法方面的知识。

首先，介绍优化问题与优化算法的概念。优化问题的含义就是在众多方案（解）中找到最优的方案（解），评判优化程度是通过目标函数来实现的。假设问题是找到使目标函数的值最小的一个解，可采用如下的一般形式来具体刻画问题：

$$\min f(x), \qquad g(x) \geqslant 0, \qquad x \in D \tag{4-2-17}$$

式中：$f(x)$ 为目标函数；x 为决策变量（可以为一个值，但更多时候是多个值组成的一个向量）；D 为定义域；g 为约束函数集（可包含一个或多个约束函数）。

求目标函数的问题常常可以对称转化为求其相对问题，如最小值与最大值、等式与不等式等。

算法是解题方案的准确而完整的描述，是一系列解决问题的清晰指令，算法代表着用系统的方法描述解决问题的策略机制。

然后，寻优确定 N 的值。选取 f_{tot} 为目标函数，N 为决策变量，定义域为（0.5，0.9），约束条件为 f_{tot} 与试验数据 F_D 的均方根误差（root mean square error，RMSE）最小。其计算公式如下：

$$\text{RMSE} = \sqrt{\frac{1}{N}\sum_{i=1}^{N}(S_i - M_i)^2} \tag{4-2-18}$$

式中：S_i 为计算值；M_i 为实测值。

根据统计学原理，当 RMSE 的值很小时，说明预测模型描述试验数据具有很好的精确度。对数据进行处理发现，当 $N = 0.576$ 时，阻力系数平均相对误差的绝对值最小。根据 $n = \sqrt{f/(8g)}R^{1/6}$ 计算出糙率 n，比较测量值计算的流量 Q_m、阻力系数 f_m 与推导公式计算的流量 Q_c、阻力系数 f_c（图 4-2-12、表 4-2-4）发现，试验数据与推导公式的符合度良好。

对于实际工程中的宽浅型河道，$R = h + y_0\phi$，即

$$f_{tot} = \frac{(1+0.75\beta)^2(1+0.75\phi\beta)}{\left[1.318\beta^{-1/6} + 0.212\phi^{2/3}(1-\phi)^{-1/2}\beta^{3/2}\right]^2} \tag{4-2-19}$$

式中：$\beta = k_s/h = 4y_0/(3h)$；$y_0$ 通过测量框架体的平均高度得出；k_s 为当量粗糙度；h 为水深 H 与零平面位移 y_0 之差。

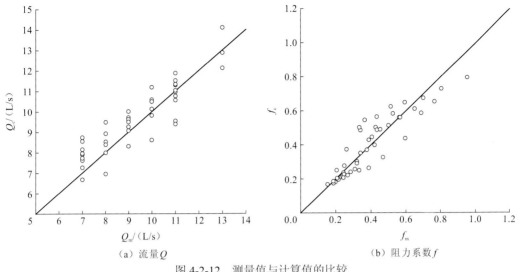

（a）流量 Q　　　　　　　　　　　（b）阻力系数 f

图 4-2-12　测量值与计算值的比较

表 4-2-4　各指标平均相对误差

项目	指标类型	
	Q	f_{tot}
平均相对误差/%	7.05	14.53

4.2.4　透空格栅结构阻力系数公式

1. 透空格栅结构试验设计

1）模型设计与介绍

试验所用透空格栅结构按照 1∶40 的比例，根据几何相似（几何比尺为 20）和水流运动相似（含流态相似）用铝制材料制成，实物图如图 4-2-13 所示，试验模型尺寸如图 4-2-14 所示。

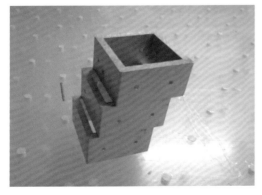

图 4-2-13　透空格栅结构实物图

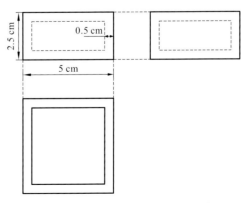

图 4-2-14　透空格栅结构模型尺寸示意图

2）试验工况的确定

试验在循环式 Armfield 水槽中进行，透空格栅结构分别通过整齐布置和交错布置固定在长 1.2 m、宽 0.3 m 的有机玻璃板上。其中，整齐布置采用 4×4 的布置方式，交错布置采用 4×3 的布置方式。有机玻璃板共计六块，总长度为 7.2 m，整齐布置下使用 384 个透空格栅结构，交错布置使用 336 个透空格栅结构。试验流量范围为 6～12 L/s，试验底坡分别设置为 1‰、2‰和 2.5‰，属于缓坡，较符合天然河道的坡度情况。两种布置条件下的总体示意图如图 4-2-15 所示。其中，整齐布置与交错布置的试验工况各 12 组，共计 24 组。

（a）整齐布置   （b）交错布置

图 4-2-15　总体示意图

3）水动力学参数测定

透空格栅结构试验的水深测量方式与四面六边透水框架的水深测量方式相同。选取距入水口 5～5.5 m 的区域为流速测量范围，利用 PIV 拍照并进行后处理得出垂向流速分布图。

2. 试验成果分析

1）透空格栅结构布置前后时均流速分析

以透空格栅结构整齐布置为例，图 4-2-16（a）～（c）给出了 8 L/s 条件下透空格栅结构布置前后的流速分布。透空格栅结构铺设后，由于对激光的阻挡作用，不能有效拍出透空格栅结构内部的粒子，透空格栅结构内部区域的速度显示为零。流速分层明显，对比发现，相同流量和铺设条件下，水深随着坡度的增大而减小。

图 4-2-17 为 Q=8 L/s，i=0.001，整齐布置条件下透空格栅结构不同位置的断面流速分布图。比较图 4-2-18（a）、（b）可以明显看出，交错布置条件下透空格栅结构不同位

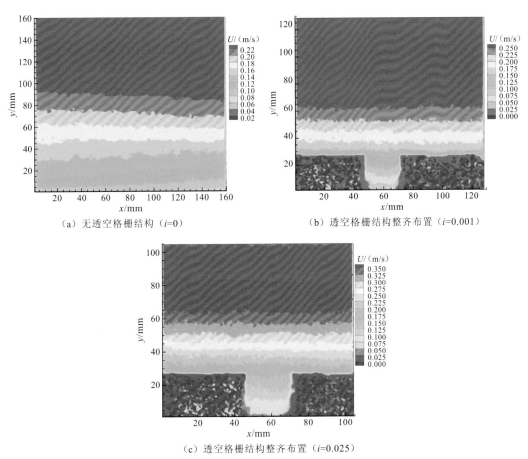

（a）无透空格栅结构（$i=0$）　　　　　（b）透空格栅结构整齐布置（$i=0.001$）

（c）透空格栅结构整齐布置（$i=0.025$）

图 4-2-16　透空格栅结构布置前后流速分布图（$Q=8\ \mathrm{L/s}$）

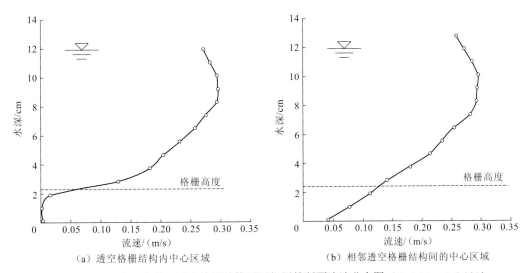

（a）透空格栅结构内中心区域　　　　　（b）相邻透空格栅结构间的中心区域

图 4-2-17　整齐布置条件下透空格栅结构不同位置的断面流速分布图（$Q=8\ \mathrm{L/s}$，$i=0.001$）

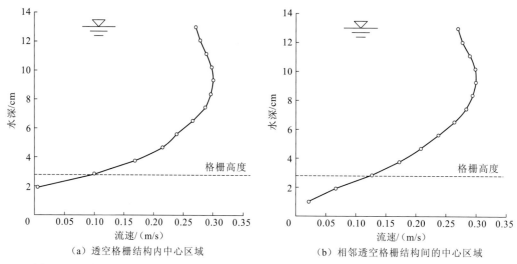

（a）透空格栅结构内中心区域　　　　　　（b）相邻透空格栅结构间的中心区域

图 4-2-18　交错布置条件下透空格栅结构不同位置的断面流速分布图（Q=8 L/s，i=0.001）

置的断面流速分布规律：透空格栅结构内中心区域，至透空格栅结构高度处流速下降为0，整体呈 J 形分布；相邻透空格栅结构间的中心区域，至水槽底部流速下降为0，整体呈 J 形分布，透空格栅结构顶部高度附近流速变化速率无明显改变。两位置相比，在透空格栅结构顶部高度处，透空格栅结构内的流速更低，水流的挟沙能力减小，泥沙沉降区域增大，泥沙在透空格栅结构内易沉降。

2）透空格栅结构阻力系数

（1）参数的确定。

目前已有文献对透空格栅结构的零平面位移 y_0 没有准确的定义方式，y_0 的大小与格栅本身的特征长度、投放格栅类型等有关。本次研究中，将透空格栅结构平均高度 $\bar{y}$ 作为 k_s 的值，利用 k_s 推算 y_0，对于透空格栅结构的研究，仍取 $y_0 = 0.75k_s$。定义透空格栅结构的孔隙率 ϕ 为

$$\phi = 1 - \frac{V_g}{y_0 BL} \qquad (4\text{-}2\text{-}20)$$

式中：V_g 为透空格栅结构的总体积；B 为水槽宽度；L 为框架铺设长度。

定义透空格栅结构的单位体积迎流面粗糙元面积 a：

$$a = \frac{3}{2}\frac{1-\phi}{y_0} \qquad (4\text{-}2\text{-}21)$$

参照四面六边透水框架，透空格栅结构的拖曳力系数 C_D 取为 1.567。

（2）透空格栅结构阻力系数公式的推导。

将式（4-2-20）、式（4-2-21）和 C_D 代入式（4-2-7），得铺设透空格栅结构条件下的断面平均流速：

$$U_{tot} = \frac{1}{H}\left[2.828\left(\frac{gi}{N}\right)^{1/2} h^{5/3} k_s^{-1/6} + 0.599\sqrt{\frac{gi}{1-\phi}}\phi^{3/2} k_s^{3/2} \right] \qquad (4\text{-}2\text{-}22)$$

　　对数据进行处理发现，当 $N=0.256$ 时，阻力系数平均相对误差的绝对值最小。根据 $n=\sqrt{f/(8g)}R^{1/6}$ 计算出糙率 n，比较测量值计算的流量 Q_m、阻力系数 f_m 与推导公式计算的流量 Q_c、阻力系数 f_c（图 4-2-19、表 4-2-5），试验数据与推导公式的符合度良好。

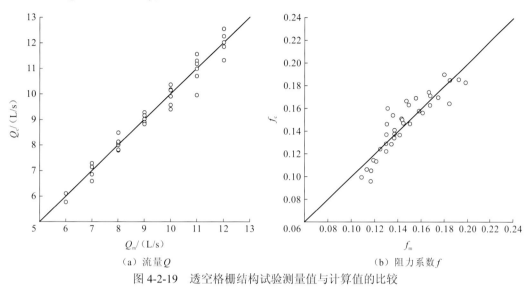

（a）流量 Q　　　　　　　　　　　（b）阻力系数 f

图 4-2-19　透空格栅结构试验测量值与计算值的比较

表 4-2-5　透空格栅结构试验平均相对误差

项目	指标类型	
	Q	f
平均相对误差/%	2.93	5.91

　　对于实际工程中的宽浅型河道，$R=h+y_0\phi$，即

$$f_{\mathrm{tot}}=\frac{(1+0.75\beta)^2(1+0.75\phi\beta)}{\left[1.976\beta^{-1/6}+0.212\phi^{2/3}(1-\phi)^{-1/2}\beta^{3/2}\right]^2} \tag{4-2-23}$$

式中：$\beta=k_\mathrm{s}/h=4y_0/(3h)$；$k_\mathrm{s}$ 为当量粗糙度（格栅的高度）；h 为水深 H 与零平面位移 y_0 之差。

　　实际工程中，对于其他不同的加糙结构体，a、ϕ 和 C_D 的取值根据所研究的加糙结构体的特性而定。

4.2.5　坝下砂卵石河段加糙方案

　　在已有研究成果的基础上，本小节将抛石、四面六边透水框架和透空格栅结构的阻力系数计算公式应用到宜昌至大埠街河段平面二维水流数学模型中，对提出的水位控制加糙初步方案进行分析，评估使用抛石、四面六边透水框架群和透空格栅结构进行加糙的效果与适用性，提出相对合理的加糙方案，为坝下砂卵石河段的水位控制提供重要的技术支持和借鉴。

1. 枯水位控制思路及方案

1）航道总体治理思路

宜昌至昌门溪河段存在问题的根源在于三峡水库蓄水后河道沿程的不均匀冲刷及随之而来的沿程水位的不断下降。因此，控制河道的冲刷部位及水位下降是本河段治理的关键。根据《长江中游宜昌至昌门溪河段航道整治工程总体技术方案》的研究成果，从宜昌至昌门溪河段的自身特点出发，宜昌至昌门溪河段航道整治工程的总体治理目标为：通过系统布局滩体守护、护底加糙、浅滩整治等工程措施，解决芦家河水道的水浅问题，保障航道畅通，同时避免对上游的宜昌水位造成不利的影响。

要实现这一总体治理目标，需遵循"防冲、加糙、清障"的总体治理思路。对于宜昌枯水位的稳定问题，从对演变分析的认识来看，河床大幅冲刷与宜昌枯水位下降并不存在直接的线性对应关系，主要是因为河段内节点的存在及河床粗化起到了一定的维持水位稳定的作用。这就要求一方面对仍处于冲刷状态的节点河段实施守护工程，防止进一步冲刷；另一方面，增加河床糙率，增强对水位的控制作用。但是，考虑到宜昌水位问题的复杂性，加之河段自身仍处在不断的冲淤调整过程之中，在当前应结合河道发生的新变化重新梳理节点河段，并对护底加糙工程对河段糙率乃至水位变化的影响进行深入分析，方能提出科学合理的布置方案。

对于芦家河水道的航道尺度问题，其成因较为简单，治理的方向也是明确的，从该位置的地形当前较为稳定的情况来看，若浅区水位进一步下降，实施床面清障处理是必要的。但清障措施的实施不可避免地将带来上游水位的下降，从这一角度来看，沿程枯水水位的高低也是制约芦家河水道治理的关键因素之一。

综合上述分析可以看出，已有的宜昌至昌门溪河段的总体治理思路是较为合理的，但具体工程方案仍存在诸多技术难点。其中，宜昌至昌门溪河段枯水水位的维持是制约整个河段航道治理的关键，也是芦家河水道治理得以实施的前提。

2）水位控制方案

根据"三峡-葛洲坝枢纽坝下砂卵石河段（宜昌至昌门溪）航道治理关键技术研究"成果，结合环境保护等外部因素，对方案进行优化，提出了两个水位控制平面方案，具体如下。

（1）方案一。

方案一为"三峡-葛洲坝枢纽坝下砂卵石河段（宜昌至昌门溪）航道治理关键技术研究"成果中提出的方案。

虎牙滩护底加糙工程：虎牙滩区域为长江出宜昌后的第一个微弯曲段，加之河床较为高凸，对上游宜昌水位有较强的控制作用，结合河道形态，在该区域布置3道加糙护底带，以增强该区域对宜昌水位的控制作用。

古老背护底加糙工程：古老背区域河道突然缩窄，窄口上游河床较高，下游为深槽，对上游水流存在一定的壅水作用，结合河道形态，可布置4道护底加糙工程，进而增强该区域对宜昌水位的控制作用。

周家河护滩工程及兴隆村护底工程：周家河区域的河道平面形态微弯，河道右侧仍有边滩存在，左侧窄深，考虑到上述平面特点，在河道右侧边滩区域布置 3 道护滩带，左侧深槽区域布置 3 道护底带，并与护滩带相连。

后江沱护底工程：宜昌至昌门溪河段航道整治二期工程拟对中沙咀边滩进行守护，考虑到该区域位于宜都急弯河段，河槽窄深，拟在对岸后江沱一带深槽区域布置护底工程。

大石坝边滩守护工程：该滩体在三峡水库蓄水后出现了较大幅度的冲刷，为保障滩体的完整性，防止进一步冲刷引起水位下降，拟在该区域布置 3 道护滩工程。

龙窝边滩守护工程：与大石坝边滩守护工程类似，为防止龙窝边滩进一步冲蚀，拟通过 3 道护滩带对边滩滩体进行守护。

关洲左汊控制工程：在已建关洲左汊进口守护工程的后方布置 2 道护滩带，维持关洲左汊稳定的同时进一步增强关洲洲体的稳定性。

（2）方案二。

从提升工程可行性的角度考虑，方案一需从以下几个方面进行优化：①宜昌至昌门溪河段目前绝大部分区域的卵石层已经出露，可冲幅度较为有限，在一期及二期工程基础上，后续水位控制措施不宜再将护底作为主要目标，而应突出加糙功能；②加糙措施必须充分考虑航道未来的长远发展，航道尺度远期目标按 6 m 考虑，同时还需考虑富余水深、工程顶面精度控制、水位下降等因素，加糙区以基面下水深超过 10 m 的深槽为宜；③加糙方案需考虑防洪协同，在自然水深较浅的区域，固然能有更好的加糙效果，但对洪水位的影响也会相对突出，因此，还应尝试在水深较大的窄深段进行加糙，以降低对洪水位的壅高影响；④宜都以上河段分布有中华鲟保护区的核心区与缓冲区，加糙工程宜布置在宜都及以下河段。基于上述考虑，提出水位控制方案二（图 4-2-20）。

后江沱加糙工程：宜昌至昌门溪河段航道整治二期工程拟对中沙咀边滩进行守护，考虑到该区域位于宜都急弯河段，河槽窄深，拟在对岸后江沱一带深槽区域布置加糙工程。

大石坝加糙工程：大石坝河段河道深槽稳定且较深，在该区域布置 3 道加糙工程，增强对水位的控制作用，并兼顾对边滩的守护。

梅子溪加糙工程：在梅子溪布置 3 道加糙工程，增强该区域对水位的控制作用。

龙窝加糙工程：在龙窝深槽段布置 3 道加糙工程，增强对水位的控制作用，并兼顾对边滩的守护。

关洲左汊控制工程：在已建关洲左汊进口守护工程的后方布置 2 道护滩带，维持关洲左汊稳定的同时进一步增强关洲洲体的稳定性。

牌楼口加糙工程：该河道缩窄，对上游水流存在一定的壅水作用，结合河道形态，可布置 4 道加糙工程，进而增强该区域对水位的控制作用。

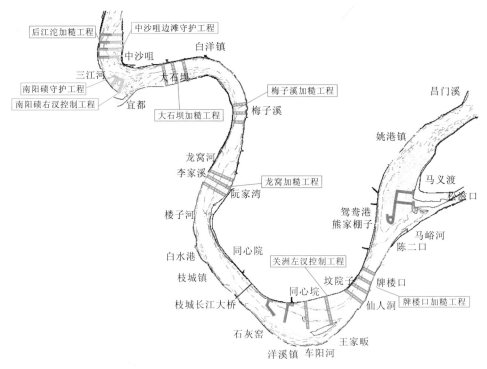

图 4-2-20　水位控制方案二示意图

2. 水位控制效果及分析

1）水位控制效果

（1）枯水水位控制效果。

根据布置方案，利用建立的平面二维水流数学模型（地形采用 2018 年 8 月的测量结果），6 000 m³/s 下水面线分布见图 4-2-21 和图 4-2-22。从工程前后沿程水位的变化情

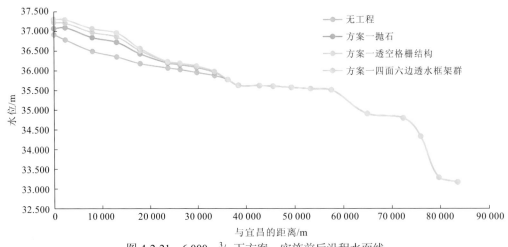

图 4-2-21　6 000 m³/s 下方案一实施前后沿程水面线

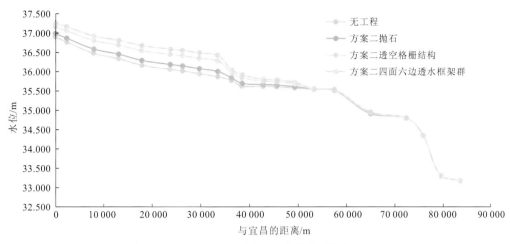

图 4-2-22　6 000 m³/s 下方案二实施前后沿程水面线

况来看，工程方案能够明显壅高沿程水位，方案一的效果好于方案二：对于方案一，枯水流量下宜昌水位壅高幅度分别约为 0.156 m（抛石）、0.396 m（四面六边透水框架群）和 0.312 m（透空格栅结构）；对于方案二，枯水流量下宜昌水位壅高幅度分别约为 0.085 m（抛石）、0.350 m（四面六边透水框架群）和 0.259 m（透空格栅结构）；四面六边透水框架群的水位控制效果最好，抛石的水位控制效果最差，透空格栅结构的效果仅次于四面六边透水框架群。

（2）洪水位影响分析。

为研究工程方案对防洪的影响，根据 2020 年汛期来水实际情况，模拟计算宜昌 45 000 m³/s 下方案一（透空格栅结构）和方案二（透空格栅结构）主要控制节点的洪水位变化，具体见表 4-2-6。从工程前后沿程洪水位变化情况来看，在洪水期，方案一对洪水位的影响相对方案二大：方案一（透空格栅结构）在洪水流量下，宜昌洪水位壅高幅度约为 0.028 m，白沙脑洪水位壅高幅度约为 0.043 m；方案二（透空格栅结构）在洪水流量下，宜昌洪水位壅高幅度约为 0.025 m，白沙脑洪水位壅高幅度约为 0.032 m。

表 4-2-6　45 000 m³/s 下各方案主要控制节点洪水位变化表

控制点	无工程	方案一		方案二	
	洪水位/m	洪水位/m	差值/m	洪水位/m	差值/m
宜昌	47.445	47.584	0.139	47.570	0.125
白沙脑	46.835	47.050	0.215	46.994	0.159
宜都	44.680	44.681	0.001	44.785	0.105
枝城	43.983	43.983	0.000	43.991	0.008
陈二口	43.277	43.277	0.000	43.277	0.000

2）综合分析

（1）平面布置方案比选。

从枯水水位控制效果来看，方案一的效果略优于方案二，但方案一在周家河及上游布置了 7 道护底带,该区域位于长江湖北宜昌中华鲟省级自然保护区的缓冲区和试验区,对生态环境的影响较大,其对宜昌水位的抬升效果相较于方案二不是十分显著,相较方案二仅高 5 cm。同时,从防洪协同的角度考虑,方案二对洪水位的影响较小。因此,本书推荐方案二作为河段后续治理的推荐平面布置方案。

(2)加糙结构体比选。

从水位控制效果来看,四面六边透水框架群的效果最优,透空格栅结构次之,抛石的水位控制效果较弱;从防冲效果来看,透空格栅结构和抛石与四面六边透水框架同样具有减缓近底流速的效果,在床面粗化基本完成的砂卵石河段,也是能够起到防冲效果的。

从稳定性来看,四面六边透水框架具有较好的近底稳定性。抛石只要满足相应水流条件下的粒径要求,也是可以保持稳定的。透空格栅结构需要通过合理的构件设计保证其稳定性,根据透空格栅结构的特点及砂卵石河段河床组成的特点,重点考虑其抗滑稳定。在主流区大洪水 4 m/s 表面流速,20 m 左右水深,4 m(底边)×4 m(底边)×2 m(高)构件,8 m^2 迎水面积条件下,按垂线流速指数分布,考虑透空格栅结构群抛的减速效果,工程区上游侧近底迎水面流速按 1 m/s 计,同时,相关钻探资料表明,宜昌至昌门溪河段卵石内摩擦角为 31°~35°,偏安全取 30°,混凝土容重取 2 400 kg/m^3,则方框型结构(水槽试验结构)壁厚取 35 cm 可以满足抗滑稳定性需求,为进一步增强稳定性,可在方框内加 30 cm 厚的格条,形成"田"字形。

从施工控制的角度来看,由于抛石和四面六边透水框架群为散颗粒体,形成较为完整、精确的加糙厚度存在一定的施工难度,且一旦形成高凸点,难以检测。透空格栅结构为大体积结构,尺寸规整,容易精确控制施工,且水位控制效果与四面六边透水框架群接近。

从生态友好性来看,四面六边透水框架群的透空性较好,但形成的孔隙较为破碎,仅能营造适合于小型鱼类或底栖生物的近底生境,且四面六边透水框架棱角较为凸出,可能对大型水生动物产生不利影响。抛石较为密实,孔隙率较低,对河床的覆盖度也较高。透空格栅结构采用前文所述"田"字形结构,单个构件形成四个尺寸为 1.5 m(底边)×1.5 m(底边)×2 m(高)的空腔,且单个构件对河床的覆盖率仅为 5/16,且群抛时,构件之间还具有一定的间隔。

综合考虑,本书推荐使用透空格栅结构作为河段后续治理的推荐加糙结构,各方面对比见表 4-2-7。

表 4-2-7　加糙结构对比表

结构	抛石	四面六边透水框架群	透空格栅结构
水位控制效果	一般	好	较好
防冲效果	好	好	好
生态友好性	一般	一般	较好
生产效率	—	一般	较高
施工效率	高	较高	较高
控制精度	较高	一般	高

　　"三峡-葛洲坝枢纽坝下砂卵石河段（宜昌至昌门溪）航道治理关键技术研究"成果认为，10 年后在无工程区域水位下降的幅度约为 0.12 m。因此，在使用推荐方案 10 年后，宜昌水位仍然有约 0.14 m（透空格栅结构）的抬升，宜昌水位持续下降的现象可以得到较好的控制。

第5章

防洪−通航协同下分汊河段洲滩守护与塑造

　　针对防洪-通航协同下复杂分汊河段洲滩守护与塑造问题，揭示典型分汊河段航槽稳定敏感性影响因素及强冲刷河段滩体生成发育模式。从采用透水结构、分步实施、分区实施三个角度出发，提出防洪-通航协同下复杂河段的洲滩塑造技术。

5.1 分汊河段航槽稳定敏感性影响因素分析

本节以沙市河段三八滩为代表,分别从滩槽形态、主流走向、枯水分流比、枯水分汇流格局等方面开展分汊河段航槽稳定敏感性影响因素分析。

5.1.1 滩槽形态

三峡水库蓄水以来,尽管受人工护岸的影响,太平口水道两岸岸线基本稳定,但河道内滩槽变化频繁,其中又以三八滩分汊河段的冲淤调整最为剧烈。

在三峡水库蓄水初期,太平口心滩分汊河段主要表现为南槽冲刷发展,同时太平口心滩逐渐淤长。三八滩分汊河段主要表现为三八滩持续萎缩,北汊冲刷,南汊逐渐北移,且南汊汊道流路逐渐取直,南汊设计的副通航桥孔逐渐淤废。过渡段演变较为复杂,这一阶段的初期,伴随着三八滩头部的后退,杨林矶边滩虽然规模不大,但经历了数轮"生成—下移—与三八滩合并"的演变周期,几乎每年就完成一次。2006 年汛后,随着南槽出流占优的格局的确立,三八滩头部位置基本固定下来,杨林矶边滩的位置也基本稳定于筲箕子与杨林矶之间,并开始逐渐淤长。

2007~2012 年初,太平口心滩分汊河段变化不大,主要是腊林洲高滩逐渐崩退;过渡段杨林矶边滩持续淤积长大,但其右边缘较为稳定,主要是受到了北汊进口较大过流的限制;三八滩分汊河段分汊形态基本稳定,三八滩中下段持续萎缩,北汊持续冲刷,南汊走向虽然较为顺直,但汊道内时有较大规模的淤积体阻碍过流。

2012 年汛后,最显著的变化就是过渡段深泓大幅南移,杨林矶边滩右缘随之大幅淤积,挤压北汊进口,而南汊则冲刷明显。这种滩槽格局的调整变化引起了北汊的急剧衰退,其影响一直持续至今。2013 年汛后,随着荆江太平口水道工程的逐步实施,虽然北汊因过度淤积,过流仍较为有限,但过渡段滩槽格局的调整较为明显,表现在过渡段深泓北移,而杨林矶边滩逐步萎缩,滩宽缩窄,北汊进流条件得到一定程度的改善。2016 年汛后,利用三峡后续规划资金,对北汊进口进行了疏浚,以适当增加北汊的过流能力,从实施后的情况来看,北汊进口的宽度明显增加。

5.1.2 主流走向

随着河道滩槽形态的调整,三峡水库蓄水以来,太平口水道的洪枯主流走向也在不断变化、调整。

蓄水初期,洪枯流向线有明显的差异,洪水期大流速带位于北槽—北汊一线,北槽的大流速流向线贴左岸进入北汊。枯水期流速分布相对均匀,南槽和南汊略微占优,北槽出流明显分散放宽,流向线显示有一部分水流进入南汊。

2006 年汛后,北槽水流进入南汊的情况发生了一定的变化,即北槽右缘的流向线不再窜入南汊，不过，北槽出流在筲箕子至杨林矶一带放宽仍十分明显。2007～2012年的流向线显示，这一阶段的枯水期流向线发生了明显的调整，初期南槽流向线出现了进入北汊的现象；2012年初，也就是汛前，枯水主流自南槽进入北汊的现象已经十分明显；北槽枯水期出流流路趋于弯曲，绕过杨林矶边滩后与南槽的一部分水流集中通过2#槽进入北汊。汛期流向也有变化，北槽仍为主流带所在，不过南槽表面流速已有明显增加。在筲箕子至杨林矶一带，虽然流速仍然较大，但以往北槽主流带沿左岸平顺进入北汊的现象已不复存在，取而代之的是北槽汛期出流也出现了一定程度的放宽。

2012年汛后，过渡段滩槽的形态发生了明显的横向调整，深槽南移，南汊过流能力明显增加，大部分流量级下的主流开始撤离北汊，以致杨林矶边滩右缘大幅淤长，尾部下延，且北汊汊道内大幅淤积。因北汊水动力条件明显偏弱，难以形成自然冲刷，北汊航道只能通过疏浚维护来满足通航需求。

太平口水道北汊浅滩的演变过程表明：在来沙大幅减少的前提下，滩槽格局的稳定能有效地限制主流的有效冲槽，这对于航道条件来说十分关键；而一旦洲滩冲刷引起主流的摆动，脱离主流的区域仍能发生淤积，航槽也将摆动。

5.1.3　枯水分流比

在三峡水库蓄水初期，上段太平口心滩分汊河段南槽分流比逐渐增加，发展为主汊；下段三八滩分汊河段北汊分流比也有所增加。在这一阶段的后期，枯水期南槽分流比在50%以上，北汊分流比在40%以上（表5-1-1）。

表 5-1-1　太平口水道年际分流比变化

时间	流量/（m³/s）	分流比/%				
		北槽	南槽	北汊	南汊	北汊-北槽
2001 年 2 月	4 370	68.0	32.0	43.0	57.0	−25.0
2002 年 1 月	4 560	59.0	41.0	35.0	65.0	−24.0
2003 年 3 月	3 728	55.0	45.0	27.0	73.0	−28.0
2003 年 5 月	10 060	65.0	35.0	42.0	58.0	−23.0
2003 年 10 月	14 904	60.0	40.0	36.0	64.0	−24.0
2003 年 12 月	5 474	56.0	44.0	34.0	66.0	−22.0
2004 年 1 月	4 842	52.0	48.0	32.0	68.0	−20.0
2004 年 11 月	10 157	48.0	52.0	35.0	65.0	−13.0
2005 年 11 月	8 703	45.0	55.0	45.0	55.0	0.0
2006 年 9 月	10 300	51.0	49.0	42.0	58.0	−9.0
2007 年 3 月	4 955	47.0	53.0	46.0	54.0	−1.0
2009 年 2 月	6 907	38.0	62.0	43.0	57.0	5.0

时间	流量/（m³/s）	分流比/%				
		北槽	南槽	北汊	南汊	北汊-北槽
2010 年 3 月	6 000	35.0	65.0	41.0	59.0	6.0
2011 年 2 月	5 933	38.6	61.4	59.4	41.6	20.8
2012 年 2 月	6 233	37.4	62.6	67.8	32.2	30.4
2013 年 2 月	6 130	42.0	58.0	61.0	39.0	19.0
2014 年 2 月	6 200	42.0	58.0	36.0	64.0	-6.0
2014 年 12 月	7 000	40.3	59.7	15.1	84.9	-25.2
2015 年 12 月	6 650	44.3	55.7	15.1	84.9	-29.2
2016 年 11 月	8 100	41.6	58.4	21.3	78.7	-20.3
2017 年 3 月	7 300	40.7	59.3	21.7	78.3	-19.0
2017 年 11 月	9 800	42.5	57.5	17.8	82.2	-24.7
2018 年 3 月	8 000	40.5	59.5	14.3	85.7	-26.2
2019 年 2 月	7 123	48.0	52.0	15.2	84.8	-33.8

从 2007 年开始，南槽-北汊航路所依托的分汇流格局、滩槽形态进一步强化发展。南槽分流比进一步增加，基本维持在 60%以上，北汊的分流比也迅速增加至 60%以上。2012 年汛后，受杨林矶边滩大幅淤长、挤压北汊进口的影响，北汊分流比开始迅速减小，由 2012 年大水前的 60%以上一度减小至 15%。2016 年汛后，北汊分流比有所恢复，达到了 21.3%；2017 年 3 月，北汊分流比再度小幅增加，为 21.7%；2018 年 3 月，北汊分流比进一步减小至 14.3%；2019 年初，北汊分流比小幅增加至 15.2%。

5.1.4　枯水分汇流格局

北汊进口杨林矶边滩所处的过渡段水流特性复杂，既是上游太平口心滩分汊河段的汇流区，又是三八滩分汊河段的分流区，且分汇流格局在不断变化，主要有如下三种情况。

（1）北槽分流比大于北汊分流比，即北槽水流有一部分进入南汊。从 21 世纪初到 2006 年，太平口水道均维持了这种分汇流格局，其主要原因是北槽为主汊，分流比占优，北汊难以全部承接北槽来流。2014 年以后，太平口水道再度出现这一分汇流格局，主要原因是南汊大幅冲深发展，而北汊过度萎缩，南汊分走了大部分来流。

（2）北槽分流比等于北汊分流比，即北槽水流进入北汊，南槽水流进入南汊。这一格局出现的时间较为短暂，仅在 2007 年、2008 年出现，这一时期正是南槽发展为主汊，而北汊也开始发展的过渡时期。

（3）北槽分流比小于北汊分流比，即南槽水流有一部分进入北汊。2009～2013 年初，因南槽为主汊，北汊也逐步发展为主汊，太平口水道形成了这一格局。2011 年、2012 年为鼎盛时期，近三成水流自南槽进入北汊。

5.2　复杂通航环境下分汊河段主航槽确定方法

根据分汊河段的水动力特性，提出了洪水主流倾向汊道和枯水主流倾向汊道两个概念。洪水主流倾向汊道是指分流比随流量的增大而增大的汊道，枯水主流倾向汊道是指分流比随流量的增大而减小的汊道。需要强调的是，这两个汊道类别的概念与汊道之间的分流权重并无直接关系，只是反映了分汊河段分流权重随流量的变化特点。统计分析表明，对于大多数分汊河段，枯水主流一般位于主汊，洪水时主流摆向支汊，即主汊与枯水主流倾向汊道一致，支汊与洪水主流倾向汊道一致，如南阳洲水道、嘉鱼水道、天兴洲河段、罗湖洲水道等；少数分汊河段主汊与洪水主流倾向汊道一致，支汊与枯水主流倾向汊道一致，如陆溪口水道、燕子窝水道、土桥水道等。

三峡水库蓄水以来，洪水主流倾向汊道的分流比减小，这种特点在 2008 年后更加明显，使大部分汊道的主汊地位更加稳固，少数以洪水主流倾向汊道为主汊的分汊河段主消支长，甚至完成主支交替。从三峡水库蓄水以来的汊道冲淤变化来看，与分流比变化相对应，对于洪水主流倾向汊道为支汊的分汊河段，主长支消趋势明显，且高水位蓄水以来，两汊同时冲刷的现象减少，主汊冲刷支汊淤积的现象增多；对于洪水主流倾向汊道为主汊的分汊河段，呈现了支汊发展速度大于主汊的现象。对此，结合模型试验的成果，5.1 节揭示了出现这种现象的原因，主要是因为三峡水库蓄水以来，水沙过程中洪水持续时间减少，中水持续时间增多，使洪水主流倾向汊道的发展机会减少，枯水主流倾向汊道的发展机会增多，洲头心滩均趋向于萎缩。基于分析所取得的认识，未来绝大多数汊道仍将延续当前已出现的演变规律，这是因为在未来的水沙过程中，洪水消减，中水增大，必然有利于枯水主流所在汊道的发展，而不利于洪水主流所在汊道的发展。

根据上述认识，在长江中下游分汊型浅滩治理的汊道选择上，也应分两种类型来探讨通航汊道的选择方法。

第一类是主汊与枯水主流倾向汊道一致的分汊型浅滩。根据其趋势，未来的水沙条件有利于主汊的发展，因此这一类分汊河段的主汊地位是较为稳固的，将其作为通航汊道是毫无疑问的。

第二类是主汊与枯水主流倾向汊道不一致的分汊型浅滩。根据其趋势，未来的水沙条件不利于主汊的发展，但汊道的选择还应综合考虑其他因素，如支汊的发展现状及空间，不同流量级下的主流摆动幅度等。例如：如果当前支汊的分流权重不大，意味着主汊的航道条件在宽度、深度等指标上要明显优于支汊；又或者是不同流量级下主流摆动幅度有限，虽然中枯水期支汊分流增加，但增加幅度也较为有限，在此情况下，主流摆动幅度不大的分汊河段在未来即使是呈现支汊发展的态势，一方面发展的幅度和速度会比较缓慢，另一方面这种发展也是可控的。因此，本类分汊型浅滩的汊道选择相对要复杂一些，对于支汊已明显发展、主流摆动幅度较大的分汊型浅滩，应选择支汊作为主通航汊道；对于支汊发展幅度不大且主流摆动幅度不大的分汊型浅滩，应选择主汊作为主通航汊道，而将支汊发展作为不利因素加以控制。

5.3　强冲刷河段洲滩生成发育模式

5.3.1　水沙与河床耦合动力学数学模型的建立和验证

为了研究强冲刷条件下河道滩体生成发育模式，依托坝下冲刷较为剧烈的沙市河段，采用数值性能良好的水沙与河床耦合动力学数学模型计算手段开展研究。

1. 模型建立

1）控制方程

基于流体力学守恒律的完整控制方程，通过深度积分水沙两相流纳维-斯托克斯（Navier-Stokes）方程推导得到能充分反映水流、泥沙、河床演变三者之间相互作用和反馈机制（如河床演变对水流的反作用、复杂滩槽地形上湍流雷诺应力对输沙的影响）的双曲型偏微分控制方程。具体而言，将冲积河流航道的水沙混合体视为拟单相连续介质，建立质量和动量守恒方程，并进行雷诺平均，获得雷诺平均方程系，其一般形式是三维的。同时，考虑到冲积河流在水平方向的空间尺度远远大于其深度，进一步对上述三维雷诺平均方程系进行深度积分平均，从而获得冲积河流深度积分模式的控制方程系。具体方程系包括挟沙水流的质量和动量守恒方程、随流泥沙分粒径组分的质量守恒方程、河床泥沙所有组分的总质量守恒方程、床沙分粒径组分的质量守恒方程。

2）数值计算方法（求解深度积分的控制方程）

基于有限体积法的全变差下降格式（total variation decreasing scheme，TVD scheme）格式，求解激波/间断（水跃）；满足 C-property，适应于不规则地形；非结构三角形网格，适应于复杂地形边界；网格局部加密，适应于整治工程；水流和泥沙方程同步求解，即数值耦合；局部时间步长技术+Open MP 并行计算，节省计算成本近 90%。

3）太平口水道模型

以长江航道测量中心 2012 年 2 月实测地形为起始计算地形，其上起陈家湾，下至玉和坪，全长约 20 km。将计算区域离散为非结构网格，共计 9 274 个网格，4 847 个节点，网格尺度最大为 120 m，最小为 4 m（图 5-3-1 中最密集处，可以考虑荆州长江大桥桥墩尺度的影响，桥墩尺度为 4 m）。

2. 模型验证

利用 2012 年 10 月 3 日的实测数据对水位和断面流速分布进行验证，计算结果显示，计算值与实测值达到了比较好的验证结果。对太平口水道 2012 年 2~10 月实测冲淤分布图与计算冲淤分布图进行对比发现，总体而言，模型定性上较好地复演了太平口水道 2012 年 2~10 月的滩槽演化过程。由以上可以看出，本模型水位、流速、地形验证较好，较好地模拟了复杂的滩槽变化，能够满足本书需要。

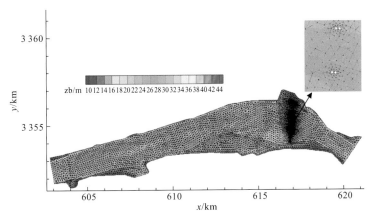

图 5-3-1　太平口水道计算网格和初始地形（2012 年 2 月）

5.3.2　太平口水道滩体生成发育模式

本小节主要以太平口水道为依托，分别选用天然小水、天然中水、天然大水、小水"清水"、中水 "清水"、大水 "清水"等水沙条件预测了沙市河段未来 10 年的演变情况，在此基础上分析了强冲刷河段滩体生成发育模式试验工况（表 5-3-1）。以太平口水道 2018 年 6 月实测地形为起始计算地形（图 5-3-2），计算网格包含 14 598 个计算单元和 7 574 个节点，网格尺寸为 17.3～167.3 m。

表 5-3-1　数学模型试验工况表

工况	水沙情况	说明
1	天然小水	2002 年水沙数据
2	天然中水	2001 年水沙数据
3	天然大水	2000 年水沙数据
4	小水"清水"	2013 年水沙数据
5	中水"清水"	2015 年水沙数据
6	大水"清水"	2014 年水沙数据

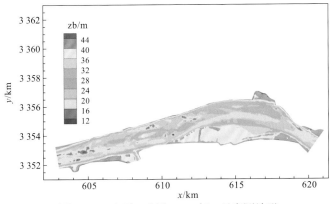

图 5-3-2　太平口水道 2018 年 6 月实测地形

1. "清水"情况下河道滩体变化

通过对比不同来水来沙条件下的滩槽演变过程发现，在"清水"条件下，不同的来水来沙组合并不会产生定性的差异，只有定量的区别，因此在此选取小水、大水两种来水来沙组合进行分析。在自然条件下，小水"清水"条件下的地形冲淤及滩槽演变过程见图 5-3-3 与图 5-3-4，大水条件下滩槽演变过程见图 5-3-5 与图 5-3-6。对比零等深线的变化趋势发现，太平口心滩的面积增大，且心滩位置由于水流的冲刷作用向下游迁移，在大水条件下，向下游移动的距离更大。腊林洲边滩 10 年内面积的变化不大，其形态的变化主要表现为中上部向外延展，且水流强度越大，延展的距离越大。在水流作用下，产生的最明显的变化在于杨林矶边滩基本冲失，在北汊入口以浅滩形式存在，表现

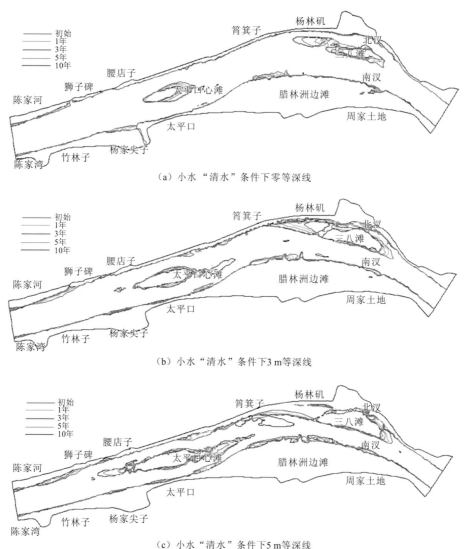

（a）小水"清水"条件下零等深线

（b）小水"清水"条件下 3 m 等深线

（c）小水"清水"条件下 5 m 等深线

图 5-3-3　小水"清水"条件下等深线（零、3 m、5 m）的变化过程

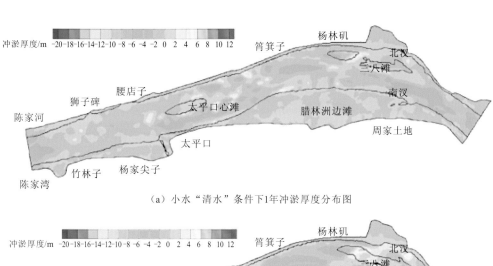

（a）小水"清水"条件下1年冲淤厚度分布图

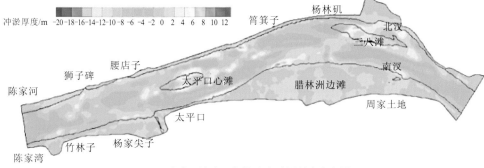

（b）小水"清水"条件下3年冲淤厚度分布图

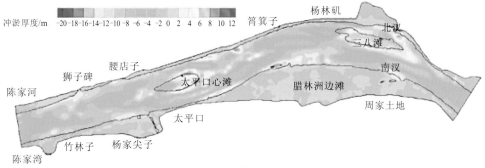

（c）小水"清水"条件下5年冲淤厚度分布图

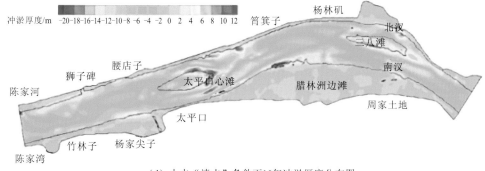

（d）小水"清水"条件下10年冲淤厚度分布图

图 5-3-4　小水"清水"条件下冲淤厚度分布图

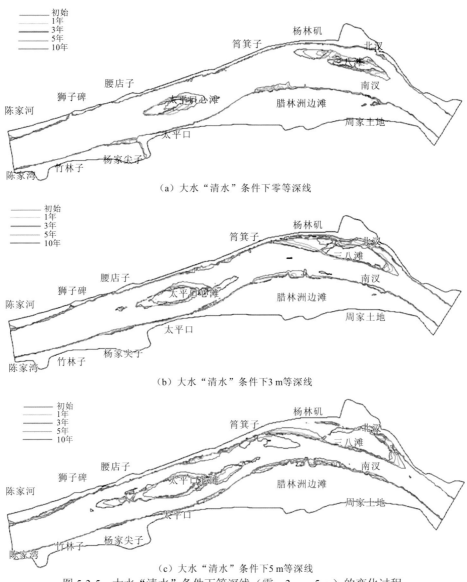

图 5-3-5 大水"清水"条件下等深线（零、3 m、5 m）的变化过程

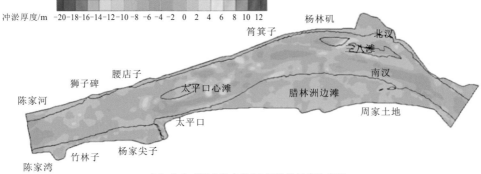

（a）大水"清水"条件下1年冲淤厚度分布图

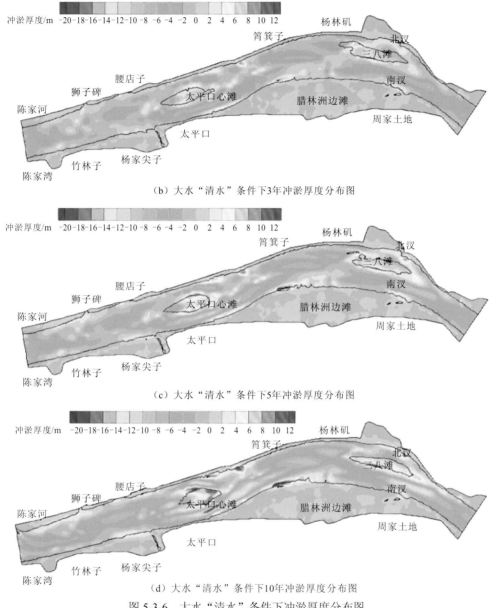

（b）大水"清水"条件下3年冲淤厚度分布图

（c）大水"清水"条件下5年冲淤厚度分布图

（d）大水"清水"条件下10年冲淤厚度分布图

图 5-3-6　大水"清水"条件下冲淤厚度分布图

为与三八滩合并形成一个新的心滩（新三八滩）。新三八滩的面积逐渐变大，由于整治工程的作用，三八滩尾部形态较为稳定，整体变化不大。对比 3 m 等深线的变化趋势发现，整体的变化趋势与零等深线的趋势相同，较为明显的变化发生在北汊区域，3 m 等深线的河槽逐渐变窄，北汊入口 3 m 等深线的位置向下游迁移，1#槽的 3 m 通航槽消失。南北槽的 3 m 通航区域也会变窄，但是整体变化不大。对比 5 m 等深线的变化趋势发现，在初始时刻，南北槽的 5 m 等深线与南汊的 5 m 等深线贯通，北汊区域存在 5 m 深槽但不贯通。随着时间的推移，太平口心滩上下游的 5 m 等深线逐渐贯通，整个过渡段的水深条件变好。原杨林矶边滩处的 2#槽消失，北汊的 5 m 等深线消失，南汊的 5 m 等深线一直处于贯通状态，整个南汊的 5 m 等深线的贯穿长度增加。随着水流作用的增强，上述现象发生的程度更强。对比冲淤变化图像发现，在这 10 年中，主要的冲刷区域集中在杨林矶边滩、南汊出口段、北槽出口过渡段及南槽区域。后期北汊内部表现出轻微冲刷。主要的淤积区域集中在太平口心滩尾部、腊林洲边滩中上段及北槽出口左岸边滩位置。大水和小水两种水流条件下显示出的趋势是一致的，但大水条件下由于水流能量更强，冲刷程度较强。

2. 强冲刷河段滩体生成发育模式分析

（1）三峡大坝蓄水之后，其带来的强冲刷条件对于下游的太平口水道影响巨大。在小水天然沙条件下，河道两岸淤积严重，各个心滩与河岸淤积结合成一个整体；在强冲刷条件下，杨林矶边滩逐渐冲刷下移消失，会在以后的较长时间作为一个北汊入口的水下浅滩存在；北汊短期内还会因杨林矶边滩的冲刷下移发生明显的淤积而恶化，但从长期来看，杨林矶边滩冲失，再加上北汊分沙比较小，将不会再发生进一步的淤积、恶化，还会有略微好转的迹象；南汊处于一个持续冲刷的阶段，其良好的通航条件基本稳定。

（2）在相同的来沙条件下，大水条件相对于小水条件，水流会具有更大的能量，使得河道的演变更为剧烈。但是水流强度并不会影响河道的演化趋势。

（3）不同年份南北两汊的分流分沙比变化不大，河道形成了稳定的以南槽-南汊为主流的河势，并且南槽-南汊作为绝对的分流分沙主汊道的现状短期内不会发生变化，即使在天然沙条件下，也是如此。

5.4　现有洲滩守护与塑造技术总结

长江中下游为冲积平原河道，自然条件下，受水流侵蚀、淘刷的影响，河漫滩、江心洲、低矮心滩及边滩经常出现冲刷变化，甚至崩退、垮塌。这些变化既威胁到防洪安全，又会引起航道不稳。对于分汊河段来说，江心洲（心滩）的高大完整是分汊格局及航道条件稳定的基础。

目前航道整治主要有两大类：一类是滩槽格局较差，航道不满足维护尺度，需要通过工程措施塑造较好的滩槽格局；另一类是目前滩槽格局较好，航道尺度满足维护尺度，但洲滩存在不利的变化趋势，需要通过工程措施守护较好的滩槽格局。

三峡水库蓄水后，长江中下游总体河势基本稳定，但由于来沙量大幅度减少、中水时间延长，中下游河道发生了长时间、长河段的冲刷，河道内作为航道边界的淤积洲滩冲刷加剧，或者演变的周期缩短，又或者出现单向性变化，对航道产生不利影响。随着三峡水库蓄水运行的持续，作为重要航道边界的心滩、边滩及高滩将更趋于不稳定，航槽稳定性也将进一步降低。航道治理中洲滩守护工程的比重将越来越大，守护难度也逐步增加。

传统的航道整治主要是通过堤坝稳定河槽，相对束窄河道横断面，提高水流挟沙能力，刷深河槽，以解决泥沙淤积问题，即"束水冲沙"。传统河道渠化、"束水攻沙"等方法主要是将河道视为一个整体，通过局部工程、束窄断面，达到对水流流速、流态调整的目的，从而重塑河道断面。以该理论为基础的方法在小流量、低流速、河道断面较为简单、外界限制条件较少的河道的治理中较为实用。

5.4.1　洲滩守护平面布置

长江中下游滩体规模通常很大，一般不可能完全守护。根据以上各类滩体的冲刷破坏特征，可分别采用盾形集中守护、连续守护、间断守护及组合方式守护，现分别说明如下。

1. 盾形集中守护

对较大范围的滩体进行连片守护，主要用于顶冲部位，多用于受顶冲的洲体头部，通过控制头部，制止滩体上冲下淤、渐次下移。

长江中游太平口水道三八滩头部在纵向水流、横向水流、弯道水流等多种水流的冲刷作用下逐年后退。在三八滩守护工程有限的工程量中，对三八滩头部长约 150 m 范围安排了集中守护。采用集中整体守护方式时，守护范围的确定十分重要。应该对滩体水流和冲淤分布进行全面的分析研究，将冲刷强烈的部分尽可能全部纳入守护范围，否则在整体守护范围外会出现强烈冲刷。工程实施后的效果表明，该工程的集中整体守护范围偏小，没有覆盖全部的强烈冲刷区，在集中守护的下段出现了强烈冲刷，滩面出现了较大的水凼，并对护滩建筑物造成了损坏，三八滩尤其严重。

2. 连续守护

对一定宽度的滩体的纵向采用连续守护。连续守护多用于滩体外缘、滩脊等。前者用于制止滩体边缘的纵向水流或弯道水流对滩体边缘的冲刷，使滩体维持一定的宽度和整体性；后者用于制止横向漫滩水流引起的滩脊刷低，使滩体保持一定的高度。

对滩体边缘的守护有些类似于护岸，目的在于通过对边缘的控制维持边界的稳定，不同的是：护岸是对洪水河岸进行控制，岸线以上洲滩仅在发生洪水时淹没，作用时间很短，且洲滩上通常有植被覆盖，可以大大降低流速，甚至形成泥沙淤积；而滩体淹没时间长，滩面上为可动性极强的中细沙，没有植被。对滩体边缘采用连续守护的前提是，滩体基本位于缓流区，淹没后滩面上的流速较小，滩体的冲刷主要限于自外向里的边缘冲刷。根据这一分析，采用滩体边缘连续守护时，守护的宽度很重要，要能对滩体冲刷区域充分覆盖，同时还要考虑工程实施后对边缘形成的冲刷坑的保护。

对滩脊的连续守护有些类似于滩脊顺坝，意图在于控制滩脊高程，使其对横向漫滩水流起到控制作用，滩体上形成横向审沟，产生滩体两侧水流和泥沙的交换，造成航槽淤积，如罗湖洲心滩守护罗湖洲洲头滩（长护滩带）。用于滩脊连续守护的软体排要有足够的宽度，使其既能起到拦截漫滩水流的作用，又能控制在水流作用下的护滩建筑物两侧的变形。要对滩体上的漫滩水流进行全面分析，对漫滩水流相对集中、产生窜沟频率较大的部位要适当加强。

3. 间断守护

间断守护适用于主要由纵向水流造成的沿程冲刷，以及滩面大范围、相对均匀的冲刷。其用于控制滩体范围和整体高程。

带状间断守护的设计指导思想是，护滩建筑物起到类似丁坝的作用。当滩体在水流作用下发生冲刷时，已布置的护滩建筑物的滩体将维持原状，未守护的滩体高程将因水流冲刷而降低，当这种作用发展到一定程度时，已守护的长条形滩地相对凸起，类似于在床面上堆垒起的丁坝，可对水流起挑流作用，从而对滩体起到保护作用，网格状间断守护与带状间断守护的作用原理类似，相当于在带状间断守护的基础上再加密，适用于以边缘冲刷为主、滩面也有一定程度的漫滩水流冲刷的滩体。间断守护可起到维持滩体总体轮廓（包括总体高度）不变的作用。

4. 组合方式守护

长江中下游滩体规模通常很大，滩体不同部位的水流特性、冲刷条件不同，在布置护滩建筑物时，需要针对不同的条件采用不同的守护形式。

东流水道老虎滩滩面存在漫滩水流，头部受顶冲，上段左右缘受纵向水流冲刷，尾部主要位于水流交汇区，冲刷作用较弱。针对这一特点，首先确定守护范围主要为中上段。在进行建筑物的具体布置时，对头部采用了盾形集中守护，对左右缘及滩脊采用了连续守护，对以漫滩水流冲刷为主的范围采用了间断守护。工程效果表明，这种布局总体上是合理的，但上段整体守护范围偏小。

5.4.2　洲滩塑造平面布置

1. 顺坝护滩平面布置

顺坝的主要作用是：调整水流流向，使水流沿规划的整治线平顺流动；束窄河床，减小过水面积，增加航槽流速；形成强烈的环流，控制横向输沙；调整汊道分流比，改善流态。顺坝对水流结构的改变不太大，沿坝水流较为平顺。

在分汊河段，往往存在两汊道水面高程不一致的情况，这样会在江心洲头部产生横流，妨碍船舶航行。在江心洲头部沿所要固定的心滩滩脊线布置顺坝，拦截洲头横流，改善汊道进口流态，使汊道进口水流平顺是行之有效的整治措施，在分汊河段整治中使用较为广泛。

2. 丁坝（群）护滩平面布置

丁坝可用于固定边滩，加高边滩高程，并可利用坝田区域的泥沙淤积促进边滩淤长。丁坝的数量应根据浅区的长度和边滩的大小而定，通常采用正挑或下挑丁坝，丁坝群的最上游一道丁坝应做成下挑丁坝，以避免坝头水流过于紊乱。

界牌河段长旺洲边滩采用了间断守护。界牌河段为顺直放宽河道，河道滩槽的平面分布极不稳定，多数情况下上段左岸为深槽，右岸为长旺洲边滩；当主流右摆时，长旺洲边滩冲刷直至解体。根据工程治理目标，需要对长旺洲边滩进行控制守护，以维持滩槽的稳定。设计上布置了 14 道丁坝。由于工程实施时滩体完整，且高程绝大多数超过整治水位，大部分工程用护滩代替了丁坝。这是长江航道整治最早的护滩建筑物。工程实施后，滩体外缘受冲，护滩部分依次出露，起到了丁坝的作用，总体上对滩体起到控制作用，但建筑物头部也出现了损毁，随着损毁的扩大，护滩建筑物有所缩短。

类似的还有周公堤水道蛟子渊边滩实施的应急守护工程。1998 年特大洪水后，周公堤水道上段主流上提、左移，使蛟子渊边滩受冲后退，过渡段航槽恢复摆动。为制止边滩的进一步冲刷后退，在蛟子渊边滩头部布置了 3 道护滩建筑物。工程实施后得到了预期的效果。

丁坝间距的大小直接关系到工程效果和工程量，间距过大，丁坝之间不能互相掩护，达不到控制整治线的目的；间距太小，丁坝数量增多，工程量大，造成浪费。丁坝高程一般按照整治水位确定，具体确定方法同整治水位。

3. 鱼骨坝护滩平面布置

1）鱼骨坝平面布置形式

鱼骨坝是在洲头鱼嘴工程基础上发展演变而来的，兼有倒流顺坝和丁坝的功能，其主要作用为固滩、稳定滩头、稳定两侧汊道的分流分沙比。工程实践表明，鱼骨坝在稳定心滩、防止滩头冲刷后退、滩体被水流切割等方面能够很好地发挥作用。

2）鱼骨坝高度

对于为了较好地稳定枯水航道滩脊的心滩守护工程，多采用鱼骨坝高程与当地滩面高程基本齐平的形式；对于为了稳定并改善枯水航道条件的心滩守护工程，多采用鱼骨坝高程高于当地滩面高程的形式，使其对水流有一定的调整作用。

对于高出当地滩面高程的鱼骨坝工程，坝顶高程以坝头高程为准（整治水位），向下游和两侧一般有一定的纵、横向坡度。随着水位的升高，鱼骨坝调整心滩左右两槽进口流速分布和分流比的作用逐渐显现，以达到有利于航道整治的目的。鱼骨坝高程取多高，即整治水位取多高，应以有利于整治建筑物稳定和整治目标的实现来确定。

鱼骨坝高程的选择与航道整治目标和当地的滩槽形势有着密切的关系。

当刺坝的高程增加时，对周边水流的影响增大，整治效果也加强；当刺坝的间距减小时，工程对周边水流的控制作用加强，整治效果也变好。虽然通过增加刺坝的高度和减小刺坝间的距离都可以使工程效果加强，但是增加刺坝的高度会使建筑物周边的冲刷坑加剧，对坝体的稳定不利，因此对需要采取鱼骨坝整治工程措施改善航道条件的碍航水道，在确定整治参数时，应尽量采用整治水位与刺坝间距适度的整治参数组合，尽量用较低的整治建筑物高程，以有利于整治建筑物的稳定和整治目标的实现。

3）鱼骨坝刺坝间距

鱼骨坝刺坝数越多，其对水流的控制作用越强，对滩体的保护效果越好，但与用软体排间隔护滩一样，布置太多的刺坝，也是不经济、不科学的。确定合理的刺坝间距实际上是正确处理工程效益和工程投资之间关系的问题。

对于鱼骨坝刺坝间距的确定，目前的研究还很不成熟，对于高程高于所护滩地的鱼骨坝高程的确定，现主要有以下几种方法。

（1）经验方法。

目前工程界常用丁坝长度的某一倍数的经验方法来确定刺坝间距。有的从防止坝田产生较急水流、防止坝田淤积方面考虑，认为坝间距 S_b 为上游丁坝在过水断面上的有效投影长度 b_0 的 $1\sim4$ 倍较为适当。为了满足控制线的要求，有些学者认为刺坝的平均间距应等于 $0.7b_0$，在凹岸和凸岸分别为 $0.35b_0$ 和 $1.5b_0$。

另外，可以借鉴丁坝的布置原则，如《航道整治工程施工规范》（JTS 224—2016）的第 4.5.1 条规定：在一组丁坝群中，两坝间距 S_b 与上一条丁坝在过水断面上的有效投影长度 b_0 有关，可参照表 5-4-1 选取。

表 5-4-1 丁坝间距

项目	所处位置		
	凸岸	凹岸	顺直段
两坝间距	$S_b=(1.5\sim3.0)\,b_0$	$S_b=(1.0\sim2.0)\,b_0$	$S_b=(1.2\sim2.5)\,b_0$

由于用经验方法确定刺坝间距是长期工程实践的总结，重新运用于工程中比较安全可靠，但它缺乏理论依据，在不同断面形态和不同水流条件下，只考虑坝长因素的刺坝间距显得过于简单。况且即使是同样的断面形态和水流条件，不同的人根据自己的经验，可能会得出不同的刺坝间距。

（2）水力学方法。

从角涡角度考虑，角涡的变化幅度小且角涡内流速很小，甚至出现停滞。在天然河道中，角涡的流速不会导致滩体和河床的冲刷，因此也是坝下游回流范围内护滩最理想、最可靠的区域。在丁坝群护滩的情况下，以角涡的范围（2 倍左右上游坝长的间距）设置刺坝是比较合理的，这与实际经验较为吻合。

由于刺坝下游回流区的变动较大，间距较大的上下游刺坝间的水流必然不稳定，不利于护滩。如果间距取其角涡的范围，不但坝田内水流比较稳定，而且下游刺坝可以受到上游刺坝较好的掩护，同时河床也不易冲刷，从而保证了坝体及滩体的稳定与安全。

根据实测资料，刺坝的回流长度 l 为角涡长度 l_1 的 $3.5\sim4.5$ 倍。若取刺坝间距 S 与角涡长度 l_1 相等，则有 $S=0.25l$。结合回流长度公式得

$$S = \frac{B \ln \dfrac{B}{B-b_0}}{0.28 + 0.36 \dfrac{B}{C_0^2 H}} - 2.7 \, m \frac{H^{1.67}}{b_0^{0.67}} \qquad (5\text{-}4\text{-}1)$$

式中：S 为坝间距，m；B 为河宽，m；b_0 为丁坝在过水断面上的有效投影长度，m；H 为断面平均水深，m；C_0 为泥沙初始浓度，mg/L；m 为边坡坡比。

式（5-4-1）考虑了刺坝长度、边坡和挑角，以及河宽、水深、糙率等因素的影响，从而确定出了较为合理的刺坝间距。当然，还可以根据河床的抗冲能力与水流流速的相对大小，对计算结果进行修正。

（3）从泥沙起动的角度来考虑。

流速在主流范围内沿纵向变化是确定坝间距的主要方面。如图 5-4-1 所示，水流经刺坝断面后即收缩，至 b 点完全收缩，然后扩大。与此同时，设想水流绕过刺坝坝头后即行扩散，如图中点画线所示。在 b 点以下几乎全是扩散水流，可以看出，在 ab 段水流流速逐渐增加，至 b 点达到最大，然后流速降低，到 c 点时，流速已达到与起动流速相等的数值，再向下将继续降低，直至建筑坝前的流速，这时泥沙可能淤积，应在 c 点设第二道刺坝。

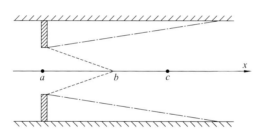

图 5-4-1　流速沿纵向变化示意图

沿河道轴线作图 5-4-2，便可求出坝间距，通过流速最高点 b 作垂线与过 u_a 和起动流速 V_c 的水平线交于 d、e 两点，于是坝间距 S 应为线段 $ad + ec$，用式（5-4-2）计算：

$$S = ad + ec = \frac{u_b - u_a}{k_1} + \frac{u_b - V_c}{k_2} \qquad (5\text{-}4\text{-}2)$$

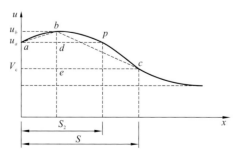

图 5-4-2　刺坝坝后断面平均流速纵向变化图

式中：u_a 为丁坝断面轴线 a 点处的流速；u_b 为收缩断面中 b 点处的流速；V_c 为泥沙起动流速；k_1、k_2 分别为线段 ab 和 bc 的斜率，可通过试验求得。

对于坝顶高程基本与所护滩面齐平的鱼骨坝工程，刺坝间距的选择，原则上也可参考软体排间隔式护滩带间距的确定方法来处理。

在实际工程设计当中，主要通过以上各种方法给出鱼骨坝间距取值的一个大致范围，然后采用模型试验的方法进行确定。

5.5　防洪-通航协同下滩体塑造

5.5.1　防洪-通航协同下滩体塑造平面布置

长江中下游河道防洪形势十分严峻，尤其是荆江河段，历来是防洪工作的重中之重，航道治理必须充分考虑防洪与通航的协调性。因此，航道治理思路与水利规划保持一致，以守护有利滩槽形态为主，局部调整枯水流路，主要依托现有岸线，采取低水整治措施进行航道治理，并在考虑工程对现有堤防影响的基础上采取相应的护岸加固措施。尽管如此，目前航道整治工程的主要部分仍位于河道滩槽内，不可避免地会造成水位壅高，防洪要求仍对航道整治工程有较大的限制，在整治工程中，应在保证整治效果的同时，尽量减小对防洪的不利影响。

对于滩槽格局较好，但存在不利变化趋势的一般碍航河段，其航道水深资源勉强足够，一般可采用守护型工程措施，对于河道治理的对象也一般局限于局部的守护和控制，整治的对象主要为组成河床的部分因子，包括高滩、心滩、边滩、河槽；对于滩槽格局较差，航道尺度不能满足维护水深要求的重点碍航河段，则需要采用调整型工程塑造较好的滩槽格局，但难免会一定幅度地压缩河床断面面积，引起局部水位的壅高，对防洪造成一定的压力。在长江中下游防洪压力较大的河段，整治难度将会大幅增加。

为了在不影响整治效果的前提下，尽量减小压缩的河床断面面积，减小局部水位的壅高值，结合水道演变分析成果，将需要进行治理的部位根据轻重缓急的程度，采用分步的方式实施整治工程。这样既能满足整治效果的需要，又能减小对防洪的压力。

5.5.2　防洪-通航协同下滩体塑造结构

1. 防洪-通航协同下滩体塑造新结构的提出

为减小航道整治工程对河道断面面积的影响，基于河床缓变原理，分别从采用透水结构及分步实施、分区实施三个角度出发，提出了防洪-通航协同下滩体塑造新结构。其中：采用透水结构，可以在促进滩体淤积的同时，避免洪水期水位过于壅高；采用分步实施、分区实施，就是考虑滩体促淤过程为一个缓慢发育的过程，在工程布置时，先实施一部分，诱导滩体淤积后，视滩体淤积情况和对洪水位壅高的影响，实施后续工程部分，实现对滩体促淤和防洪的控制（图 5-5-1）。

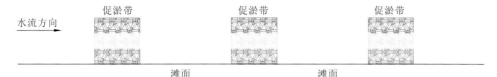

图 5-5-1　防洪–通航协同下滩体塑造技术示意图

红色为第一步施工；青色为第二步施工；蓝色为第三步施工

2. 防洪–通航协同下滩体塑造新结构水槽试验研究模型设计

1）模型比尺的确定

利用水流运动相似和泥沙运动相似设计并制作概化正态模型；按照泥沙的起动相似选择模型。要达到模型的水流、泥沙运动状态相似，需满足的相似条件包括：水流连续性相似，$\lambda_{t_1}=\lambda_L/\lambda_V$，$\lambda_Q=\lambda_V\lambda_H\lambda_L$；重力相似，$\lambda_V=\lambda_H^{1/2}$；阻力相似，$\lambda_n/\lambda_L^{1/6}=1$；泥沙起动相似，$\lambda_{V_0}=\lambda_V=\lambda_H^{1/2}$；输沙率相似，$\lambda_P=\lambda_{P*}$；河床冲刷变形相似，$\lambda_{t_2}=\lambda_{\gamma_0}\lambda_L\lambda_H/\lambda_P$。其中，$\lambda_L$ 为水平比尺，λ_H 为垂直比尺，λ_{t_1} 为水流时间比尺，λ_Q 为流量比尺，λ_V 为流速比尺，λ_{V_0} 为起动流速比尺，λ_n 为糙率比尺，λ_{γ_0} 为干容重比尺，λ_{t_2} 为推移质输沙率比尺，λ_{P*} 为推移质输沙能力比尺，λ_P 为推移质比尺。

根据本次研究特性、场地条件、实验室供水能力，拟在 35 m×3 m×0.6 m（长×宽×高）的水槽内进行动床试验。初步选择水槽概化正态模型的比尺为 1：60，则各模型比尺包括：水平比尺为 $\lambda_L=60$；垂直比尺为 $\lambda_H=60$；流速比尺为 $\lambda_V=\lambda_H^{1/2}=7.746$；糙率比尺为 $\lambda_n=\lambda_L^{1/6}=1.979$；重量相似比尺为 $\lambda_W=\lambda_V\lambda_P=\lambda_L^3\lambda_P$。

2）模型沙的选择

水槽试验必须能模拟长江中游荆江河段的水流运动特性和河床质情况，水槽的河床质沙样级配和起动流速应与原型级配基本相似。该河段河床质中值粒径 $d_{50}=0.20$ mm，试验主要模拟这部分泥沙的运动。

三峡水库蓄水运行以来，下泄沙量明显减少。长江中下游河段将以"清水"冲刷为主，模型设计主要满足起动流速相似条件（沙玉清公式）：

$$V_c=H^{0.2}\sqrt{1.1\frac{(0.7-\varepsilon)^4}{d}+0.43d^{3/4}} \qquad (5\text{-}5\text{-}1)$$

式中：ε 为孔隙率，稳定值约为 0.4；d 为泥沙粒径。

经计算，原型泥沙起动流速为 0.416～0.659 m/s。根据重力与阻力相似，流速比尺满足要求 $\lambda_V=\lambda_H^{1/2}=7.746$，起动相似条件要求满足：$\lambda_{V_c}=\lambda_V=7.746$，模型沙起动流速 $V_{cm}=V_{cp}/\lambda_{V_c}=\dfrac{0.31\sim0.52}{7.746}=0.040\sim0.067$ m/s，其中 V_{cp} 为原型沙起动流速。

经水槽试验，$\gamma_s = 1.15 \ \text{t/m}^3$、$d_{50} = 1.3 \ \text{mm}$ 的复合塑料沙的起动流速为 $0.06 \sim 0.105 \ \text{m/s}$，其起动流速比尺与流速比尺的比值为 $\lambda_{V_c}/\lambda_V = 0.638 \sim 0.642$，可达到起动基本相似。因此，采用粒径比尺 $\lambda_d = 0.6$ 进行配制的模型沙可满足起动相似。

3）水槽及循环水系统设计

模型试验在固定坡度玻璃水槽中开展（规格为长 36 m，宽 3.2 m，高 0.5 m）。水槽上游来水流量由矩形薄壁堰测量，进口前端的阀门和进口后端的平板闸门通过调整开度来控制流量大小，其中平板闸门可以与通过矩形薄壁堰的水位进行联动，根据设定的水位要求来自动控制平板闸门的开度，使矩形薄壁堰前的水位达到设计要求，即可获得要求的来水流量。水槽末端用另一个平板闸门和水槽末端的水位计来协同控制水槽水位。水槽试验模型平面布置及水槽供水系统见图 5-5-2。

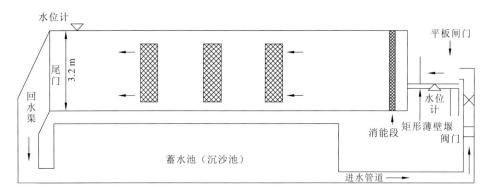

图 5-5-2　水槽试验模型平面布置及水槽供水系统图

4）量测设备

试验过程采用录像、照相及地形、流速测量相结合的办法记录试验过程和结果。其中：流速采用南京水利科学研究院 LGY-II 型旋桨流速仪和声学多普勒流速仪测量；地形采用测针和武汉大学 ABF2-3 地形仪测量；流量通过无侧收缩的矩形薄壁堰测量的水位计算而得；水位使用武汉大学 LH-1 重锤式水位仪测量，测量精度为 0.1 mm，矩形薄壁堰的流量采用雷白克公式计算得出。

3. 分时段铺设方式水槽试验成果

1）试验条件

本次试验以新型四面六边体为研究对象，本次试验铺设 3 条促淤带，自上而下垂直水流方向布置，为研究促淤带的布置对地形、流速及水位的影响，在试验过程中共布置了 31 个监测断面（146#～206#，断面号均为偶数）、5 把水尺（1SC#～5SC#），布置示意图见图 5-5-3。

考虑本次研究主要是利用新型结构促进滩体冲淤，随着三峡水库的"清水"下泄，大部分河段处于整体冲刷态势，而滩体的冲刷基本表现在中高水期，最大流速在 1 m/s

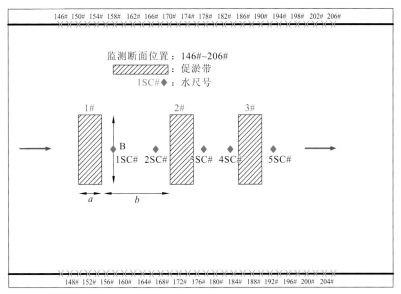

图 5-5-3   促淤带及其监测断面布置示意图

箭头表示水流方向

左右，滩体上水深为 3～10 m，因此，本次进口流速按照原型 1.5 m/s 控制，原型水深按照 6 m 控制，促淤带垂直水流方向宽度取 90 m，换算成模型试验工况见表 5-5-1。

表 5-5-1   模型试验工况安排表

进口流速/ (m/s)	进口水深/m	B/m	a/m	工况名称	a:b	b/m	高度控制
0.2	0.1	1.5	0.5	I-1	1:1	0.50	(1) 按 1.67 cm 高度布置促淤结构，水沙冲 1.5 h；按 3.34 cm 高度布置促淤结构，水沙冲 1.5 h；按 5 cm 高度布置促淤结构，水沙冲 1.5 h。 (2) 不分时段铺设促淤结构，直接按 3 m 高控制，水沙冲 4.5 h
				I-2	1:2	1.00	
				I-3	1:3	1.50	
			0.33	II-1	1:1	0.33	
				II-2	1:2	0.66	
				II-3	1:3	0.99	
			0.17	III-1	1:1	0.17	
				III-2	1:2	0.34	
				III-3	1:3	0.51	

本次试验工况主要包含两大类：分时段布置和不分时段布置，主要收集促淤带布置前后水位、流速及地形资料，通过对资料的分析、总结，确定一个相对合理的促淤带宽度与间距的关系，并对分时段施工与不分时段施工的效果进行对比分析。

2）工况 I 试验成果

（1）工况 I-1。

模型现场布置：3 条促淤带沿着水流自上而下等间距布置，促淤带宽度与间距之比为 1∶1，分别为 1#、2#、3# 促淤带。

地形冲淤变化：工程局部区域主要包含 1# 促淤带上游侧、各促淤带之间的空当区及 3# 促淤带下游侧，与无工程相比，上游侧主要表现为冲刷，冲刷幅度在 1 m 左右；空当区表现为淤积，1#、2# 促淤带之间的空当区淤积较大，河床淤高值基本与促淤带高度持平，2#、3# 促淤带之间的空当区的淤高值自上而下呈减小趋势；3# 促淤带下游则以冲刷为主，冲刷幅度在 1 m 以上（图 5-5-4）。

（a）不分时段　　　　　　　　　　　　　（b）分时段

图 5-5-4　工况 I-1 实施后工程局部地形图

水位变化：表 5-5-2 为工程区局部水位变化值统计表，由表可知，促淤带的布置对局部水位有所壅高，但幅度有限，总体上对防洪的影响程度有限，最大淤高区域位于 1SC#，最大壅高值为 0.06 m，就分时段铺设与不分时段铺设的比较而言，分时段铺设对水位壅高的能力稍弱。

表 5-5-2　工况 I-1 工程区局部水位变化值　　　　　　（单位：m）

铺设方式	水尺号				
	1SC#	2SC#	3SC#	4SC#	5SC#
不分时段	+0.06	+0.04	+0.04	+0.03	-0.03
分时段	+0.05	+0.03	+0.02	+0.02	-0.02

注："+"代表水位壅高，"-"代表水位下降

流速场变化：表 5-5-3 为工程区局部流速变化值统计表，由表可知，促淤带的布置使得工程上游侧流速有所减缓，最大减缓约 0.04 m/s，3# 促淤带下游侧流速有所增加，增加值为 0~0.06 m/s。

表 5-5-3　工况 I-1 工程区局部流速变化值　　　　　　（单位：m/s）

铺设方式	断面号						
	148#	156#	158#	166#	168#	176#	178#
不分时段	+0.03	+0.06	+0.04	+0.04	+0.03	-0.02	-0.04
分时段	+0.04	+0.05	+0.04	+0.03	+0.03	-0.03	-0.04

注："+"代表流速增加，"-"代表流速减小

（2）工况 I-2。

模型现场布置：3 条促淤带沿着水流自上而下等间距布置，促淤带宽度与间距之比为 1∶2，分别为 1#、2#、3#促淤带。

地形冲淤变化：工程局部区域主要包含 1#促淤带上游侧、各促淤带之间的空当区及 3#促淤带下游侧，与无工程相比，上游侧主要表现为冲刷，冲刷幅度在 1 m 左右，局部有所淤积，淤积高度在 1 m 以内；1#、2#促淤带之间的空当区淤积较大，淤积幅度自上而下逐渐减小，该空当区的起始区域河床淤高值基本与促淤带高度持平，2#、3#促淤带之间的空当区上段淤积，而中下段表现为微幅冲刷或维持不变；3#促淤带下游则以冲刷为主，冲刷幅度在 1 m 以上（图 5-5-5）。

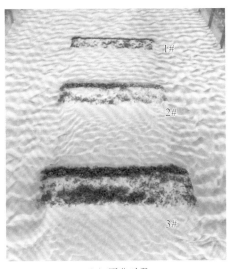

（a）不分时段　　　　　　　　　（b）分时段

图 5-5-5　工况 I-2 实施后工程局部地形图

水位变化：表 5-5-4 为工程区局部水位变化值统计表，由表可知，促淤带的布置对局部水位有所壅高，但幅度有限，总体上对防洪的影响程度有限，最大淤高区域位于 1SC#，最大壅高值为 0.05 m，就分时段铺设与不分时段铺设的比较而言，分时段铺设对水位壅高的能力稍弱。

表 5-5-4　工况 I-2 工程区局部水位变化值　　　　　　　　（单位：m）

铺设方式	水尺号				
	1SC#	2SC#	3SC#	4SC#	5SC#
不分时段	+0.05	+0.03	+0.03	+0.02	−0.03
分时段	+0.04	+0.02	+0.02	+0.01	−0.02

注："+"代表水位壅高，"−"代表水位下降

流速场变化：表 5-5-5 为工程区局部流速变化值统计表，由表可知，促淤带的布置使得工程上游侧流速有所减缓，最大减缓约 0.04 m/s，3#促淤带下游侧流速有所增加，

增加值为 0～0.05 m/s。

表 5-5-5　工况 I-2 工程区局部流速变化值　　　　　　（单位：m/s）

铺设方式	水尺号						
	148#	156#	158#	166#	168#	176#	178#
不分时段	+0.02	+0.05	+0.03	+0.04	+0.02	-0.02	-0.03
分时段	+0.03	+0.04	+0.03	+0.03	+0.03	-0.03	-0.04

注："+"代表流速增加，"-"代表流速减小

（3）工况 I-3。

模型现场布置：3 条促淤带沿着水流自上而下等间距布置，促淤带宽度与间距之比为 1：3，分别为 1#、2#、3#促淤带。

地形冲淤变化：工程局部区域主要包含 1#促淤带上游侧、各促淤带之间的空当区及 3#促淤带下游侧，与无工程相比，上游侧主要表现为冲刷，冲刷幅度在 1 m 左右；空当区总体表现为微幅冲刷或维持不变，仅 1#、2#促淤带下游小范围内有所淤积，淤积高度为 1～3 m，就分时段铺设与不分时段铺设而言，分时段铺设河床淤高值及淤积范围略优；3#促淤带下游则以冲刷为主，冲刷幅度在 1 m 以上（图 5-5-6）。

 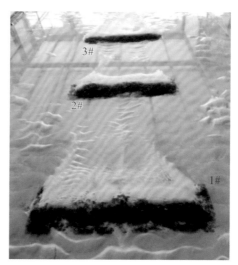

（a）不分时段　　　　　　　　　　　（b）分时段

图 5-5-6　工况 I-3 实施后工程局部地形图

水位变化：表 5-5-6 为工程区局部水位变化值统计表，由表可知，促淤带的布置对局部水位有所壅高，但幅度有限，总体上对防洪的影响程度有限，最大淤高区域位于 1SC#，最大壅高值为 0.04 m，就分时段铺设与不分时段铺设的比较而言，分时段铺设对水位壅高的能力稍弱。

表 5-5-6 工况 I-3 工程区局部水位变化值 （单位：m）

铺设方式	水尺号				
	1SC#	2SC#	3SC#	4SC#	5SC#
不分时段	+0.04	+0.03	+0.03	+0.02	-0.02
分时段	+0.03	+0.03	+0.02	+0.02	-0.02

注："+"代表水位壅高，"-"代表水位下降

流速场变化：表 5-5-7 为工程区局部流速变化值统计表，由表可知，促淤带的布置使得工程上游侧流速有所减缓，最大减缓约 0.03 m/s，3#促淤带下游侧流速有所增加，增加值为 0～0.04 m/s。

表 5-5-7 工况 I-3 工程区局部流速变化值 （单位：m/s）

铺设方式	水尺号						
	148#	156#	158#	166#	168#	176#	178#
不分时段	+0.02	+0.04	+0.02	+0.02	+0.02	-0.01	-0.02
分时段	+0.02	+0.03	+0.03	+0.03	+0.02	-0.02	-0.03

注："+"代表流速增加，"-"代表流速减小

3）工况 II 试验成果

（1）工况 II-1。

模型现场布置：3 条促淤带沿着水流自上而下等间距布置，促淤带宽度与间距之比为 1∶1，分别为 1#、2#、3#促淤带。

地形冲淤变化：工程局部区域主要包含 1#促淤带上游侧、各促淤带之间的空当区及 3#促淤带下游侧，与无工程相比，上游侧主要表现为冲刷，冲刷幅度在 1 m 以内；空当区表现为淤积，1#、2#促淤带之间的空当区全部淤积，淤积高度与促淤带高度持平，2#、3#促淤带之间的空当区也全部淤积，淤积高度自上而下逐渐减小，最小值在 1 m 左右；3#促淤带下游则以冲刷为主，冲刷幅度在 1 m 以上（图 5-5-7）。

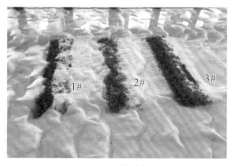 

（a）不分时段 （b）分时段

图 5-5-7 工况 II-1 实施后工程局部地形图

水位变化：表 5-5-8 为工程区局部水位变化值统计表，由表可知，促淤带的布置对局部水位有所壅高，但幅度有限，总体上对防洪的影响程度有限，最大淤高区域位于1SC#、2SC#，最大壅高值为 0.06 m，就分时段铺设与不分时段铺设的比较而言，分时段铺设对水位壅高的能力稍弱。

表 5-5-8　工况Ⅱ-1 工程区局部水位变化值 （单位：m）

铺设方式	水尺号				
	1SC#	2SC#	3SC#	4SC#	5SC#
不分时段	+0.06	+0.06	+0.05	+0.04	−0.03
分时段	+0.05	+0.05	+0.04	+0.03	−0.02

注："+"代表水位壅高，"−"代表水位下降

流速场变化：表 5-5-9 为工程区局部流速变化值统计表，由表可知，促淤带的布置使得工程上游侧流速有所减缓，最大减缓约 0.04 m/s，3#促淤带下游侧流速有所增加，增加值为 0～0.05 m/s。

表 5-5-9　工况Ⅱ-1 工程区局部流速变化值 （单位：m/s）

铺设方式	水尺号						
	148#	156#	158#	166#	168#	176#	178#
不分时段	+0.03	+0.05	+0.04	+0.04	+0.02	−0.02	−0.03
分时段	+0.04	+0.04	+0.03	+0.03	+0.02	−0.03	−0.03

注："+"代表流速增加，"−"代表流速减小

（2）工况Ⅱ-2。

模型现场布置：3 条促淤带沿着水流自上而下等间距布置，促淤带宽度与间距之比为1：2，分别为1#、2#、3#促淤带。

地形冲淤变化：工程局部区域主要包含1#促淤带上游侧、各促淤带之间的空当区及3#促淤带下游侧，与无工程相比，上游侧主要表现为冲刷，冲刷幅度在 1 m 以内；空当区总体表现为淤积，1#、2#促淤带之间的空当区全部淤积，淤积幅度自上而下逐渐降低，最大淤高在 3 m 以上，而最小淤积幅度在 1 m 左右，2#、3#促淤带之间的空当区主要表现为淤积，但仅上段淤积较明显，淤积高度基本与促淤带高度持平，中下段表现为微幅淤积，淤积高度基本在 1 m 以内；3#促淤带下游则以冲刷为主，冲刷幅度在1 m 以上（图 5-5-8）。

水位变化：表 5-5-10 为工程区局部水位变化值统计表，由表可知，促淤带的布置对局部水位有所壅高，但幅度有限，总体上对防洪的影响程度有限，最大淤高区域位于1SC#，最大壅高值为 0.05 m，就分时段铺设与不分时段铺设的比较而言，分时段铺设对水位壅高的能力稍弱。

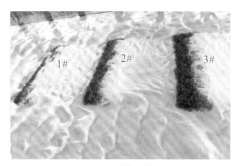 

（a）不分时段　　　　　　　　　　　　　　　（b）分时段

图 5-5-8　工况 II-2 实施后工程局部地形图

表 5-5-10　工况 II-2 工程区局部水位变化值　　　　　　　　（单位：m）

铺设方式	水尺号				
	1SC#	2SC#	3SC#	4SC#	5SC#
不分时段	+0.05	+0.04	+0.05	+0.03	-0.03
分时段	+0.04	+0.03	+0.04	+0.02	-0.02

注："+"代表水位壅高，"-"代表水位下降

流速场变化：表 5-5-11 为工程区局部流速变化值统计表，由表可知，促淤带的布置使得工程上游侧流速有所减缓，最大减缓约 0.03 m/s，3#促淤带下游侧流速有所增加，增加值为 0～0.04 m/s。

表 5-5-11　工况 II-2 工程区局部流速变化值　　　　　　　　（单位：m/s）

铺设方式	水尺号						
	148#	156#	158#	166#	168#	176#	178#
不分时段	+0.02	+0.04	+0.03	+0.04	+0.02	-0.02	-0.03
分时段	+0.04	+0.04	+0.03	+0.02	+0.02	-0.03	-0.02

注："+"代表流速增加，"-"代表流速减小

（3）工况 II-3。

模型现场布置：3 条促淤带沿着水流自上而下等间距布置，促淤带宽度与间距之比为 1：3，分别为 1#、2#、3#促淤带。

地形冲淤变化：工程局部区域主要包含 1#促淤带上游侧、各促淤带之间的空当区及 3#促淤带下游侧，与无工程相比，上游侧主要表现为冲刷，冲刷幅度在 1 m 以内；空当区总体表现为淤积，1#、2#促淤带之间的空当区基本全部淤积，淤积幅度自上而下逐渐降低，最大淤高在 3 m 以上，2#促淤带上游侧地形未见明显变化，2#、3#促淤带之间的空当区中上段表现为淤积，淤积幅度自上而下逐渐降低，最大淤高在 3 m 以上，中下段微幅淤积，淤积幅度基本在 1 m 以内；3#促淤带下游则以冲刷为主，冲刷幅度在 1 m 以上（图 5-5-9）。

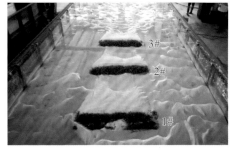

|（a）不分时段|（b）分时段|

图 5-5-9　工况Ⅱ-3 实施后工程局部地形图

水位变化：表 5-5-12 为工程区局部水位变化值统计表，由表可知，促淤带的布置对局部水位有所壅高，但幅度有限，总体上对防洪的影响程度有限，最大淤高区域位于 1SC#，最大壅高值为 0.05 m，就分时段铺设与不分时段铺设的比较而言，分时段铺设对水位壅高的能力稍弱。

表 5-5-12　工况Ⅱ-3 工程区局部水位变化值　　　　　　　　（单位：m）

铺设方式	水尺号				
	1SC#	2SC#	3SC#	4SC#	5SC#
不分时段	+0.05	+0.04	+0.04	+0.02	−0.03
分时段	+0.04	+0.04	+0.03	+0.02	−0.02

注："+"代表水位壅高，"−"代表水位下降

流速场变化：表 5-5-13 为工程区局部流速变化值统计表，由表可知，促淤带的布置使得工程上游侧流速有所减缓，最大减缓约 0.03 m/s，3#促淤带下游侧流速有所增加，增加值为 0～0.04 m/s。

表 5-5-13　工况Ⅱ-3 工程区局部流速变化值　　　　　　　　（单位：m/s）

铺设方式	水尺号						
	148#	156#	158#	166#	168#	176#	178#
不分时段	+0.02	+0.04	+0.03	+0.03	+0.02	−0.02	−0.03
分时段	+0.03	+0.04	+0.03	+0.02	+0.01	−0.03	−0.02

注："+"代表流速增加，"−"代表流速减小

4. 分区域铺设方式水槽试验成果

1）试验条件

本次试验共选了三组方案（表 5-5-14），分别为促淤带宽度为 0.16 m，间距为 0.67 m；促淤带宽度为 0.33 m，间距为 0.50 m；促淤带宽度为 0.33 m，间距为 0.67 m，分区域布置如下：3 条促淤带先布置半个宽度且高度控制在 2.5 cm，待水沙作用一段时间后，在

其后部继续布置半个宽度，且高程按照已布置促淤带开始地形以上 5.0 cm 控制，促淤带具体布置示意图见图 5-5-10。

表 5-5-14　试验方案安排表

进口流速/（m/s）	进口水深/m	B/m	试验方案	a/m	b/m	促淤带布置
0.2	0.1	1.5	方案一	0.16	0.67	（1）自上而下等宽度、等间距布置 3 条促淤带。
			方案二	0.33	0.50	（2）分区域、分时段布置：每条促淤带先布置一半宽度，待水沙作用 2 h 后，在已布置促淤带后面地形上继续布置一半宽度，高程按照试验前地形以上 5.0 cm 控制。
			方案三	0.33	0.67	（3）待促淤带布置完，继续水沙作用 2 h

图 5-5-10　分区域布置促淤带示意图

2）试验成果分析

（1）地形冲淤变化（图 5-5-11）：工程局部区域主要包含 1#促淤带上游侧、各促淤带之间的空当区及 3#促淤带下游侧，与无工程相比，三组方案 1#促淤带上游侧主要表现为均冲刷，冲刷幅度基本相似，在 1 m 左右；方案一空当区表现为淤积，淤积高度基本与促淤带高度持平，方案二空当区也以淤积为主，但淤积幅度自上而下逐渐变小，方案

（a）方案一　　　　　　　　　　　　　　（b）方案二

（c）方案三

图 5-5-11　三组方案实施后工程局部地形图

三 1#、2#促淤带之间的空当区基本全部淤积且淤积幅度自上而下逐渐减小，2#、3#促淤带之间的空当区中上部淤积且淤高值与促淤带高度持平，下部变化不明显；方案一 3#促淤带下游总体表现为淤积，方案二 3#促淤带下游侧边缘附近表现为淤积，但往下游则以冲刷为主，冲刷幅度在 1.3 m 以上，方案三与方案二相似，但幅度略有差别。

（2）水位变化：表 5-5-15 为工程区水位变化值统计表，由表可知，促淤带的布置对局部水位有所壅高，但幅度有限，最大淤高区域位于 1SC#，方案一最大壅高值为 0.02 m，方案二最大壅高值为 0.04 m，方案三最大壅高值为 0.03 m。

表 5-5-15　工程区水位变化值统计表　　　　　　　　　（单位：m）

方案	水尺号				
	1SC#	2SC#	3SC#	4SC#	5SC#
方案一	0.02	0.01	0.01	0.01	0.01
方案二	0.04	0.03	0.01	0.00	0.00
方案三	0.03	0.02	0.02	0.01	-0.01

（3）流速变化：与无工程相比，三组方案工程区的促淤效果均较好，断面流速的变化趋势基本相似，主要表现为工程区流速有所减小，而两侧流速均有所增加，方案一工程区流速最大减小约 0.18 m/s，方案二工程区流速最大减小约 0.22 m/s，方案三工程区流速最大减小约 0.20 m/s。

（4）试验小结：从促淤效果和对水位的影响来看，促淤带宽度为 10～20 m，间距为 30～40 m 是比较合理的，同时应该采用分时段、分区域的施工方案，既能保证工程效果，又可以控制水位壅高。

第 6 章

防洪−通航协同下典型急弯河段滩槽控制

水库蓄水后，下游的水沙条件发生了变化，破坏了水库下游河道原有的冲淤平衡条件。从演变机理来看，下荆江河段弯道"凸冲凹淤"现象普遍存在但发展程度不同，丹江口水库下游弯曲河段受两岸边界约束，微弯河段凸岸边滩单向后退，而曲率半径较小的弯道凸岸边滩在冲刷后退过程中存在淤长与切割的交替。从外部环境来看，长江经济带的发展方向"共抓大保护、不搞大开发"使得长江河道治理的外界约束条件逐步增强。可见，目前已有的研究尚不足以揭示撤弯切滩的发生机理及主要影响因素，而传统的整治技术对外部防洪约束、强冲刷环境条件的适应性不足。针对此，分析传统航道整治技术存在的不足，考虑河道防洪和通航的双重属性，通过理论分析、数学模型、物理模型等手段，开展了典型急弯河段整治方法的研究。其目的是通过此项研究，深入认识新水沙条件下的坝下强急弯河段存在的航道问题，构建典型急弯河段的滩槽控制方法。

6.1　水库下游弯曲河段的演变

6.1.1　弯曲河段的一般演变

1. 天然条件下弯曲河段的演变

弯曲河段作为一种重要的河流形态，在天然河流中广泛存在，如长江中下游、黄河下游、淮河及松花江干流等广大区域。

以往学者对弯曲河段进行了分类，当弯曲河段的 $R/B>7$ 时，属微弯河段，为弯曲河段迁移演变过程的初始阶段；当 $2<R/B<7$ 时，属中弯河段，为弯曲河段迁移演变过程的发展阶段；当 $2<R/B\leqslant3$ 时，属急弯河段，为弯曲河段迁移演变过程中的最后阶段。当弯曲河段演变到急弯河段时，弯曲河段的局部年迁移速率（最大年移动量与河宽之比）达到最大。Blanckaert（2011）曾选整理了一些学者统计的不同弯曲河段（R/B 不同）的弯曲河段局部年迁移速率，点绘了不同弯曲河段的局部年迁移速率与局部 R/B 间的关系图，见图 6-1-1。

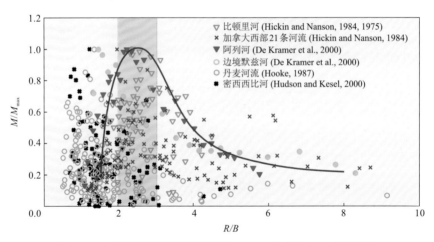

图 6-1-1　弯曲河段局部年迁移速率 M/M_{max} 与局部 R/B 的关系图

可以看出，当 $2\leqslant R/B\leqslant3$ 时，弯曲河段的局部年迁移速率是最大的，而 R/B 过小或者过大都会使得弯曲河段的局部年迁移速率减小。可见，研究急弯河段对于河道整治工程具有重要意义。同时，根据上述判别标准，以长江中游下荆江为例，选取石首、调关、荆江门、七弓岭、观音洲等急弯河段进行研究。蓄水前演变特征如下。

（1）河道平面变形剧烈。冲积平原河流弯曲河段平面变形的模式为凹岸冲刷崩岸后退、凸岸淤积展宽延伸。下荆江自然状态下的崩岸长度达 136 km，占河道总长的 76%；崩岸比较严重的岸段有沙滩子、调关、中洲子、莱家铺、监利、上车湾、荆江门、熊家洲、七弓岭等岸段，其岸线每年后退的速度一般均在 50 m 以上，有的达 100 余米；可以说，下荆江是长江中下游崩岸最剧烈的河段。相应地，其边滩淤长与凹岸崩退保持着同样的速率，由此构成河道十分剧烈的平面变形特点。

（2）河床冲淤变化复杂。下荆江受到洞庭湖出口水位涨落的影响，即洪水期受到水位的顶托影响，枯水期受到水位的消落影响，从而使下荆江比降在年内呈周期性变化。洪水期水面比降（特别是 6～9 月）明显小于枯水期（特别是 12 月～次年 3 月）。在一定的中等水平来水来沙条件下，高水位顶托、洪水期比降减小，当又遇年内含沙量较大时，下荆江河槽的冲淤变化是偏于淤积的（特别是凸岸），而枯水期水流归槽、水位消落、比降增大；当又遇年内含沙量较小时，河槽是偏于冲刷的（特别是凹岸）。过渡段浅滩更表现为"洪淤枯冲"的特性。

（3）纵向冲淤相对平衡。在洞庭湖出口水位汛期顶托、枯期消落的作用下，下荆江河段边滩在平面变形中一般呈"洪淤枯不冲"的单向淤长展宽规律，其边滩淤长与凹岸崩退保持着同样的速率，下荆江河段年际纵向冲淤相对平衡。

2. 水库下游弯曲河段的演变特点

（1）水流的运动总体上具有趋直的特性。三峡水库蓄水后，下荆江急弯河段（如调关、七号岭）、一般弯道段（如中洲子裁弯新河、荆江门、观音洲）、长微弯段（如芦席湾、五码口至塔市驿河段）、反向弯段之间的顺直过渡段（如中洲子至鹅公凸河段、铺子湾至天字一号河段）和同向弯段之间的顺直段（盐船套），水流都有趋直和顶冲下移之势，造成凸岸边滩的冲刷和凹岸河槽的淤积，以及微弯段和顺直段河槽的拓宽刷深。

（2）弯曲河段切滩和撇弯现象较为明显。水流运动趋直特性产生的切滩和撇弯，一般都表现为凸岸边滩上半段（上游侧）较大幅度的冲刷，即枯水、中水河槽向边滩一侧拓宽，而凹岸槽部产生淤积，形成依岸或傍岸的狭长边滩或小江心洲。例如，七号岭急弯河段，其边滩冲刷过程为：低滩上的倒套溯源冲刷发展，形成心滩并转化为江心洲，遂演变成双汊河道。其他各弯曲河段的演变趋势是步其后尘[撇弯形成的心滩（洲）分汊进一步向汊道发展]，还是通过心滩（洲）并岸方式继续保持原单一河道形态，有待进一步观察。切滩形成的汊道还有一处是北碾子湾。在三峡水库蓄水之前，水流由北门口弯曲河段向北碾子湾弯曲河段过渡，这个过渡段很短并仍处在调整的过程中，即水流顶冲仍在整体下移，北门口以下岸滩即北碾子湾凸岸边滩受到较强的冲刷。三峡水库蓄水后，该边滩的冲刷继续受到上游水流顶冲下移的切割作用，于 2011 年形成 25 m 江心洲及其右侧上段 20 m 的冲槽，这表明该汊道的形成与上述七号岭弯曲河段（其边滩切割是由溯源冲刷产生的）不同，该段冲槽的形成有来自上游河势变化的持续效应，该江心洲虽然滩面和洲头发生了淤积，但右侧冲槽也发生了淤积，这可能与右侧入口实施了几条护滩带有关。

（3）微弯河段基本保持原平面微弯形态，在河槽拓宽同时也有取直趋向。下荆江有两处典型的长微弯段，即芦席湾微弯段和五码口至塔市驿河段，它们都是略向右岸凹进的较长微弯段，其凹岸地质条件好，河岸抗冲性强，又受到一定的护岸工程的控制，平面形态长期较稳定。三峡水库蓄水后，凹岸岸线没有变化，深槽仍然贴凹岸分布，这是下荆江河段平面形态相对稳定的两个微弯段；由于中、枯水河槽受冲刷，深槽下端也有所延伸，消除了下游弯段的浅滩，并与下游深槽相衔接，平面上也有一定的趋直之势。

6.1.2　水库下游急弯河段的演变

相比一般弯曲河段，急弯河段弯曲半径更小。这里以石首与调关两个急弯河段为代表分析建库前后的演变特点。

1. 石首急弯河段

三峡水库蓄水运用后上游来沙条件发生变化，使得该河段进口含沙量急剧减少，河段处于冲刷状态，特别是边滩和心滩冲刷明显。但受年际来水来沙条件的影响，局部河段的深泓摆动和冲淤变化较为明显。由于该河段实施了大量的航道整治工程与护岸工程，河段河势总体比较稳定，河段内的岸线整体变化不大，多年来河床演变主要表现为洲滩的冲淤消长交替变化及过渡段主流的频繁摆动。近年来，天星洲左缘持续崩退并向下游延伸，陀阳树至古丈堤过渡段的主流左右摆动频繁，过渡段的顶冲点出现上提下移。古丈堤至向家洲河段的主流沿左侧下行，但因左汊较宽、冲淤变化较大，主流摆幅较大。三峡水库蓄水运用以来，向家洲持续崩退，深泓左移，石首急弯河段有发生"切滩撇弯"的趋势，北门口顶冲点部位变化不大，但下游贴流段明显增长，冲刷范围逐渐下延。

2. 调关急弯河段

随着上游河段来沙量的大幅度减少，调关急弯河段凸岸洲头边滩汛后的泥沙淤积量不足以抵消洲头边滩的泥沙冲刷量，该河段出现了较明显的冲刷调整现象，即急弯河段凹岸淤积、凸岸边滩冲刷。弯顶段河道展宽对流速的横向分布也产生了一定的影响，部分泥沙在江心淤积成为潜洲，使原有的弯道单一深槽断面逐渐发展成为双槽中间夹滩的断面结构。三峡建库后调关急弯河段深泓线摆动明显（图6-1-2），三峡水库蓄水前（2002年

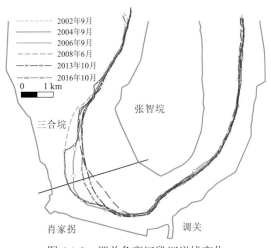

图 6-1-2　调关急弯河段深泓线变化

9 月），调关急弯河段深泓沿凹岸下行，符合一般弯道水流的运动规律；但从 2004 年 9 月开始，主流逐渐向凸岸方向有偏移的趋势，至 2008 年 6 月偏移的幅度最为明显，此时与 2002 年相比主流向凸岸的最大摆动达 730 m；2008 年后主流向凸岸方向摆动的趋势有所减缓，其中 2016 年与 2008 年相比深泓线向凹岸回摆 245 m。但总体来看，弯道内深泓平面上向凸岸摆动的趋势仍未改变。

统计了 2002~2016 年调关急弯河段典型断面的高程变化情况（图 6-1-3）。近年来，调关急弯河段凸岸边滩明显冲刷后退，弯道断面由 2002 年 10 月的偏 V 形逐渐向双槽 W 形转化，断面最深点明显向凸岸偏移，心滩高程也逐渐抬高，面积相应增大；与此同时，凸岸边滩则逐渐冲刷后退，附近深槽逐渐刷深，断面在 2013 年 9 月形成稳定的 W 形双槽后，凸岸深槽仍继续发展扩大，凹岸深槽则持续淤积萎缩，目前调关急弯河段凸岸边滩附近的深槽已发展成为断面的主槽，断面形态相对三峡水库建库前已发生了明显的再造调整。

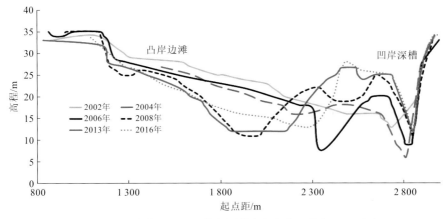

图 6-1-3 调关急弯河段进口横断面的高程变化（黄海 30 m 高程）

6.2 典型急弯河段滩槽演变影响因素

6.2.1 三峡水库建库后长江中游典型急弯河段水沙输移规律

三峡水库蓄水运行以来熊家洲至城陵矶河段（以下简称熊城河段）的防洪、通航问题均较为突出，该河段本身为连续急弯河段，因此选择本河段为典型河段开展研究。

监利站水沙变化可代表该典型急弯河段的来水来沙条件（图 6-2-1）。近 30 年来，监利站年径流量变化不明显，但从 20 世纪 90 年代以来，随着长江上游干支流水库建设和水土保持工程的陆续实施，监利站输沙量大幅减少（1998 年、1999 年大水，不计入考虑）。

监利站流量和输沙量较大的时段主要集中于汛期，图 6-2-2 给出了监利站年内各月份的流量和输沙率。可以看出，三峡水库蓄水运行以后，受水库调蓄作用的影响，汛期（6~10 月）径流量明显降低，洪峰削减，中水持续时间延长，而枯水期（1~3 月）流量有明显增加，年内流量变化曲线逐渐坦化；输沙量急剧减少，且有逐渐坦化的趋势。

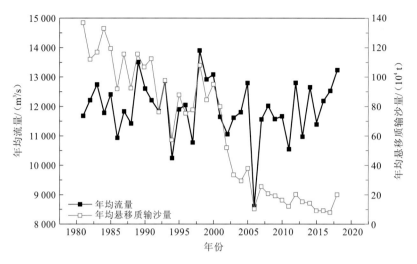

图 6-2-1　监利站历年来水来沙条件变化过程

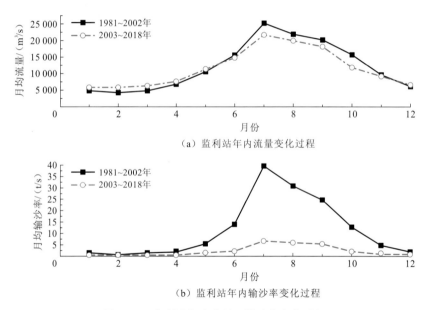

（a）监利站年内流量变化过程

（b）监利站年内输沙率变化过程

图 6-2-2　监利站年内流量、输沙率变化过程

　　螺山站既涵盖了荆江干流河段水沙，又囊括了洞庭湖出流水沙，因此可代表该河段的出口水沙条件。螺山站年均径流量有逐渐减小的趋势，与近年来洞庭湖的出流减少有关，见图 6-2-3。由蓄水以来螺山站的水位流量关系可知，在 20 000 m^3/s 以下同流量下水位均呈下降趋势，其中流量为 10 000 m^3/s 时下降约 1.4 m。在 40 000 m^3/s 以上同流量下水位未明显下降。

　　与三峡水库蓄水运行前相比，2003～2018 年洞庭湖出流量总体上有一定程度的减小，城陵矶（七里山）站年均流量较 2002 年以前减小约 19%。12 月～次年 3 月流量均有所增大，其他减小；除 12 月沙量减小外，其他均增大。

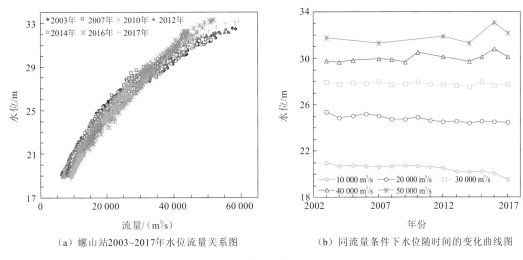

（a）螺山站2003~2017年水位流量关系图　　　（b）同流量条件下水位随时间的变化曲线图

图 6-2-3　螺山站水位、流量变化

6.2.2　三峡水库建库后长江中游典型急弯河段滩槽冲淤演变

计算了熊城河段 2002~2006 年、2006~2008 年、2008~2013 年和 2013~2018 年四个时段的泥沙冲淤量、年均冲淤厚度等信息（表 6-2-1）。

表 6-2-1　熊城河段整体冲淤特征统计

统计指标	2003~2006 年	2006~2008 年	2008~2013 年	2013~2018 年	2002~2018 年
年均冲淤变化/（10^4 m^3）	−750	75	−227	−540	−371
年均冲淤厚度/m	−0.20	0.02	−0.06	−0.14	−0.10
冲刷区面积/淤积区面积	1.76	0.85	1.14	1.28	1.36
冲刷区域年均冲刷厚度/m	0.96	1.27	0.65	0.58	0.38
淤积区域年均淤积厚度/m	1.11	1.12	0.60	0.40	0.27

总体来看，2002~2018 年，整个熊城河段的冲刷区面积大于淤积区面积，年均冲刷变化量为 371×10^4 m^3，年均冲刷厚度为 0.1 m，虽然熊城河段冲刷量并不大，但局部区域冲淤变化较大，主要冲淤分布特点为弯道段凸冲凹淤，顺直过渡段的主流贴岸段冲刷。除 2006~2008 年河段为微淤外，其余三个时期均表现为冲刷，且 2002~2006 年河段平均冲刷深度最大。由表 6-2-1 还可以发现，三个时期冲刷区域年均冲刷厚度与淤积区域年均淤积厚度均呈现不断减小的趋势，说明冲刷区与淤积区的平均冲淤幅度在减弱，冲刷强度主要取决于冲刷区或淤积区面积的大小。

分别对熊城河段弯道段及其间过渡段等七个区域（图 6-2-4）在四个时段内的冲淤分布特征进行分析，发现本河段冲淤存在明显的时空分异特征（表 6-2-2）。2002~2018 年，七个区域中只有⑦江湖汇流段处于微淤状态，年均淤积厚度为 0.07 m，其他区域均处于冲刷状态，其中②八姓洲西侧顺直过渡段年均冲刷厚度最大，达到 0.21 m。并且②、④、⑥三段顺直过渡段的冲刷厚度大于弯道段①、③、⑤。还可以看出，熊城河段弯道段及顺直过渡段的冲刷强度均沿程减弱，熊家洲、七弓岭、观音洲弯道年均冲刷厚度分别为0.14 m、0.11 m、0.05 m，冲刷区面积与淤积区面积的比值分别为 2.27∶1、1.20∶1、1.03∶1。②、④、⑥三段顺直过渡段年均冲刷厚度分别为 0.21 m、0.19 m、0.17 m。

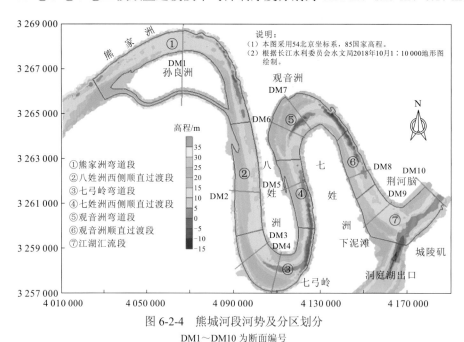

图 6-2-4　熊城河段河势及分区划分

DM1～DM10 为断面编号

表 6-2-2　熊城河段不同分区不同阶段的冲淤变化统计

时段	统计指标	分区						
		①	②	③	④	⑤	⑥	⑦
2002～	年均冲淤厚度/m	-0.33	-0.85	-0.14	-0.15	-0.22	-0.61	0.65
2006 年	冲刷区面积/淤积区面积	1.86	8.45	1.66	0.87	1.63	3.31	0.76
2006～	年均冲淤厚度/m	0.20	0.38	0.04	-0.38	-0.20	0.32	-0.18
2008 年	冲刷区面积/淤积区面积	0.71	0.82	0.90	0.74	1.05	0.47	0.98
2008～	年均冲淤厚度/m	-0.15	-0.24	0.02	-0.03	-0.01	0.09	0.03
2013 年	冲刷区面积/淤积区面积	1.91	1.81	0.99	1.06	0.79	0.63	0.80
2013～	年均冲淤厚度/m	-0.17	-0.06	-0.30	-0.30	0.07	-0.40	-0.13
2018 年	冲刷区面积/淤积区面积	1.30	0.92	1.05	2.08	0.94	3.46	1.60
2002～	年均冲淤厚度/m	-0.14	-0.21	-0.11	-0.19	-0.05	-0.17	0.07
2018 年	冲刷区面积/淤积区面积	2.27	1.77	1.20	0.86	1.03	2.39	0.76

从弯道段和顺直过渡段的冲淤特点来看，弯道段应关注滩槽格局的调整对航道的影响，而顺直过渡段抑制岸线的冲刷崩塌及其对河势的影响。

6.2.3　熊家洲至城陵矶典型急弯河段河床演变机理

1. 实测资料分析

1）流量过程

三峡水库蓄水后年内流量过程发生改变，洪峰削减，中水流量持续时间增长，退水过程加快，不利于凸岸的回淤，引发凸岸冲刷。

通过对下荆江多个弯曲河段流量、水位、滩槽高程的统计，得到归槽流量、整治流量、低滩淹没流量、平均流量、平均平滩流量、洪水流量，如表 6-2-3 所示。以尺八口弯顶为例，其水位流量关系如图 6-2-5 所示（主要冲刷部位集中于 9 500 m³/s 流量级以

表 6-2-3　计算流量选取

计算流量/（m³/s）	备注
6 500	归槽流量
7 580	整治流量
9 500	低滩淹没流量
15 000	平均流量
22 000	高滩中部流量
25 000	平均平滩流量
30 000	高滩淹没流量
45 000	洪水流量

注：平均平滩流量指下荆江河段多年沿程平均平滩流量（各流量级均通过多个不同断面测量值平均获得）

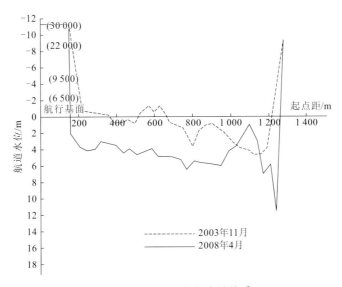

图 6-2-5　尺八口水位流量关系

下的低滩）。当流量低于 6 500 m³/s 时，水流归槽，主流位于主河槽内，当流量增大到 9 500 m³/s 以上时，水流淹没低滩，滩体开始出现冲刷，随着流量的增大，水流逐渐淹没高滩，当流量超过 30 000 m³/s 时，水流淹没高滩。可见，水流从刚淹没低滩到淹没高滩之间的流量（9 500 m³/s<Q<30 000 m³/s）正是三峡水库蓄水以来下游弯道段的主要冲刷流量区间。

三峡水库蓄水前后监利站日流量均值的年内的分配过程见图 6-2-6，三峡水库蓄水后洪峰削减，洪水流量（>30 000 m³/s）持续时间减少，中水流量持续时间增长。年内流量峰值的平均值由 33 000 m³/s 下降至 25 000 m³/s，蓄水前流量为 9 500（低滩淹没流量）～ 25 000 m³/s（平滩流量）的持续时间平均约为 160 天；蓄水后，此流量段的持续时间平均约为 171 天。随着三峡水库蓄水的进行，退水速度加快。汛后退水过程自 25 000 m³/s（平滩流量）降至 15 000 m³/s（平均流量）的时间从 37 天缩短到 15 天。汛后退水期 10 月的平均流量由 18 500 m³/s 降至 10 800 m³/s，减少约 7 700 m³/s，减幅达 42%。

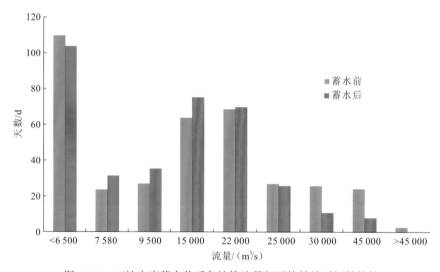

图 6-2-6 三峡水库蓄水前后各计算流量级平均持续时间的统计

根据已有的分析研究，河湾水流动力轴线弯曲半径（R_0）的理论表达式为

$$R_0 = \sqrt[3]{\frac{1}{\vartheta J_\vartheta g}\left(R_* \frac{Q}{A_s}\right)^2} \qquad (6\text{-}2\text{-}1)$$

式中：R_* 为河湾的曲率半径，m；Q 为断面流量，m³/s；A_s 为过水断面面积，m²；g 为重力加速度，m/s²；ϑ 为河湾的弯曲度，rad；J_ϑ 为断面处水面纵比降。各物理量示意图见图 6-2-7。

在一定的河湾形态的制约下，流量越大，水流动力轴线将相对趋直，其曲率半径越大，主流速带向凸岸边滩靠近。在流量相同的情况下，河湾半径越大，河槽对水流的制约作用越小，水流动力轴线的弯曲半径越大，反之河湾半径越小，河槽对水流的制约作用越大，水流动力轴线的弯曲半径越小。因此，对实测资料分析可知，三峡水库蓄水

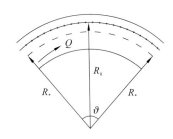

图 6-2-7 水流动力轴线弯曲半径表达式各物理量示意图

运用后,涨水时间增加,有利于汛前凸岸边滩的冲刷,加之汛后退水过程的明显加快,主流迅速摆向凹岸,可能造成凹冲凸淤作用时间的缩短,凸岸边滩难以有效回淤,从而导致弯道段凸冲凹淤现象的发生。

2)水流次饱和程度

三峡水库蓄水后,水流含沙量减少,水流次饱和程度增大,加剧了凸岸边滩的冲刷,限制其回淤,促进了凸冲凹淤现象的发展。水流挟带的细沙量减少,造成沿程冲刷幅度加剧。三峡水库蓄水前,水流中挟带的细沙($d<0.125$ mm)是边滩淤积的主要泥沙来源。三峡水库蓄水后,细沙含量较蓄水前大幅减少,导致边滩冲刷后退,主流贴岸的护岸工程段河床冲刷下切。综上,细沙的大量减少,增加了水流冲蚀的破坏力,使得中水流量下凸岸边滩的冲刷加剧。

3)断面流速、含沙量分布

从断面流速、含沙量分布的微观角度来看,结合图 6-2-8 和图 6-2-9 发现,从 2014 年 8 月到 2014 年 12 月,弯道段断面 2#、断面 3#的含沙量大幅减小而流速明显增大,且弯道进口断面 2#的最大流速偏向凸岸。弯道上顺直过渡段断面 1#的含沙量及流速均明显减小,最大流速的位置有所居中。

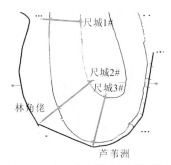

图 6-2-8 七号岭弯道典型断面分布

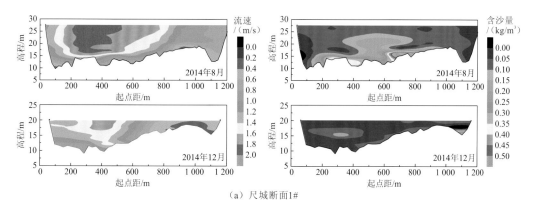

(a)尺城断面 1#

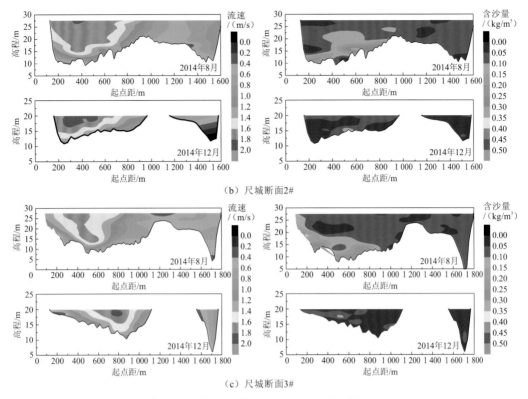

图 6-2-9　典型断面流速、含沙量年内分布变化

2. 水流运动特性试验

　　为研究不同流量级下河道的水流运动特性，结合有关洞庭湖与长江顶托消落关系的相关成果，并结合防洪-通航的需求，选取四级流量（表 6-2-4）进行计算，分别包括整治流量、多年平均流量、平滩流量、洪水流量。在模型中观测不同长江、洞庭湖流量下河道断面的流速分布、水动力轴线的变化，以分析河道水流运动特性及主流摆动与流量之间的关系。试验定床地形采用 2014 年 12 月实测的河道地形。

表 6-2-4　水流运动特性试验条件

进口流量/（m³/s）		组合流量/（m³/s）	尾门水位（85 国家高程）/m	备注	编号
长江流量	洞庭湖流量				
7 580	2 000	9 580	18.24	整治流量 1	1
	4 500	12 080	19.35	整治流量 2	2
	12 000	19 580	22.35	整治流量 3	3
12 000	9 000	21 000	22.86	多年平均流量 1	4
	14 000	26 000	24.52	多年平均流量 2	5

第 6 章   防洪–通航协同下典型急弯河段滩槽控制   ·129·

续表

进口流量/（m³/s）		组合流量/（m³/s）	尾门水位（85 国家高程）/m	备注	编号
长江流量	洞庭湖流量				
22 000	11 500	33 500	26.62	平滩流量 1	6
	17 000	39 000	27.84	平滩流量 2	7
35 000	10 700	45 700	28.98	洪水流量	8

图 6-2-10 为不同流量下，熊城河段水动力轴线分布图。由图 6-2-10 可知，本河段主流在熊家洲弯道、七弓岭弯道、七姓洲弯道及观音洲弯道变化较大，随着流量从 7 580 m³/s 到 35 000 m³/s，主流过弯顶后有向凸岸摆动的变化趋势。而弯道之间的过渡段，深槽近岸，水流集中，主流线比较稳定。当从整治流量 7 580 m³/s 增大到多年平均流量 12 000 m³/s 时，熊家洲弯道主流向凸岸摆动约 150 m，七弓岭弯道主流向凸岸摆动近 400 m，七姓洲弯道主流向凸岸最大摆动近 400 m，观音洲弯道主流向凸岸最大摆动约 100 m。

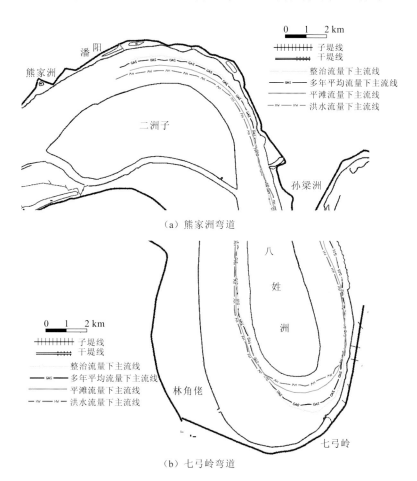

（a）熊家洲弯道

（b）七弓岭弯道

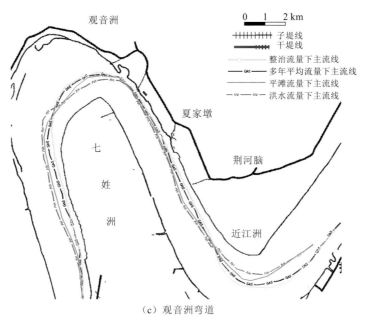

（c）观音洲弯道

图 6-2-10　不同流量下熊城河段水动力轴线分布

当流量增大到平滩流量 22 000 m³/s 时，熊家洲弯道出现双槽分流的现象，七弓岭弯道主流向凸岸最大摆动近 350 m，七姓洲弯道主流向凸岸最大摆动约 300 m，观音洲弯道主流带变宽，主流无明显摆动。

在从平滩流量增加大到洪水流量 35 000 m³/s 的过程中，熊家洲弯道主流居中，主流带变宽，七弓岭弯道主流摆动仅 50 m 左右，滩槽流速普遍增大，七姓洲弯道主流向凸岸最大摆动不超过 100 m，观音洲弯道主流无明显摆动。

由水动力轴线的摆动情况可知，七弓岭弯道和七姓洲弯道在流量尚未达到多年平均流量时，凸岸边滩已发生较为剧烈的冲刷，熊家洲弯道在平滩流量之后，有双槽分流现象，凸岸边滩会发生较为剧烈的冲刷。

3. 数学模型计算

图 6-2-11 给出了典型水沙条件下弯道附近河段的河床冲淤分布图。经过典型水沙系列过程，研究区域内的河床有冲有淤，冲淤幅度一般在−3～3 m，河床变形主要集中在主河槽中，河槽内河床的冲淤变化规律与河槽位置特征关系密切。弯道前期已基本完成切滩撇弯过程，经过典型水沙过程后，河床冲淤调整特点主要表现为，撇弯后的新槽继续发展，新槽靠近凹岸侧形成心滩并持续淤积抬高。

预计在近期及今后相当长的时间内，弯道的河床演变趋势将具有如下特点：弯道切滩撇弯后的新主槽将持续展宽、下切；新主槽右侧形成心滩并将持续淤积长高；弯道凸岸迎流侧河床处于冲刷后退的威胁之中；原来位于凹岸的主汊（右汊）缓慢淤积。

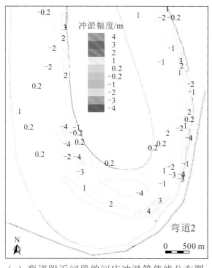

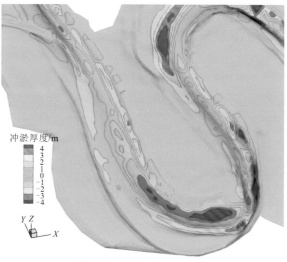

（a）弯道附近河段的河床冲淤等值线分布图　　　　　（b）弯道附近河段的河床冲淤等面分布图

图 6-2-11　弯道附近河段的河床冲淤分布图

图 6-2-12 给出了弯道河床冲淤量随时间的变化过程。在无工程扰动条件下，不论是在丰水年还是在枯水年，弯道河床均处于冲刷发展之中，这从侧面反映出在上游来沙减小条件下，急弯河段的河槽处于展宽、下切发展之中，也说明在三峡水库蓄水运用后来沙急剧减小的条件下，弯曲河段河床演变的宏观规律是冲刷，河势控制工程应该以弯道关键部分的防冲为主。

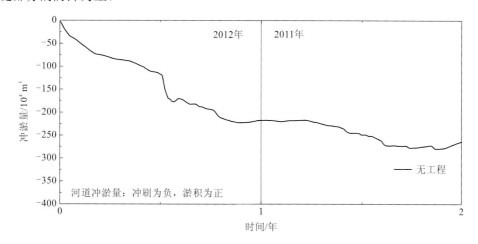

图 6-2-12　弯道河床冲淤量随时间的变化过程（冲刷为负）

6.2.4　熊家洲至城陵矶河段滩槽演变影响因素

1. 河道边界条件

下荆江河段在 20~40 km 宽的河曲带内，除右岸有少数山矶、阶地对河道起控制作用外，其河岸均为上层为黏性土、下层为中细沙的二元结构，中枯水河床均为中细沙，早期堆积的卵石层深埋在床面以下而对河道造床基本不起作用。

水库蓄水运用后，下游的水沙条件发生了剧烈的变化，洪峰削减，枯水流量增加，中水历时增长，出库泥沙大量减少。例如：丹江口水库建成后，汉江下游皇庄至泽口过渡型河段最突出的变化是流量调平后，在非限制性弯道中，原有河道的曲率半径不能适应新水沙条件，主流脱离凹岸，切割凸岸边滩，并向下游移动，全河段 18 个河湾中 11 个发生"撇弯切滩"；而熊城河段为典型的限制性弯曲河段，两岸多有护岸工程，尤其是弯顶顶冲段，基本都已守护，这些限制了凹岸的崩退，稳定了整体河势，使得弯道段的河势相对稳定，弯道出口的弯曲半径基本维持不变，凹岸的侵蚀崩退被控制，也就使弯道环流由凹岸输运到凸岸的泥沙减少，原有的凹冲凸淤幅度减小，在一定程度上，有利于凸冲凹淤现象的出现。

2. 江湖水流顶托与消落影响

熊城河段位于下荆江尾闾，洞庭湖对长江的顶托与消落作用在一个水文年内呈周期性变化，并具有较大的变化幅度，洞庭湖出口水位的变幅大是下荆江蜿蜒型河道更为发育的充分条件。

根据河道水量平衡，若洞庭湖发生洪水，监利水位受到洞庭湖洪水的顶托作用上涨，长江下泄流量减少，监利实测流量小于无顶托/消落作用时的临界流量。若洞庭湖出流减小，监利水位降低，产生消落作用，导致长江干流下泄流量增加，那么实测流量将小于无顶托/消落作用时的临界流量。这里从监利-城陵矶-螺山的水面比降变化关系出发，以监利-螺山的水面比降为基准，当监利-城陵矶水面比降大于基准水面比降而城陵矶-螺山水面比降小于基准水面比降时，监利-螺山水面线为下凹型，说明洞庭湖对长江有消落作用，当监利-城陵矶水面比降小于基准水面比降而城陵矶-螺山水面比降大于基准水面比降时，监利-螺山水面线为上凸型，表明洞庭湖对长江有顶托作用。当监利-螺山水面线为近似直线型时，表明洞庭湖对长江既无顶托作用又无消落作用，见图 6-2-13。

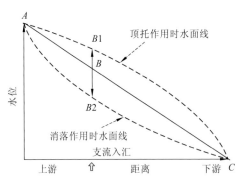

图 6-2-13　支流入汇产生的顶托/消落作用对应的水面线变化示意图

以 Q_t、q_t 分别代表有、无顶托/消落作用时的流量，Q_t 即实测数据，因此关键是求得 q_t。根据三峡水库蓄水前（1991～2002 年）、三峡水库蓄水初期（2003～2007 年）、三峡水库正式蓄水（2008~2017 年）监利-城陵矶与城陵矶-螺山的水面比降相等时确定的监利站无顶托/消落作用时的水位流量关系，采用 $q_t = 79\,789.752 - 6\,844.2H_d + 155.69H_d^2$（式中：$H_d$ 为水位）拟合后的复相关系数 $R^2 = 0.96$，得到无顶托/消落作用的流量。由图 6-2-14 可知，三峡水库蓄水前后时期不同水位下顶托/消落作用的临界流量是一致的。

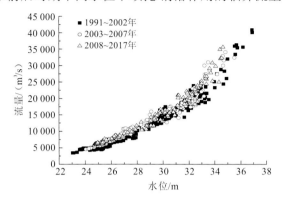

图 6-2-14　无顶托/消落作用时监利站的水位流量关系图

定义 $\alpha = (Q_t - q_t)/q_t \times 100\%$ 为时段 t 的顶托消落比。当 $q_t \leqslant Q_t$ 时，为顶托作用，α 表示因顶托作用滞留在河道中的水量与无顶托时出流水量的比值；当 $q_t > Q_t$ 时为消落作用，α 表示因消落作用河道超量下泄水量与无消落出流时水量的比值。

根据有、无顶托/消落作用时的流量得到历年对应的滞留/超量下泄径流量，见图 6-2-15。1991~2002 年、2003~2007 年、2008~2017 年因顶托作用滞留在河道中的年平均径流量分别为 $416\times10^8\,\mathrm{m}^3$，$256\times10^8\,\mathrm{m}^3$，$193\times10^8\,\mathrm{m}^3$，反映了顶托作用在不断减弱。

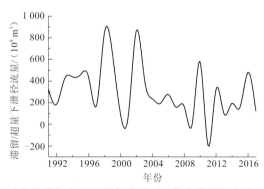

图 6-2-15　1991~2017 年对应的滞留/超量下泄径流量（正值为滞留径流量，负值为超量下泄径流量）

从图 6-2-16 顶托消落比年内变化来看，蓄水前与蓄水初期顶托消落比的分布无明显变化，最大消落作用均发生在汛后的 9~10 月，最大顶托作用均发生在汛前的 2~4 月，而 2008~2017 年顶托消落比的分布发生明显的调整，主要体现在洞庭湖在年内有两个时段表现为明显的消落作用，即枯水期（1~3 月）和汛后（9~10 月），而洞庭湖在汛期（6 月）对长江的顶托作用有所增强。

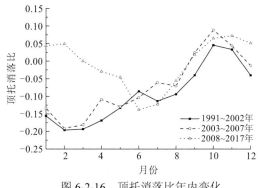

图 6-2-16 顶托消落比年内变化

3. 水沙输移与有效输沙流量

本部分在系统分析三峡水库建库前后下荆江流量频率分布变化及不同粒径组泥沙输移特点的基础上，以各粒径组悬移质输沙量为判别指标，计算能反映综合造床作用的有效流量及其在冲刷条件下的变化规律。

将悬移质泥沙分为<0.031 mm、0.031～0.062 mm、0.062～0.125 mm、0.125～0.25 mm、0.25～0.5 mm 及 0.5～1 mm 共六组。以粒径 0.125 mm 为界划分冲泻质与床沙质。采用分组频率法计算有效流量。

因建库前后<0.031 mm 与 0.031～0.062 mm 粒径组泥沙的月均输沙量流量关系变化规律基本一致，可归为一组来计算有效流量。计算建库前后全部悬移质、<0.062 mm、0.062～0.125 mm、0.125～0.25 mm、0.25～0.5 mm、0.5～1 mm 共六种情况下的有效流量，且由于建库前 0.5～1 mm 粒径组泥沙仅在个别月份出现不具有代表性，这一时期该粒径组泥沙可忽略不计。

分析三峡水库建库前后下荆江流量分布、分组悬移质有效输沙量计算结果发现，建库后大流量频率有所降低，中等流量频率有所增大，流量频率的最大值仍在中小流量。除了极少数流量级外，几乎所有流量级都有悬移质泥沙输移，大多数的悬移质泥沙输移集中在某一中等流量范围内。建库前后有效输沙流量的变化主要受到流量与输沙率关系变化的影响。而建库前后悬移质泥沙有效输沙量的分布有明显区别，1991～2002 年，悬移质泥沙有效输沙量呈现明显的双峰或多峰分布，表示这一时期至少存在两个有效流量，一个是高频率中小流量，另一个是低频率大流量，前者的意义是河流在低流量状态下长时间输沙的总输沙量较大，后者基本与河流的中等洪水量值一致，出现频率较低，但能够在短时间内输运大量的泥沙。而 2004～2016 年悬移质泥沙有效输沙量多呈现单峰分布，<0.062 mm、0.062～0.125 mm 较细粒径组中这一现象更明显。蓄水后不同粒径组的有效流量有所减小。蓄水前后不同粒径组对应的有效流量范围分别为 13 000～25 000 m³/s 和 7 000 ～23 000 m³/s。

6.3　急弯河段航道条件的控制性要素

6.3.1　三峡水库下游急弯河段整治原则与思路

1. 三峡水库下游急弯河段整治原则

（1）因势利导，整疏结合（"守、调、疏"相结合）。随着我国经济的持续发展，长江干线河道治理的外界约束条件逐步增强，单单依靠"固滩稳槽"修建整治建筑物难以兼顾防洪等多目标要求，因此，结合前期"束水攻沙"和"固滩稳槽"等航道治理方法，以促进防洪和通航协同为目标，提出了航道整疏结合（"守、调、疏"相结合）的治理原则。具体而言：对于航道尺度不满足整治目标、滩槽形态局部不良的水道，通过修建整治建筑物调整中枯水滩槽形态，改善浅区水流条件，并结合疏浚，提高航道尺度；对于航道尺度基本满足整治目标、滩槽形态不利变化明显的水道，通过修建整治建筑物守护关键航道边界，防止航道条件变差；对于近期航道条件尚好，但航道边界不稳定、航道条件有不利变化趋势的水道，通过在不利年份维护疏浚确保航道畅通；对于个别水流流态紊乱、船舶通航安全受到威胁的水道，通过修整河床形态，改善水流流态。

（2）循序渐进，分期实施。根据河道自身条件，响应时机，循序渐进，分期实施。长江中下游河床多变，航道条件时好时坏，三峡水库运行增加了航道变化的复杂性。宜根据工程的轻重缓急，合理安排各单位工程的施工时序，以取得更好的整治效果。例如：先对变化剧烈、影响较大的关键部位实施工程措施，控制滩槽格局，如持续冲刷、崩退剧烈的高滩、边滩守护工程，以期最大程度地保护现有滩体的功能；再对变化较缓、受其他工程影响不大的部位实施工程措施。另外，对航道尺度不足或航道尺度满足要求但航道条件已出现明显恶化迹象的水道进行整治时，若部分河段的外部环境影响较大，航道整治不宜一步到位，应先对影响中枯水河势的关键航道边界进行适当调控，如连续弯道的凸岸边滩头部和受水流顶冲的凹岸段，宜先对上游的弯道进行整治，再根据整治后的河床调整情况，逐步对下游的弯道进行控制，从而达到对连续弯道滩槽形态、航道条件全面改善的目的。

2. 三峡水库下游急弯河段的整治思路

根据河床演变趋势，三峡水库下游急弯河段凸岸边滩仍将持续发生冲刷，受此影响，中枯水流路也逐渐向凸岸侧摆动，急弯河段有切滩撇弯的趋势。因此，急弯河段的航道整治思路是：通过工程措施，防止凸岸边滩冲蚀切割，以防造成主流摆动、顶冲点下移、弯道出口崩岸的不利局面。据此，提出急弯河段整治思路。

（1）遏制凸岸边滩冲刷、切割，稳定弯道主流。蓄水以来，急弯河段凸岸边滩以冲刷为主，主流摆动幅度加大且向凸岸侧摆动，而河心淤积，一些年份出现了枯水多槽局面。针对该变化特点，需要通过工程措施，守护凸岸边滩，稳定主流流路，防止凸岸切滩，以防产生"一弯变，弯弯变"的不利局面。

（2）保护岸线稳定，控制河势变化。弯道顶冲点下挫造成弯道段出口崩岸展宽，主流摆动范围加大，河势较不稳定，相应的航道条件难以稳定。针对该情况，需要采取工程措施守护部分重点岸线，控制河势变化。

（3）对严重碍航浅滩辅以疏浚，平顺河槽，改善弯曲半径及航宽。

6.3.2　典型急弯河段的控制性要素

熊城河段包括尺八口、八仙洲、观音洲 3 个水道，全长约 32 km，见图 6-3-1。

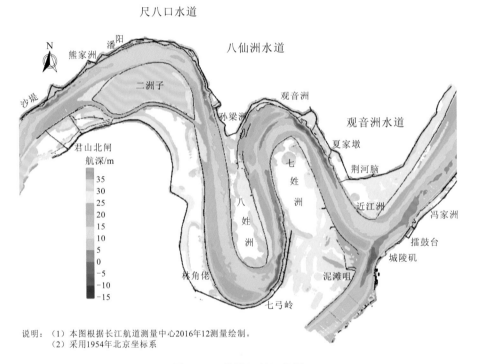

说明：（1）本图根据长江航道测量中心2016年12测量绘制。
　　　 （2）采用1954年北京坐标系

图 6-3-1　熊城河段河势图

主要采取"守、调、疏"相结合的方式，守护关键洲滩，调整局部滩槽形态，改善航道条件，将航道尺度提高至 4.5 m×200 m×1 050 m。根据河床演变趋势及航道问题，本河段的总体设计思路是守滩稳槽，局部调整，适当疏浚。由于各弯道的碍航程度和演变特点不同，治理思路也有差异。

熊家洲弯道，抑制弯道凸岸侧河床的进一步冲刷，限制中枯水水流向凸岸侧扩散，维持现有航道条件。七弓岭弯道，在七弓岭弯道上段的凸岸侧修建潜丁坝，恢复弯道上段凸岸边滩，使弯道上段主流右摆，同时在弯顶凹岸心滩上修建护滩带，稳定凹岸心滩，限制右槽，加大主流弯曲半径，增加主航槽过流能力，并配合疏浚，解决航道水深不足、弯曲半径较小的问题；观音洲水道，对沙咀高滩岸线、下泥滩边滩进行守护，抑制河道展宽的同时，塑造稳定、高大的下泥滩边滩，改善江湖交汇角度，集中水流冲刷浅区，减缓泥沙淤积。

　　三峡水库建库运用以来下荆江河段的水沙条件发生了显著变化，河道长期处于冲刷状态。洪峰调平使洪水漫滩的概率减小，平滩流量的增大反映出代表性流量的出现概率进一步减小。目前三峡水库建库运用仅十余年，河床塑造处于活跃阶段，平滩流量难以稳定，概念也不明确；加上平滩流量对水沙条件的响应有滞后性，不能及时反映水沙过程及其造床作用的变化。造床流量虽与有效流量是同一类概念，但其定义中的多年造床作用对长时间尺度有要求。而有效流量计算的时间范围可以是 1 年或多年，因此，采用有效流量来反映三峡建库后冲刷过程中水流对河床的中、短期塑造作用更为合适。采用有效输沙流量法确定整治水位，建库后不同粒径组对应的有效流量范围为 7 000～23 000 m³/s。因此，用监利站此流量范围情况下对应的水位确定整治水位，用整治水位下枯水河槽的宽度及范围确定整治线宽度。

　　整治水位：尺八口水道为 18.7 m，观音洲水道为 17.9 m。

　　整治线宽度：结合各水道（河段）的河道宽度及滩槽情况，确定本段要实施整治工程的水道的整治线宽度，为 800 m。

　　航道线路主要参考现行航道线路、历史习惯航道线路，并兼顾沿江城镇对岸线的使用要求。对于历史上交替作为主航道使用过的汊道段，根据各汊道的航道条件及发展趋势、水利部门控制规划方案及沿江经济发展需求综合确定，并通过模型试验中工程后的航槽变化情况适当调整。

　　航道线路规划：沿左岸深槽下行进入熊家洲弯道→七号岭弯道上段偏靠左岸侧→林角佬至七号岭河段由左岸侧向右岸侧过渡→七号岭以下偏靠右岸侧→七姓洲至窑咀河段由右岸侧向左岸侧过渡→窑咀以下偏靠左岸侧→沙咀以下由左岸侧向城陵矶以下右岸侧过渡。

6.4　防洪–通航协同下急弯河段问题及滩槽控制思路

6.4.1　三峡水库下游急弯河段防洪问题及碍航特性

1. 三峡水库下游急弯河段防洪问题

1）弯道段防洪问题

　　急弯河段凹岸处受主流顶冲，往往为防洪的险工险段。例如，调关急弯河段凹岸段是长江历史上著名的险情多发地段，堤外无滩或窄滩，历史上著名的调关矶头建筑就在该段岸线上端。调关急弯河段近岸河床的冲淤变化遵循年内水文特点而呈周期性变化：

在年内同一水文时段内，沿程各分区段间呈冲淤交替变化（上段冲刷，下段淤积，或者下段冲刷，上段淤积）。在年内不同水文时段内，沿程各分区段近岸河床冲淤变化主要表现为汛期冲刷、汛后中枯水期回淤的冲淤交替变化特点。2008 年 11 月以来，调关急弯河段凸岸边滩（上部）被冲刷切割，弯道进口断面的主流平面位置左移，对调关岸段近岸河床冲淤区域的调整起着明显的作用，调关矶头挑流效果明显降低，调关矶头冲刷坑大幅度淤积、缩小变浅，而在高水位的汛期，调关矶头段的流态十分复杂，枯水矶头对流线的挤压作用，使得枯水矶头的平台流速急剧增大，在枯水矶头平台上方形成平轴环流，与矶头上、下腮部位的垂向环流合成，形成冲刷力更强的螺旋流态。可见，调关矶头近岸深槽在汛期冲刷幅度较大，该段为防汛的重点段。

再如，七号岭弯道凹岸下段，除桩号 14+000～14+500 段为已护工程段外，其余地段均为未护岸段。三峡水库蓄水运用以来，七号岭弯道出现了明显的河势调整，弯道顶冲点大幅度下移，七号岭弯道凹岸下段近岸河床较大幅度冲刷，未护岸段岸线崩塌严重。2006 年 5 月～2019 年 12 月，七号岭下段（桩号 14+050～18+450 段）近岸河床严重冲刷，水下坡脚前沿平均冲刷 18.79 m，近岸河床冲刷主要发生在 2011 年 11 月～2016 年 11 月。2018 年 11 月～2019 年 12 月，七号岭段近岸河床总的变化情况是淤积，淤积主要发生在桩号 14+050～14+500 段近岸河床。桩号 17+050～18+450 段近岸河床明显冲刷，水下坡脚前沿平均冲刷 3.08 m。

对于石首弯道段，其出口北门口受贴岸水流长期冲刷，岸线也有所崩退，1998～2002 年，北门口段岸段大幅度崩退，最大崩退约 430 m，2002 年以后，随着桩号 S6＋000～S9＋000 段护岸工程的实施，桩号 S9＋000 以上岸段基本稳定不变，河槽冲刷向下游发展，致使该护岸工程以下未护段的岸线逐年冲刷崩退。2002～2013 年岸线持续崩退，桩号 S9＋000～S11＋000 段长 2 000 m 岸线累积崩退超过 500 m，平均每年崩退 50～60 m。2016 年以来，北门口段岸线变化不大。目前，石首弯道段两岸水流顶冲的部位大多已实施了护岸工程，护岸工程的实施基本上抑制了河道两岸岸线的崩塌，多年来，河段内的岸线整体变化不大。但是，由于河道冲刷调整引起了主流摆动及弯道顶冲点的上提或下移，近岸河床冲刷的部位发生了变动，已护岸线局部岸段仍时有崩岸险情发生。观音洲弯道凹岸出口已护岸线同样有崩岸险情发生。

2）弯道间过渡段防洪问题

以八姓洲西侧岸段为例，其位于熊家洲、七号岭两个反向弯道间的过渡段（图 6-4-1）。该地段深泓逼岸，岸坡较陡；河岸基本是上黏下砂的二元结构，河岸的抗冲刷能力较弱，八姓洲岸段的岸线为未护岸段，河岸边界处于天然状态。

2008 年 12 月长江上游出现了历史上罕见的冬汛，当时洞庭湖水位较低，对荆江河段的出流顶托作用较小，在 2008 年 12 月洪峰流量的作用下，七号岭弯道的八姓洲凸岸边滩出现了撇弯现象，熊家洲弯道的顶冲点下移和七号岭弯道的切滩撇弯使得位于两弯道间的主流向左岸八姓洲方向摆动，并沿八姓洲西侧近岸河床下行，使八姓洲西侧（上游面）岸线在 2008 年 12 月以后出现了全线崩塌现象（图 6-4-2）。

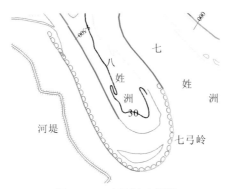

图 6-4-1　八姓洲示意图

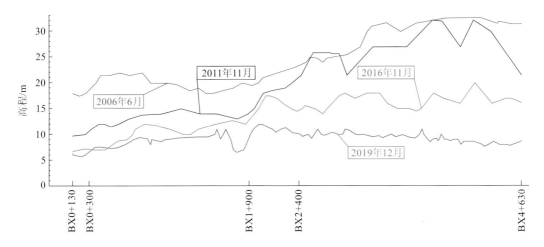

图 6-4-2　八姓洲西侧岸段水下坡脚前沿冲淤监测导线高程沿程变化图

从八姓洲西侧岸段河道实测地形资料来看：2006 年 6 月～2019 年 12 月，八姓洲西侧岸段具有近岸河床冲刷、岸线崩塌的特点，水下坡脚前沿平均冲深 15.83 m；冲刷的时间主要发生在 2011 年 11 月～2016 年 11 月。

因此，遇极端特殊不利水文年，即长江干流下荆江河段遭遇大洪峰流量，而洞庭湖来流量较小，洞庭湖对长江干流的顶托作用较小时，下荆江出口段形成较大的水面比降，与此同时，下荆江出口段水位较高，使八姓洲及七姓洲漫滩并保持一定的滩面水深，在较大水面比降和一定滩面水深的综合作用下漫滩流速明显增大，滩面冲刷较强时有可能发生自然裁弯。由图 6-4-3 和图 6-4-4 可知，狭颈上游侧八姓洲洲尾以下 500～2 500 m 的流速均较大，最大床面切应力位置与最大流速位置基本一致，基本位于水边线显示的八姓洲狭颈最窄处的略下游。

可见，三峡水库蓄水后急弯河段弯道段的防洪问题为，弯道顶冲点大幅度下移及已守护凹岸侧水下坡脚冲刷，而连续弯道间的顺直过渡段由于主流贴岸岸线崩塌，应重点防止自然裁弯对上下游河势带来的不利影响。

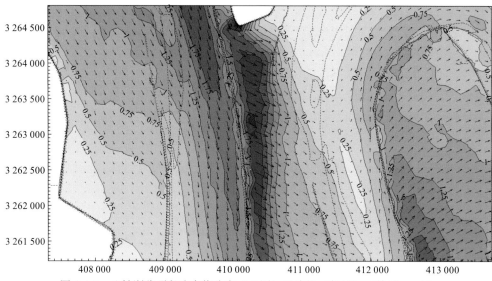

图 6-4-3　八姓洲狭颈段速度值分布（云图）及流场（矢量）（单位：m/s）
（1998 年 8 月 19 日，七里山水位有记录以来历史最高）

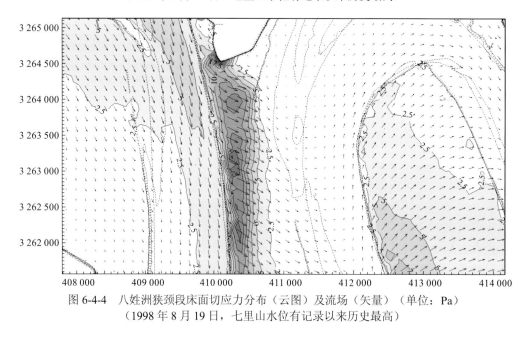

图 6-4-4　八姓洲狭颈段床面切应力分布（云图）及流场（矢量）（单位：Pa）
（1998 年 8 月 19 日，七里山水位有记录以来历史最高）

2. 三峡水库下游急弯河段碍航特性

天然状态下弯曲河段河道深槽贴凹岸，凸岸往往有成型淤积体存在，枯水时水流贴凹岸深槽而下，中洪水时切凸岸边滩。受弯道水流特性的影响，弯曲河段凸岸淤长、凹岸冲刷，辅以护岸工程的控制，往往能够形成较为稳定的上下深槽。三峡水库蓄水后，来沙减小、水流冲刷动力增强，加之中洪水期持续时间的延长，在不饱和挟沙水流作用下，滩面受到冲刷，且难以淤积还原，受此影响，中枯水流路也逐渐向凸岸侧摆动，凹岸侧逐渐淤积。急弯河段由于弯曲半径较一般弯道更小，中枯水河槽向凸岸侧摆动后，其弯道进口段航道的弯曲半径更加不足。

以调关弯道为例，三峡水库蓄水后，调关弯道出现了明显的凸岸边滩冲刷，凹岸侧淤积。受河道边界限制，该区段的凸岸冲刷并没有引起河道水深的显著下降。近年来，凸岸季家咀边滩上冲下淤明显，上段深泓左摆，弯顶航槽受到挤压，不利年份弯顶航宽及弯曲半径较小。2015 年 12 月弯顶航宽（设计水位下 4.5 m）仅为 220 m，弯曲半径约为 1 295 m。受三峡水库蓄水的深入影响，季家咀边滩持续上冲下淤，调关弯顶航宽和弯曲半径的减小趋势将进一步加剧，航道尺度将难以满足设计目标，行船安全隐患加大。

三峡水库蓄水运用以来，莱家铺水道弯道段桃花洲凸岸边滩上段持续冲刷后退，个别年份在凸岸边滩下段出现了倒套，凹岸顶冲点的下移使凹岸上部南河口边心滩不断淤宽并下移，莱家铺水道下段左岸中洲子边滩崩退但有所减缓，右岸边滩和上游凸岸的冲刷与凹岸顶冲点的变化息息相关，状态较不稳定，不利年份因边滩淤积而挤压航槽，恶化航道条件。而莱家铺水道的河势变化趋势为：桃花洲边滩持续受冲萎缩的趋势不会改变，凸岸边滩的冲刷后退一方面会引起弯道段航槽的摆动，使进口段深槽向下延伸，凹岸处深槽向上发展，这可能对改善航道条件有利，但另一方面凸岸边滩的过度冲刷有可能发生切滩，从而形成零星心滩，使水流分散，航道条件恶化；另外，凸岸边滩冲刷后挟带大量泥沙进入下游，泥沙较容易在凸岸的下段莱家铺边滩一带（中洲子故道对岸）淤积，并且随着上游冲刷的发展，淤积体不断向下游移动，进一步挤压左岸与右岸过渡段间的河槽，可能导致不利年份航槽出浅碍航。因此，实施桃花洲边滩守护工程对保持凸岸边滩稳定，使之不过分冲刷，阻止凹岸顶冲点的进一步下移，稳定下游左岸中洲子故道的岸线崩退，减少莱家铺边滩的淤积下移，避免莱家铺边滩对下游过渡段河槽的挤压，均具有重要的作用。

再以七弓岭弯道为例进行说明。从演变规律来看，七弓岭弯道的航道条件随水沙条件的改变而剧烈变化。2002～2011 年，七弓岭弯道维持凸岸冲刷、凹岸淤积的演变规律。随着凸岸边滩的冲刷，尤其是上边滩的冲刷，弯道进出口部位的直线距离缩短，造成弯曲度增加，弯曲半径缩小；2014 年 12 月～2016 年 11 月，凸冲凹淤仍有所发展。一方面，这说明航道条件本身对水沙条件的变化响应较为敏感，航道条件极不稳定；另一方面，本河段弯曲半径随着凸岸上边滩的冲刷或下边滩的淤积而不断减小，航行条件变差。同时，弯道段心滩发育，形成了枯水双槽局面，在主流转换的过渡时期弯道上段出现了多槽口争流，从而碍航，近几年主航槽稳定于凸岸槽，但心滩上段呈冲刷之势，致使弯道上段水流分散，进一步冲刷仍会出现多槽口争流，使航道条件恶化。从七弓岭弯道多年的演变趋势来看，该弯道上段主流由右岸向左岸弯顶过渡，下段主流贴凹岸而下，上段凹岸侧发育有边滩或心滩。三峡水库蓄水以来，本水道水深条件较好，但弯道上段凸冲凹淤，主流有右摆之势，航槽位置不稳定的同时，凹岸顶冲点将下移，影响下游航道条件的稳定，近几年凸岸边滩局部有所淤积，加剧了弯曲半径的不足。

在三峡水库蓄水以来荆江门弯道上段的凸岸边滩持续冲退，弯道进口主流左摆，随着边滩下段的淤长，出口弯曲半径呈减小的态势。

综上所述，急弯河段主要存在的碍航问题为，弯顶上游主流摆至凸岸侧，使得进口弯道段凸岸边滩冲刷，引起弯曲半径的不足。

6.4.2　考虑防洪-通航协同的急弯河段滩槽控制思路

弯曲河段广泛分布在长江中下游河段，按河道平面形态，弯曲河段凹进一侧的河岸称为凹岸，凸出一侧的河岸称为凸岸。弯曲河段由于其河道形态阻力大、滩体易动态发展，是长江中游防洪、航道治理等的重点河段。已有的航道治理方法主要包括"裁弯取直"和"凸岸边滩守护"。三峡水库蓄水前，对弯道段的治理主要采用"裁弯取直"，三峡水库蓄水后，面对来沙大幅减少的情况，坝下河段主要采用"凸岸边滩守护"的方法。

三峡水库蓄水后急弯河段弯道段的防洪问题为，弯道顶冲点大幅度下移及已守护凹岸侧水下坡脚冲刷，而连续弯道间的顺直过渡段，由于主流贴岸岸线崩塌，应重点防止自然裁弯对上下游河势带来的不利影响。因此，河势控制工程应该以弯道关键部分的防冲为主。

在充分掌握三峡蓄水后急弯河段防洪与通航问题的基础上，结合整治参数研究成果，针对急弯河段完善了"守、调、疏"相结合的航道整治方法，在类似长江中游防洪限制较为严格的强冲刷碍航河段，在洲滩守护的基础上，按防洪要求控制调整力度，并辅以疏浚措施，在提高航道通航尺度的同时，增强对强冲刷条件的适应性，降低对防洪的影响。

6.5　防洪-通航协同下典型急弯河段滩槽控制方案

熊城河段本身为连续急弯河段，由熊家洲、七弓岭、观音洲、荆河脑四个反向河湾组成，弯弯相连。高水期洲滩淹没，江水一片，行洪不畅，而且上下游、左右岸的航标难以识别，极大地影响了船舶的航行安全。在长期的主流顶冲作用下，该河段深泓逼岸，岸坡变陡，多年来河势一直处于调整之中。与此同时，该河段基本处于天然状态。三峡水库蓄水初期，各弯道段航道均位于凹岸侧；受中水历时增长、来沙大量减少的持续影响，各弯道段出现不同程度的凸冲凹淤变化，航道条件变化明显且差异较大，主要是河床凸冲凹淤过程中原凹岸槽航道水深不足，航槽位置不稳定，弯曲半径不足及水流流态较差。

该河段三峡水库蓄水以来防洪、通航问题均较为突出，因此选择本河段为典型河段开展滩槽控制技术应用研究。

根据本河段的河床演变趋势及存在的防洪、航道问题，本河段的总体设计思路是守滩稳槽，局部调整，适当疏浚。由于各弯道的碍航程度和演变特点不同，治理思路也有差异。

（1）熊家洲弯道，抑制弯道凸岸侧河床的进一步冲刷，限制中枯水水流向凸岸侧扩散，维持现有航道条件。

（2）七弓岭弯道，在七弓岭弯道上段的凸岸侧修建潜丁坝，恢复弯道上段凸岸边滩，使弯道上段主流右摆，同时在弯顶凹岸心滩上修建护滩带，稳定凹岸心滩，限制右槽，加大主流弯曲半径，增加主航槽过流能力，并配合疏浚，解决航道水深不足、弯曲半径较小的问题。

（3）观音洲水道，对沙咀高滩岸线、下泥滩边滩进行守护，抑制河道展宽的同时，塑造稳定、高大的下泥滩边滩，集中水流冲刷浅区，减缓泥沙淤积。

总的来说：对于近期航道条件不满足整治目标尺度、滩槽形态不良的水道，通过整治建筑物局部调整中枯水滩槽形态，改善浅区水流条件，并结合疏浚，提高航道尺度，如七弓岭弯道；对于近期个别年份航宽不足且航道边界有不利变化的水道，通过整治建筑物适当控制航道边界的不利变化，防止航道条件变差，并在不利年份辅以维护疏浚，确保航道畅通，如熊家洲弯道、观音洲水道。

6.5.1　急弯河段滩槽控制方案研究

根据急弯河段演变机理并结合本河段碍航特性，初步提出两种方案，两种方案的主要区别在于七弓岭弯道处的工程布置不同，熊家洲弯道、沙咀高滩及下泥滩边滩的工程布置相同，具体如下。

方案一：熊家洲弯道凸岸守护工程、七弓岭弯道上段守护工程、七弓岭弯顶凹岸守护工程、七弓岭疏浚工程、沙咀高滩守护工程，下泥滩边滩守护工程，工程平面布置见图 6-5-1。

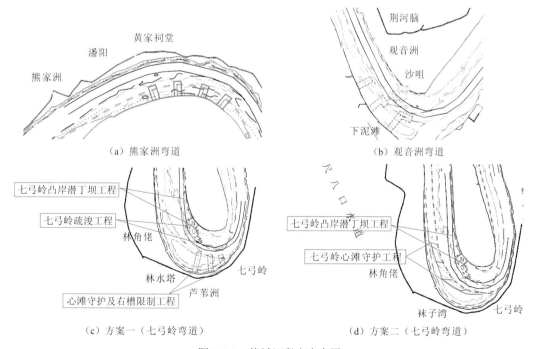

（a）熊家洲弯道　　　　　　　　　（b）观音洲弯道

（c）方案一（七弓岭弯道）　　　　　　（d）方案二（七弓岭弯道）

图 6-5-1　熊城河段方案布置

方案二：主要思路是通过整治工程稳定心滩，维持目前的双槽格局，具体工程措施为，在心滩上修建一纵四横梳齿型护滩带，对七弓岭弯道凸岸高滩岸线进行守护，抑制河道展宽，工程平面布置见图6-5-1。

1. 数学模型典型年效果比较

图6-5-2、图6-5-3分别给出了方案一、方案二工况下第二年末的河床冲淤分布图，以下将从总体、局部两个角度分析不同工况下河道冲淤的异同。

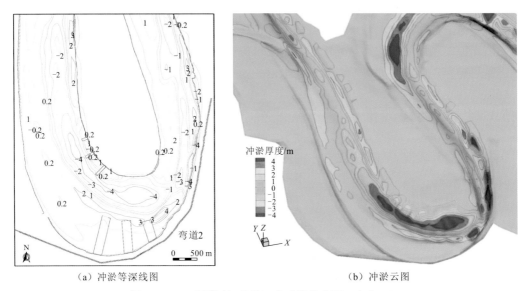

（a）冲淤等深线图　　　　　　　　　　　（b）冲淤云图

图6-5-2　工程附近河段的河床冲淤分布图（方案一）

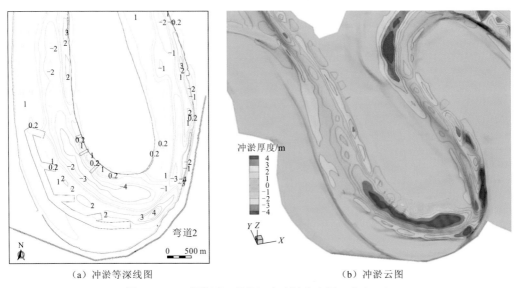

（a）冲淤等深线图　　　　　　　　　　　（b）冲淤云图

图6-5-3　工程附近河段的河床冲淤分布图（方案二）

　　在方案一、方案二条件下，河道冲淤的总体格局并未发生明显变化，计算区域内河床有冲有淤，冲淤幅度一般在-3～3 m，河床变形主要集中在主河槽中。由此可见，工程对河床冲淤的影响仅限于工程局部。

　　方案一在弯道进口左岸建潜丁坝，在弯道出口右岸建护滩带；方案二在弯道进口左岸建潜丁坝，在新主槽右侧滩地上建一纵四横梳齿型护滩带。方案一、方案二中在弯道进口左岸建潜丁坝对于抑制弯道凸岸洲头迎流侧河床的冲刷后退是有效的；与此同时，潜丁坝还会将洲头贴左岸水流挑向主槽，加速主槽的下切和发展。方案一条件下，弯道出口右岸护滩带的固滩作用不显著；方案二条件下，新主槽右侧滩地一纵四横梳齿型护滩带的固滩作用也不显著（护滩区域没有工程时也是淤积的），与此同时，它与左岸潜丁坝的联合应用会起到一定的束流效果，将加速主槽的冲刷发展。

　　类似弯道 2 这种急弯弯道，在三峡水库应用后来沙急剧减小的条件下，发生切滩撤弯是河床演变的大趋势，切滩撤弯后，新河槽一般呈现出展宽、下切的发展趋势，与此同时，新河槽的凹岸侧形成心滩并将淤积抬高，急弯河段凸岸将受到冲刷后退的威胁。急弯河段的整治策略如下。从近期来看，切滩撤弯后新河槽的凹岸侧心滩一般无须守护，与此同时，在弯道凸岸修建工程措施，防止凸岸冲刷后退将是维持急弯河段河势稳定的关键。

　　图 6-5-4、图 6-5-5 分别给出了总体河段及工程局部河段河床冲淤量随时间的变化过

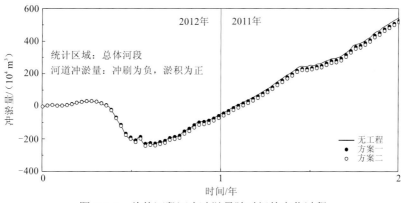

图 6-5-4　总体河段河床冲淤量随时间的变化过程

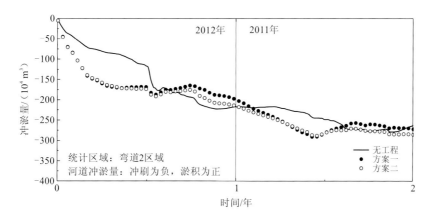

图 6-5-5　工程局部河段河床冲淤量随时间的变化过程

程。比较无工程、方案一、方案二条件下弯道段河床冲淤量随时间的变化过程，可以发现工程措施对河道总体的冲淤过程影响不大，工程对河床冲淤的影响主要集中在工程局部。在有工程（方案一、方案二）条件下，工程局部的河床冲刷强度均大于无工程条件下的河床冲刷强度，且方案二加速工程河段河床下切的影响大于方案一，这些认识与前文 6.2.2 小节"河床冲淤分布规律的分析"中的结论也是一致的。

2. 动床模型试验典型年效果比较

试验起始地形为 2014 年 12 月实测河道地形。选取 2011～2012 年作为典型年。由于方案一与方案二效果的不同主要在七弓岭弯道，对七弓岭弯道的典型年效果进行比较。对两种方案的效果进行综合比较（表 6-5-1），两种方案实施后，试验后在典型年熊城河段均能达到 4.5 m×200 m×1 050 m，总体上方案一较优，但方案一实施后，在中枯水流量下，工程对岸侧的近岸流速有不同程度的增大。

表 6-5-1　两种方案典型年效果比较表

项目	方案一典型年	方案二典型年
滩槽冲淤变化	七弓岭凸岸潜丁坝上游航槽内有碍航浅包，坝头及丁坝之间发生淤积，最大淤高约 3 m，丁坝头部与河道中部冲刷，4.5 m 航槽右移展宽，4.5 m 航槽最窄处超过 300 m；弯道心滩有所冲刷，其中弯顶附近冲刷较大，其滩顶高程不足 18 m，心滩下游末端较为稳定。弯道出口段主流有所左移，冲刷凸岸边滩，4.5 m 航槽展宽且相应有所左移，局部弯曲半径有所减小	七弓岭弯道进口段航槽条件改善，但七弓岭凸岸潜丁坝上游航槽内有碍航浅包。七弓岭心滩守护工程使弯道心滩上段有所淤高展宽，滩顶最大高程可达 25 m，零低滩边缘线变化不大，心滩下部的右汊有所展宽，维持弯道心滩双槽分流格局，4.5 m 航槽宽度变化不大，主流仍贴右岸出弯道
航道尺度	七弓岭弯道进口段 4.5 m 航槽宽度增大，4.5 m 航槽完全贯通，同时主流右移，弯曲半径得到改善，但凸岸潜丁坝上游航槽内有碍航浅包；七弓岭弯道出口段 4.5 m 航槽宽度进一步展宽，主流有所左移	4.5 m 航深线贯通，改善了弯道进口段的弯曲半径，双槽分流格局明显，弯道出口段局部位置的弯曲半径无变化
局部冲深	潜丁坝附近最大冲深 3# 潜丁坝坝头 2.56 m　护滩带附近最大冲深 3#护滩带头部 1.63 m	潜丁坝附近最大冲深 3# 潜丁坝坝头 3.29 m　护滩带附近最大冲深纵向护滩带尾部 4.15 m
流速影响	中枯水期，在七弓岭弯道凸岸潜丁坝工程区，主河槽内流速最大增加 0.23m/s，有利于航槽的刷深。中枯水期，工程实施对心滩右汊内流速增大及下游近岸流速有一定的影响	中枯水期，在七弓岭弯道凸岸潜丁坝工程区，主河槽内流速最大增加大于方案一，更有利于航槽的刷深。枯水期，方案二的实施对右汊内流速增大及下游近岸流速的影响大于方案一
方案对比	两方案实施后，对熊家洲弯道及观音洲弯道的影响无明显区别，对七弓岭弯道的影响不同。方案二与方案一均改善了弯道进口段的航道条件，方案二维持初始地形的滩槽格局，但弯道心滩淤积长大，心滩尾部右汊倒套有所发展，这对航槽局部水流条件不利。方案二实施后，下游近岸流速增大明显高于方案一，对河势稳定不利。方案二实施后，丁坝及护滩带的局部冲刷坑大于方案一，不利于工程的稳定。方案一实施后，弯道出口段航槽有所左移，局部航槽弯曲半径减小。综合考虑，方案一优于方案二，凸岸潜丁坝上游航槽内有碍航浅包的问题应在系列年研究中进行进一步论证	

6.5.2　急弯河段滩槽控制方案效果分析

结合数学模型及动床模型典型年试验结果，对整治措施进一步优化，优化后的整治措施为：对熊家洲凸岸护滩带对侧已守护岸线进行护岸加固，以减小护滩带工程对工程区近岸流速的不利影响；对七号岭工程区心滩右汊和下游凹岸已守护岸线进行护岸加固，以稳定河势。优化后本期的工程方案包括尺八口水道的熊家洲弯道凸岸守护工程及凹岸护岸加固工程、七号岭弯道上段凸岸潜丁坝工程、七号岭疏浚工程、观音洲水道的下泥滩边滩守护工程、沙咀高滩守护工程，见图 6-5-6。

对提出的滩槽控制初步工程措施开展系列年效果动床试验。所选试验系列年为 2010～2014 年、1998 年、2011～2014 年，其中 1998 年为特大水年，2012 年、2014 年为蓄水后大水年，2011 年为小水年，其他年份为中水年。

1. 整治方案实施前后的防洪影响

熊城河段由熊家洲、七号岭、观音洲三个反向河湾组成，弯弯相连，水流宣泄不畅，在洪水期往往洲滩淹没，江水一片，对防洪及航运造成极大的不利影响。而江湖汇流段长江与洞庭湖出流于城陵矶附近交汇，两股水流之间夹角较大，相互顶冲、混杂，水流紊动进一步加剧，当两股水流流量均较大时，长江与洞庭湖出流相互顶托作用明显，而这又反过来影响上、下游的河势变化，进而对上、下游的防洪及航运产生不利影响。实测资料显示，洪水期宜昌至湖口河段同流量水位未有降低趋势，特别值得警惕的是，2016 年洪水低于堤防设计流量标准 10 000 m³/s，城陵矶水位已经接近堤防设计洪水位。初步分析认为，其主要原因是三峡水库长期降低标准在中小洪水和超汛限水位运行。河滩是平原河道行洪主体，滩地长期不过洪水会导致植被等（阻力）增加，全槽泄洪能力降低。可见，三峡水库蓄水后荆江河段特别是江湖汇流河段的防洪形势依然严峻。

为反映洪水期拟建工程对河道洪水位和流场的影响，选取了工程河段防洪设计洪水条件进行计算，防洪设计洪水根据《长江流域综合规划（2012～2030 年）》确定，长江中下游以 1954 年洪水为总体防御标准，相应的设计洪水位沙市为 45.00 m（冻结吴淞），莲花塘为 34.40 m（冻结吴淞），螺山为 34.01 m（冻结吴淞）。防洪设计洪水时计算河段流量根据 1954 年螺山站最大流量确定，出口水位根据堤防设计洪水位插值得到，监利流量为 43 000 m³/s，螺山流量为 65 000 m³/s，螺山水位为 32.02 m。

在防洪设计洪水条件下，工程后拟建的各航道整治工程的水位、流速变化见表 6-5-2、表 6-5-3。

表 6-5-2　熊城河段工程后局部水位变化最大值统计表　　（单位：cm）

工程	防洪设计条件	
	壅高最大	降低最大
熊家洲弯道凸岸护底工程	1.7	-4.1
七号岭弯道工程	2.6	-3.3
下泥滩边滩护滩工程	2.5	-2.0

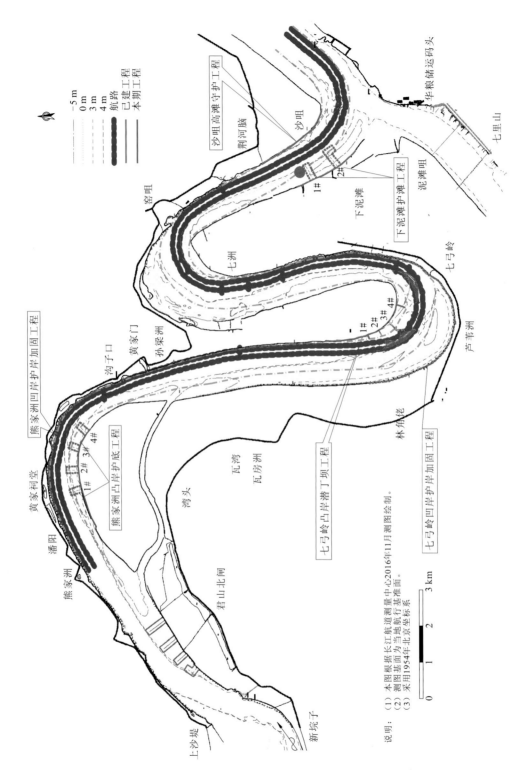

图 6-5-6　优化后典型急弯型急弯河段滩槽控制初步方案平面布置图

表 6-5-3　熊城河段工程后局部流速变化最大值统计表　　　　（单位：m/s）

工程	防洪设计洪水	
	增加最大	减小最大
熊家洲弯道凸岸护底工程	0.15	-0.18
七弓岭弯道工程	0.22	-0.32
下泥滩边滩护滩工程	0.18	-0.13

由表 6-5-2、表 6-5-3 可知，工程兴建后，对河道水位及流场的影响均不大，影响范围有限。因此，工程兴建后，不会对河道行洪及河势带来明显不利的影响。

选取典型洪水水文条件对江湖汇流段流场进行分析，计算工况见表 6-5-4，结果见图 6-5-7。由图 6-5-7 可知，大洪水条件下主流贴靠荆河脑凸岸边滩侧，荆河脑凸岸边滩有发生撇弯切滩的可能，从防洪角度来看，若发生切滩将减轻城陵矶附近江湖汇流处洞庭湖出流对长江的顶托作用，缓解下荆江的防洪压力，对防洪有利，但会使当前滩槽的整治措施难以发挥预期的作用。

表 6-5-4　计算工况表

工况编号	水文情况	监利流量/（m³/s）	七里山流量/（m³/s）	螺山水位/m
1	大洪水（1998 年 8 月 19 日，七里山水位有记录以来历史最高）	40 000	25 000	32.5
2	大洪水（1954 年 8 月 7 日，螺山流量有记录以来历史最大）	36 000	41 500	31.1

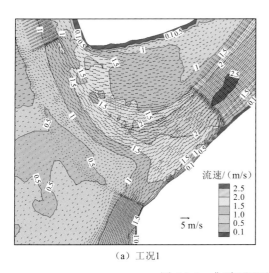
（a）工况1

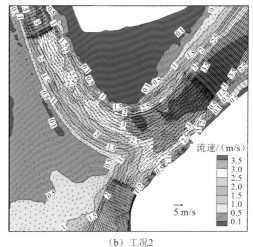
（b）工况2

图 6-5-7　典型工况下江湖汇流段流场分析

2. 整治方案实施前后的航道条件变化

与无工程相比，工程实施后本河段河势未发生大幅度的调整，滩体和河槽在不同水沙条件下表现为有冲有淤，现有的滩槽格局较为稳定。熊城河段滩槽格局变化不大，较好地抑制了熊家洲弯道的水流分散，多槽争流引起了航宽减小问题，4.5 m 航槽宽度达到 300 m 以上；一定程度上改善了七弓岭弯道的水流条件，抑制了七弓岭心滩枯水期的右汊分流，4.5 m 航槽贯通，弯道进口段弯曲半径明显改善；较好地改善了观音洲水道沙咀附近河槽中心落淤、束窄航宽问题，抑制了下泥滩边滩倒套的发展，4.5 m 航槽宽度增大到了 450 m 以上。

第 7 章

航道整治 BIM 技术

BIM 技术是一种应用于工程设计、建造和管理的数字化技术与工作方式，是实现工业化和信息化融合的重要技术手段，其以工程项目的各项相关数据信息为基础，建立可视化信息模型产品，实现信息共享和传递，各相关方据之作出正确的理解和高效的应对措施，协同工作，实现精细化建设目标。本章主要研究航道整治工程 BIM 技术。

7.1　BIM 技术应用软件

根据工程特点，围绕研究目标，在已有 BIM 技术成果的基础上，对 BIM 软件进行调研和初步筛选，提出适用于航道整治工程的应用 BIM 技术的软件平台和软件体系。平台及体系包括：选择欧特克 BIM 平台作为航道整治工程 BIM 技术研究的建模研究平台；航道整治建筑物模型的建立以 Autodesk Civil 3D 软件为基础开展；设计阶段 BIM 与地理信息系统（geographic information system，GIS）的集成展示和漫游等基本应用可采用 Autodesk Infraworks 软件；模型的集成及施工模拟分析可采用 Autodesk Navisworks 软件的相关技术；维护管理阶段为满足大场景和大模型数据的集成要求，选定 CityMaker 作为 BIM 与 GIS 环境集成的软件平台。

7.2　BIM 应用硬件和网络

随着互联网技术（internet technology，IT）的发展，从现有成熟的 IT 基础架构技术出发，结合未来 IT 领域的发展方向，BIM 应用硬件配置资源可参考以下三种方案。

第一，个人计算机终端运算、服务器集中存储的硬件配置。该硬件配置的总体思路是：在个人计算机终端中直接运行 BIM 软件，完成 BIM 的建模分析、计算工作；通过网络，将 BIM 集中存储在企业数据服务器中，实现基于 BIM 的数据共享与协同工作。该架构方式技术相对成熟，可控性较强，可以在企业现有的硬件资源组织及管理方式上部署，实现方式相对简单，可迅速进入 BIM 实施过程，是目前企业 BIM 应用过程中主流的硬件配置基础架构。

第二，虚拟化技术配置方案。该硬件配置的总体思想是，通过虚拟化产品在各种硬件上的部署，应用程序能够在虚拟的计算机元件上运行，脱离对硬件的直接依赖，从而实现硬件资源的重新分配与整合，以便更好、更高效地利用这些资源，最终达到简化管理、优化资源的目的。虚拟化已经从单纯的虚拟服务器成长为虚拟桌面、网络、存储等多种虚拟技术。

第三，基于企业私有云技术的配置方案。云技术的总体思想是，应用程序可通过网络从云端按需获取所要的计算资源及服务。对大型企业而言，这种方式能够充分整合原有的计算资源，降低企业新的硬件资源投入，节约资金，减少浪费。云计算技术是 IT 发展的前沿和方向，也是企业未来最重要的 IT 基础架构。

7.3　航道整治设计阶段 BIM 技术

7.3.1　建模技术

1. 三维场地模型的整编和应用

1）研究思路

通过调查航道整治工程测量数据的来源，分析测量数据的格式、内容、数据文件的读取效率、数据处理方法及 BIM 软件对数据的兼容性等，并深入研究三维场地模型的创建原则和创建方法。

2）整编方法

（1）多源测量数据的内容：多源测量数据的内容源自实地测量、三维激光扫描、摄影测量和遥感等，成果数据包括点数据文件、点云数据文件、数字线划图（digital line graph，DLG）图形文件、数字高程模型（digital elevation model，DEM)文件、FBX 模型文件，以及原始记录文件等。

（2）整编方法：三维场地模型整编，模型构建是首要工作，当前可采用传统建模法、点云数据法和倾斜摄影建模法。传统建模法是通过收集相关资料数据或实地采集测绘数据，获取建构筑物的物理信息、几何信息及材质信息等，综合利用建模软件构建三维模型。点云数据法是基于地面三维激光扫描仪获取实体表面的空间信息数据，生成可供建模软件使用的数据文件，之后将拍摄的建构筑物纹理数据进行映射，完成建构筑物三维模型的创建。倾斜摄影建模法通过在同一飞行平台上搭载多台传感器，同时从一个垂直、四个倾斜五个不同的角度采集影像，利用专业的倾斜建模软件进行处理，生成实景模型。

3）模型应用

三维场地模型可服务于虚拟踏勘、场地分析，可以用来评价景观规划、环境现状、施工配套及建成后各种影响因素，弥补传统的场地分析存在的诸如定量分析不足、主观因素过重、无法处理大量数据信息等弊端。

2. 三维地质模型整编和应用

1）研究思路

三维地质模型建模通常有以下两种方法：一是通过原始勘察的点数据源直接建模；二是利用二维线状成果构造地质层面，完成地质体建模。本书将综合现有两种建模方法，针对不同的地质条件，发挥各个方法的优势，便捷、高效地完成地质建模。

2）整编方法

（1）技术路线。

三维地质模型建模技术路线如图 7-3-1 所示。

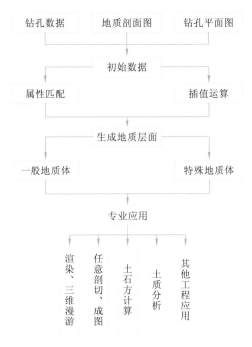

图 7-3-1　三维地质模型建模技术路线

（2）技术方法。

点钻建模法：点钻建模法以勘察测绘的原始点状数据为基础，将所有地质信息叠加到上一个 BIM 三维模型上，形成地质体三维模型。

剖切建模法：剖切建模法基于平纵横断面，完成地质层面创建，根据地质层面的空间分布，结合模型边界范围与封底高程，完成三维地质模型的建立。

特殊地质体建模：溶洞建模时，根据勘探成果首先完成断面设计，且不同位置断面的几何形态不同，再确定洞轴线的空间分布，溶洞模型就是不同断面沿轴线的空间扫略。完成几何建模后，按溶洞的实际充填情况和物质种类进行溶洞充填。简单透镜体可在空间按近似椭圆盘建模，复杂透镜体建模与溶洞类似，先确定断面形态，后在空间扫略。

地质信息数字化：三维地质模型与地质信息数据的关联可通过将地质信息直接附加到模型的属性中或者关联地质信息数据库两种方式来实现。

3）模型应用

三维地质模型的应用如下：①任意剖切、成图；②材质渲染、三维漫游；③土石方计算、土质分析等。

3. 整治建筑物建模技术

1）解决思路

利用 Autodesk Civil 3D 对整治建筑物（护岸、护滩、护底、筑坝等）进行总体建模，辅以 Autodesk Revit 对某些特定构件进行精细建模（透水框架、鱼巢砖等）。针对航道整治工程设计定制专业化软件模板，建立参数化的装配部件库和族库，在设计地形更新或者设计方案变更时可以较快速地更新整治建筑物模型。

2）技术方法

本次主要研究三维地形模型、护滩和护底模型、坝体结构模型、护岸模型等建模技术方法。

（1）三维地形模型。收集数据：收集有效的地形资料，包括不同时期航道区域与周边的地形图等地形资料、地貌资料。数据文件最好是电子版的，方便数据的提取和后期应用。数据分析：查看数据文件的格式和内容，确认测量时间、测图坐标系和高程基准面，分析数据类型和可利用内容，采取相应的软件工具提取数据或对数据进行格式转换。实现方法：利用 Autodesk Civil 3D 的创建三维曲面功能实现三维地形模型的创建。

（2）护滩和护底模型。护滩和护底主要包括土工织物排体和排边抛石或排上抛石。排体模型：软排体模型可采用三维曲面或三维实体对象来表达，建模过程中需根据实际需求灵活应用这两种方式。排边抛石模型：排边抛石用三维实体表示，模型可采取 Autodesk Civil 3D 软件中创建道路模型的方式或放坡曲面、生成实体的方式进行创建。

（3）坝体结构模型。坝体结构通常包括坝头、坝身、坝根等几个部分。模型创建过程中，对坝头、坝身、坝根分别进行创建。坝头和坝根模型可采用两个曲面围成实体的方法创建；坝身模型可通过 Autodesk Civil 3D 软件中创建道路的方式进行建立。

（4）护岸模型。护岸通常采用斜坡式结构，主要包括护底、水下护坡及护脚和水上护坡等。护岸模型的创建可参照坝身模型的创建方法。为适应不同的地形坡度，可采用部件编辑器创建适应曲面的参数。

（5）模型更新。当设计方案调整、设计参数修改、地形数据更新时，均需对 BIM 进行更新维护。模型是参数化的，在模型创建过程中发生修改，只需要将目标参数进行修改和更新，模型更新往往通过修改模型参数或替换其中的关联对象来完成。

3）模型应用

（1）曲面分析：通过曲面分析功能，进行高程分析、坡度分析、方向分析，利用三维地形模型快速绘制并比较地形纵断面、横断面，以此分析河道地形走势、深泓位置、边滩和浅点的分布情况。

（2）工程量统计：通过二次开发的工程量统计插件，选择目标图层或对象后，可以快捷、高效、准确地统计并显示航道整治建筑物 BIM 的实体体积和曲面面积，如抛石体积、坝体体积、软体排面积等。

（3）图纸生成：利用 BIM 可以方便地生成三维轴视图、平面布置图、纵断面图、横断面图、明细表等，利用模型对象标签快速、准确地将设计信息体现到图纸上，并实现了标注内容的自动更新。

7.3.2　模型分类与编码

工程编码为工程项目数据收集和整理提供了标准化手段，为项目使用准确的、有价值的信息提供了保证。

1. 模型分类对象及方法

航道整治建筑物包括丁坝（齿坝）、顺坝、锁坝、鱼嘴、护岸和护滩等，相应的航道整治建筑物信息模型分类对象应包括航道整治工程中的资源、过程及成果。资源、过程及成果可按照"航道整治建筑物信息模型分类表"进行分类，见表 7-3-1。航道整治建筑物工程建设项目阶段见表 7-3-2。

表 7-3-1　航道整治建筑物信息模型分类表

序号	分类名称	编制说明	分类对象
1	元素	引用《建筑工程设计信息模型分类和编码标准》（以下简称国家标准）表 14	
2	工作成果	引用国家标准表 15	成果
3	整治建筑物工程元素	引用《水运工程信息模型应用统一标准》（以下简称行业标准）表 A.0.6	
4	整治建筑物工程建设项目阶段	在国家标准的基础上扩充航道整治建筑物的工程内容	过程
5	行为	引用国家标准表 21	
6	建筑产品	引用国家标准表 30	
7	工具	引用国家标准表 32	
8	信息	引用国家标准表 33	资源
9	材料	引用国家标准表 40	
10	属性	引用国家标准表 41	

表 7-3-2　航道整治建筑物工程建设项目阶段

编码	阶段
01	规划
02	预可行性研究
03	工程可行性研究
04	初步设计
05	施工图设计
06	投标
07	项目建议书
08	咨询
09	方案设计

编码	阶段
10	施工
11	深化设计
12	验收
13	运维
14	改造或拆除
15	施工预算

2. 编码及扩展规则

1）编码规则

整治建筑物模型编码应符合行业标准的有关规定，整治建筑物模型中信息的分类结构应符合行业标准表 6.2.2 的规定，信息的分类表名称及代码应符合行业标准表 6.2.2 的规定，分类表对象的层级划分应符合行业标准附录 A 的规定。模型中信息的分类编码应由分类表代码和分类对象编码组成，两者之间应用"-"来连接。分类表代码和单个分类表内分类对象的各层级代码应采用两位数字表示。分类对象编码应由四个层级代码组成，相邻代码之间应用"."来间隔。分类对象编码位数不足八位时应用"00"来补齐。新增分类表代码应在既有表的数字代码上递增，新增分类对象的层级代码应在已有同层级的数字代码上递增。

2）编码扩展规则

编码的扩展可按照以下规定执行：信息模型的分类方法和编码原则应符合《信息分类和编码的基本原则与方法》（GB/T 7027—2002）的规定；信息模型分类应符合科学性、系统性、可扩延性、兼容性、综合实用性原则；增加类目和编码时，应保持已设置的类目和编码不变。

3）编码应用方法

整治建筑物模型编码应用应符合行业标准 6.4 节的有关规定。

7.3.3　协同设计

1. 协同设计基本约定

1）项目文档管理

项目实施过程中所产生的文件可分为三大类：依据文件、过程文件、成果文件。其中：依据文件包括设计条件、变更指令、政府批文、国家地方法律、规范、标准、合同等；过程文件包含会议纪要、工程联系函等；成果文件包含 BIM 文件及 BIM 应用成果文件。

2）模型命名管理

（1）项目文件命名：项目文件命名主要考虑文件名的长度和操作性，按照项目实施阶段对文件命名，且应该进行字符限制。项目名称一般包含工程名称、项目阶段（如方案设计、初步设计、施工图设计等）等信息。

（2）模型命名：模型命名需要将不同的模型对象区分开，具有明确的物理含义，便于后期的查找和修改。模型名称一般包含位置名称、构件类别、构件名称、构件尺寸、构件编号等。模型构件命名原则见表 7-3-3。

表 7-3-3　模型构件命名原则表

对象	分类	命名原则	举例
地形	原始地形	分类名-测量时间	原始地形-20091028
	工程测量地形	分类名-测量时间	测量地形-20100415
	设计地形	分类名-编号	疏浚后设计地形-01
软体排	散抛压载软体排 沙被软体排 系结混凝土块软体排 混凝土联锁块软体排 D 型联锁软体排	位置名-分类名-厚度-编号	天然洲左缘护岸-D 型排-160-001
	排边抛石 排上抛石	排名称-分类名-编号	D 型排 001-排上抛石-01
筑坝结构	顺坝、丁坝等	坝名称-编号	顺坝-01 丁坝-05
	坝头、坝身 坝根、护脚	坝名称-构件类名-编号	顺坝-01-护脚-02
护岸	斜坡式护岸 直立式护岸	位置名-分类名-编号	天然洲左缘-斜坡式护岸-01
	护底、水下护坡、护脚、枯水 平台、反滤层、护面、护肩	护岸名称-构件类名	左缘护岸 01-盲沟
	盲沟、截流沟	护岸名称-构件类名-编号	左缘护岸 01-盲沟-10

（3）模型材质命名：材质的命名分类清晰，便于查找，名称应由材质"类别"和"名称"的实际名称组成，如现浇混凝土 C30、块石 200～300 kg。

3）模型拆分管理

按照功能进行模型构件拆分，拆分层次为单位工程、分部工程、分项工程。构件拆分要求方便建模和统计工程量。航道整治分部工程和分项工程划分见表 7-3-4。

表 7-3-4　航道整治分部工程和分项工程划分

序号	分部工程	分项工程
1	基础	基槽开挖、抛石挤淤、填砂挤淤、现浇混凝土基础、浆砌石基础、砂石垫层、土工织物垫层、换砂基础、抛石基础、袋装砂井、塑料排水板、水下基床抛石、水下基床整平等
2	护底	基槽开挖、散抛石压载软体排护底、系结压载软体排护底、散抛物护底、砂石垫层、土工织物垫层等
3	坝体	混凝土预制构件制作、混凝土预制构件安装、充填袋坝体、块石抛筑坝体、石笼抛筑坝体等
4	坝面	土工织物垫层、抛石护面、铺石护面、砌石护面、干砌条石护面、预制混凝土铺砌块铺砌、现浇混凝土铺面、模袋混凝土护面、钢丝网格护面、混凝土块体制作、混凝土块体安装、预制混凝土铺砌块制作、铰链排制作与铺设等
5	护脚	水下抛充填袋护脚、水下抛石护脚、水下抛石笼护脚、抛石面层等
6	护坡	岸坡开挖、土石方回填、削坡及整平、基槽开挖、砂石垫层、土工织物垫层、砂石倒滤层、土工织物倒滤层、盲沟、明沟、抛石护面、铺石面层、砌石护面、干砌条石护面、模袋混凝土护面、现浇混凝土铺面、预制混凝土铺砌块制作、预制混凝土铺砌块铺砌、混凝土块体制作、混凝土块体护面、钢丝网格护面、砌石网格、砌石齿墙等
7	岸壁	岸坡开挖、基槽开挖、砂石垫层、土工织物垫层、砂石倒滤层、土工织物倒滤层、土石方回填、现浇混凝土挡土墙、加筋土挡墙、砌石挡墙等
8	护滩	铺石压载软体排、系结压载软体排护滩、铰链排制作与铺设等
9	爆破及清渣	陆上爆破及开挖、水下爆破、清渣等
10	弃渣	弃渣
11	附属工程	基槽开挖、现浇混凝土基础、浆砌石基础、灯柱制作与安装、栏杆制作与安装、踏步等

4）单位和坐标设置

在航道整治工程协同设计中，高程基准面、坐标系和单位应统一，原则上采用相同的模板文件及配置准则，项目文件的参照基点应保持在同一个位置。为了绘图和建模方便，也可以在设计过程中创建用户坐标系。

2. 协同设计工作要求

设计单位应建立支持信息模型数据共享、协同工作的环境和条件，并结合相关方职责确定权限控制、版本控制及一致性控制机制。前一个设计阶段的模型信息能够有效传递到下一个设计阶段，并保障具有完善的数据存储和维护机制。

模型文件应包含以下要求：①模型文件宜采用相同格式或兼容格式；②定义统一的通用坐标系和高程基准面；③根据项目整体进度、范围和深度要求，确定模型的深度和范围；④确定使用的软件及软件之间数据互用性的解决方案；⑤确定接收模型信息和发布模型信息的格式及版本；⑥模型数据的责任人；⑦图纸和模型数据一致性审核和管理流程。

3. 协同设计工作方式

协同设计工作方式包括模型协同、数据协同和文件协同三种方式。基于 Autodesk Civil 3D 平台，常用的协同方式有文件链接方式、文件集成方式。

1）文件链接方式

文件链接方式也称外部参照，可根据需要随时加载模型文件，各设计人员之间的设计相对独立。对于大型模型或者模型比较分散的项目，在协同工作时，其性能表现较好，但数据相对分散，协作的时效性稍差一些。

2）文件集成方式

文件集成方式是将不同的设计模型整合到同一个设计文件中。由于集成平台强大的数据接口，支持多种软件格式的设计数据，基础数据和模型可采用不同的软件来创建，形成统一集成的项目模型。

4. 数据交换接口

基于欧特克 BIM 方案，航道整治工程设计阶段 BIM 技术的应用主要涉及 Autodesk Civil 3D、Autodesk Subassembly Composer、Autodesk Revit、Autodesk Navisworks、Autodesk Infraworks 等软件的集成应用。BIM 技术涉及多专业、多领域的应用，单一软件难以满足所有的应用需求，需多种软件工具相互配合才能实现，因此不同平台之间的数据交换，主要以平台认可的数据格式进行。

5. 协同设计工作内容

设计阶段协同工作内容主要包括：①项目各单体模型的集成，协调其平面、高程位置及相互关系；②检查构件连接关系的正确性；③完成信息模型设计质量管控流程工作。

6. 协同设计流程

协同设计流程：①测量专业根据测量资料建立工程原始地面模型，包括历年河道地形模型、工程测量地形模型等。②勘察专业根据勘探资料建立工程区三维地质模型。③水文航道专业将地面模型作为有效辅助手段，进行河道地形演变分析，包括历年河道深泓线比较、纵断面和横断面绘制比较分析、高程（深泓、岸滩、浅点等）比较分析、冲淤演变分析等。④综合考虑后确定整治方案，并进行整治建筑物布置；结合水文、地质、地形等条件，确定合理的建筑物结构形式。⑤利用 BIM 软件建立三维地面模型、整治建筑物模型、航标模型等。⑥BIM 的集成和协调。⑦利用设计模型的数据并结合其他资料建立水流数学模型，开展数值模拟分析和物理模型试验。⑧根据整治方案优化的结论，对 BIM 进行调整。⑨模型检查和优化。⑩利用 BIM 数据辅助人工干预手段，绘制工程图纸。⑪利用模型统计工程量。

7.3.4　技术交底仿真技术

1. 技术交底形式

1）模型交底

模型交底是将三维信息模型交付给施工单位，利用三维模型表达设计信息。可通过放大、缩小、旋转、移动、动态观察、属性查询、测量、剖切、多视图、视点等多种手段展示模型和表达设计信息。

2）视频动画交底

视频动画交底是将设计成果中的施工方案、施工过程、施工进度等以仿真模拟动画的形式展示出来，让施工人员更清晰地掌握。

3）虚拟现实技术交底

利用虚拟现实（virtual reality，VR）技术在虚拟现实系统中自由行走、任意观看，通过冲击力强、身临其境的真实感受，施工单位技术人员可以直观、真实地感受项目实施后的实际情况，有助于精确地掌握各个部位的细节。

2. 技术交底实施方法

（1）模型三维可视化技术：将设计模型集成到 Autodesk Navisworks 软件平台，发布 NWD 格式文件，利用 Autodesk Navisworks 软件强大的辅助工具方便地进行模型设计信息的展示、查询。

（2）施工模拟动画技术：利用 Autodesk Navisworks、3Dmax 等软件对 BIM 或模型构件进行加工，根据设计方案展开仿真模拟，形象化展示施工过程，并将结果输出为视频格式，方便交底工作。

（3）VR 技术：采用 FUZOR 软件将 BIM 制作成可以支持 VR 眼镜的虚拟模型，也可以将项目周边环境制作为全景图。

7.3.5　模型检查

（1）模型完整性检查：检查 BIM 中所应包含的模型、构件等内容是否完整，BIM 所包含的内容且深度是否符合交付等级要求。

（2）建模规范性检查：检查 BIM 的建模方法是否合理，模型构件及参数间的关联性是否正确，模型构件间的空间关系是否正确，属性信息是否完整，交付格式及版本是否正确等。

（3）设计指标、规范检查：检查 BIM 中的具体设计内容、设计参数是否符合项目设计要求，是否符合国家和行业主管部门的有关规范与条例，如 BIM 及构件的几何尺寸、空间位置、类型规格等是否符合规范要求。

（4）模型协调性检查：检查 BIM 及构件是否具有良好的协调关系，特别是过渡衔接段的坡度、高程、尺寸是否合理，模型构件高程与地形高程的衔接是否合理等（表 7-3-5）。

表 7-3-5　BIM 检查

模型对象	核查内容
顺坝、丁坝等筑坝模型	（1）原有坝体、新建坝体、加固坝体； （2）模型命名、定位控制坐标、几何尺寸、面积或体积、物理属性、分层结构、护脚、不同断面的衔接段、坝体不同标高段的过渡、坝体端头细部构造、护面、施工方法
护底、固滩模型	（1）软体排、排边抛石、排上抛石； （2）模型命名、软体排分块、软体排的纵向与横向搭接、软体排控制坐标、几何尺寸、排面积、物理属性等； （3）排边抛石的长度、断面尺寸、控制尺寸、抛石规格等； （4）排上抛石的几何尺寸、面积、厚度、控制尺寸、抛石规格等； （5）施工方法等
护岸模型	（1）原有护岸、新建护岸、加固护岸； （2）模型命名、控制坐标、平面尺寸、断面结构、断面尺寸、材料体积和类型、新老护岸衔接等； （3）倒滤层的面积或体积，截流沟长度、断面尺寸、材料属性和体积，盲沟和明沟的长度、截面尺寸、构造等

7.3.6　BIM 设计成果

1. 成果要求

成果要求：①保证交付物的完整性和准确性；②保证交付物符合相应阶段的建模深度；③保证交付物符合设计要求，满足国家现行规范和制图标准；④BIM 信息需与设计成果中其他位置的对应描述一致。

2. 成果内容

BIM 设计成果包括 BIM 过程模型、BIM 构件模型、总体集成模型、模型视图、说明文档、应用分析报告、仿真模拟动画等。

3. 成果格式

BIM 交付物文件应满足一定的软件版本和格式，方便后期的统一管理（表 7-3-6）。

表 7-3-6　**BIM 设计成果**

分类		内容	格式要求
BIM	过程模型	历年河道地形模型 工程测量地形 开挖与回填模型	*.dwg、*.xml
		坝体或护岸断面部件	*.pkt
	构件模型	整治建筑物、护岸、航标等	*.dwg
	总体集成模型	工程与周边环境的信息集成	*.nwd、*.nwf
	模型视图	总体视图、建构筑物视图、变高位置视图、过渡段视图、交叉衔接段视图及其他重点关注区域视图等	—
	施工交底技术模型	用于展示设计方案的轻量化模型	*.nwd、*.dwf
工程图纸		满足不同设计阶段的需求，符合现行规范和规章制度的要求	*.dwg、*.pdf
说明文档		工程可行性研究报告、初步设计报告、施工图设计说明书等	*.doc、*.docx
应用分析报告		场地分析、碰撞、检查分析、工程量计算报告、虚拟仿真分析报告等	*.doc、*.ppt
仿真模拟动画		三维漫游动画、施工进度展示动画、专项施工方案动画等	*.avi、*.mp4 等

7.4　航道整治施工阶段 BIM 技术

7.4.1　BIM 深化处理技术

1. 模型深化处理目的

模型深化处理的目的是提升模型的准确性和可操作性，使 BIM 符合施工深化设计要求，模型信息能够满足施工管控阶段的应用需求。

2. 模型深化建模技术

模型深化建模技术主要包括制定部件命名规则、软体排和抛石网格模型创建、深化成果规定等。软体排可采取"创建曲面—赋予高程—添加边界—模型命名"方式进行拆分。曲面一般用三角网曲面表示，软排体曲面的高程可通过粘贴原地形曲面实现，软体排曲面外边界通过添加矩形线框实现。模型属性定义可通过定义并附加特性集完成。通常航道整治工程中护底、护滩软体排的数量大，可通过删除曲面边界外部的数据来降低文件大小。

为了精细化地管理抛石船的施工工程量，需要对抛石护底和抛石筑坝等模型进行拆分，计算抛石网格工程量。可根据抛石网格平面图，通过 Slice 命令实现三维实体平面或曲面的拆分。深化设计的成果包括深化设计模型、设计说明、布置图和节点图等；深化设计的 BIM 软件除了需要具备模型输入、模型输出、模型浏览、信息处理等基本功能外，还需要具备工程量统计、深化设计图生成等功能。

3. 模型基本要求

（1）项目施工模型的元素和模型细度应满足深化设计、施工过程和竣工验收等各项任务的应用需求。

（2）模型可采用集成方式统一创建，也可采用分工协作方式按任务分别创建。项目施工模型应采用统一的坐标系、原点、度量单位。

（3）在模型转换和传递过程中，应保证完整性，不应发生信息丢失或失真。

（4）模型元素信息宜包括：尺寸、定位等几何信息，名称、材料和材质、材料供应商、材料功能或物理指标参数，以及安装或应用部位、施工工艺等施工信息。

（5）模型元素应具有统一的分类、编码和命名。模型元素信息命名和格式应统一。

（6）若发生设计变更，应相应修改施工模型的相关模型元素及关联信息，并记录工程及模型的变更信息。

4. BIM 施工深化流程

（1）收集资料，并保证资料的准确性。资料主要包含施工图设计 BIM、地形和地质资料、施工图设计的图纸和说明文档、工程量清单、现场条件和施工设备、施工组织计划及与施工过程管控有关的技术资料等。

（2）结合应用需求，分析 BIM 需要施工深化的内容。施工单位依据设计单位提供的施工图设计图纸和 BIM，结合施工特点和现场情况，检查模型内容、名称、几何尺寸、物理属性、施工属性等，确定 BIM 需要深化的内容（表 7-4-1）。

表 7-4-1 BIM 深化内容

模型对象	核查内容
顺坝、丁坝等筑坝模型	（1）原有坝体、新建坝体、加固坝体； （2）模型命名、定位控制坐标、几何尺寸、面积或体积、物理属性、分层结构、护脚、不同断面的衔接段、坝体不同标高段的过渡、坝体端头细部构造、护面、施工方法
护底、固滩模型	（1）软体排、排边抛石、排上抛石； （2）模型命名、软体排分块、软体排的纵向与横向搭接、软体排控制坐标、几何尺寸、排面积、物理属性等； （3）排边抛石的长度、断面尺寸、控制尺寸、抛石规格等； （4）排上抛石的平面尺寸、厚度、体积、抛石规格等； （5）施工方法等

续表

模型对象	核查内容
护岸模型	（1）原有护岸、新建护岸、加固护岸； （2）模型命名、控制坐标、平面尺寸、断面结构、断面尺寸、材料体积和类型、新老护岸衔接等； （3）倒滤层的面积或体积，截流沟长度、断面尺寸、材料属性和体积，盲沟和明沟的长度、截面尺寸、构造等

（3）施工模型深化。施工模型深化宜在施工图设计模型或深化设计模型的基础上增加或细化模型元素，根据工作分解结构（work breakdown structure，WBS）和施工方法对模型元素进行必要的拆分处理，并在施工过程中对模型及模型元素动态附加或关联施工信息。

（4）工程技术人员对施工模型的合理性、可行性进行甄别，并进行相应的调整优化。

（5）通过建设单位、设计单位、相关顾问单位的审核确认后，方可将施工深化模型用于施工管控阶段 BIM 技术的应用。

5. 施工模型要求

（1）施工模型应满足项目各相关方有关业务的应用需求，支持工程项目各相关方获取、更新、管理信息。

（2）首先施工模型宜采用开放或兼容数据交换格式，便于各施工模型的集成。

（3）共享模型元素应能被唯一识别，方便各相关方能够快速检索和应用模型。

（4）各相关方之间模型信息共享和互用协议应符合有关标准的规定。

（5）模型信息共享前，应进行正确性、协调性和一致性检查。

7.4.2 进度计划和进度管控 BIM 技术

1. 施工进度管控 BIM 技术

基于 BIM 技术的虚拟施工，通过三维可视化可随时查看任一时段的施工过程和施工结果，在分析进度偏差原因的基础上，提前采取适当的进度管理措施，不断调整、修改计划直至工程竣工交付使用，以此减少返工成本，降低风险，增强管理者对施工过程的控制能力。通过对进度影响因素实施控制措施并对各种关系进行协调，在兼顾成本、质量控制目标的同时，综合运用可行的方法、措施，将项目计划工期控制在预先确定的目标工期范围之内。

2. 进度计划编制 BIM 技术

1）应用内容

采用 BIM 技术对进度计划方案进行仿真模拟，可预先判断计划的结果，为进度计划编制和优化提供技术支撑。在计划编制、与进度相对应的工程量计算、资源配置、进度计划优化、进度计划审查、进度可视化展示等方面均可用 BIM 技术。

2）应用流程

应用流程：①收集资料，并保证数据的准确性；②制订初步施工进度计划；③将深化模型与 WBS 分解对应；④深化模型关联计划进度信息；⑤进度模拟优化。

3）应用成果

应用成果：①施工进度管理 BIM；②施工进度计划审批表。

3．进度管控 BIM 技术

1）应用内容

进度管控 BIM 技术应用主要包括以下几个方面：实际进度和计划进度跟踪对比分析、进度预警、进度偏差分析、进度计划调整。

2）应用流程

在进度计划编制模型的基础上，根据项目管控需要，按月、周或天等时间段将实际进度信息关联到模型上，对比项目实际进度与计划进度，输出项目的进度时差。

制定预警规则，明确预警提前工程量和预警节点，根据进度信息和对应规则生成项目进度预警信息。

在项目进度分析结果和预警信息的基础上，分析并指出项目中存在的潜在问题，对进度偏差进行调整并更新后续进度计划，实现进度管控的最终目的，相应更新进度管理模型，并生成施工进度控制报告。

3）应用成果

应用成果：①施工进度管理 BIM；②施工进度控制报告。

7.4.3 预算和成本管控 BIM 技术

基于 BIM 的造价管理方式是完全基于 BIM 的理念，将造价与模型结合，在造价文件中提供最直观、最形象的可视化建筑模型，实现算量软件与造价软件的无缝连接，图形变化与造价变化的同步，充分利用建筑模型进行造价管理。可框图出价，通过条件统计和区域选择即可生成阶段性工程造价文件，便于进度款的支付统计。

1．施工图预算 BIM 技术

1）应用内容

施工图预算中的工程量清单项目确定、工程量计算、分部分项计价、总价计算等工作宜应用 BIM 技术。

2）应用流程

应用流程：①创建施工图预算模型；②确定工程量清单项目和工程量；③单项计价；④综合计价。

3）应用成果

应用成果：①施工图预算 BIM；②工程量清单。

2. 施工成本管控 BIM 技术

1）应用内容

成本管控 BIM 技术的应用主要体现在成本计划制订、进度信息集成、合同预算成本计算、三算对比、成本核算、成本分析等。

2）应用流程

应用流程：①确定成本计划；②创建成本管理模型；③集成进度信息；④三算对比。

3）应用成果

应用成果：①成本管控 BIM；②施工成本控制报告。

7.4.4　施工质量管控 BIM 技术

1）应用内容

施工质量管理中的质量验收计划确定、质量验收、质量问题处理、质量问题分析等可采用 BIM 技术。

2）应用流程

应用流程：①收集数据，并确保数据的准确性；②创建施工质量管理模型；③开展现场施工技术交底；④质量问题与模型关联。

3）应用成果

应用成果：①施工质量管理模型；②检验批质量检验记录表；③施工质量分析报告。

7.4.5　施工安全管控 BIM 技术

1）应用内容

施工安全管理中的安全技术措施制订、实施方案策划、实施过程监控及动态管理、安全隐患分析及事故处理等宜用 BIM 技术。

2）应用流程

应用流程：①收集数据，并确保数据的准确性；②创建施工安全管理模型；③开展现场安全技术交底；④安全问题与模型关联。

3）应用成果

应用成果：①安全管理模型；②安全检验记录表；③安全分析报告。

7.4.6　竣工模型整编 BIM 技术

1）应用内容

竣工验收和竣工交付阶段可采用 BIM 技术，将验收资料与 BIM 关联，形成完整的工程资料及方便检索的三维信息模型。竣工模型需要与工程完工的实际状况一致，宜基于施工过程模型来形成，并附加或关联相关验收资料及信息。竣工模型信息见表 7-4-2。

表 7-4-2　竣工模型信息表

序号	模型元素类型	模型信息
1	施工过程模型的元素类型	施工过程模型元素及信息
2	竣工验收信息	勘察单位勘察文件及实施情况检查报告； 设计单位设计文件及实施情况检查报告，包括项目设计管理组织及主要技术人员的配备情况、质量管理体系、设计管理措施、设计变更、设计交底和现场服务等； 施工单位工程竣工报告，包括项目管理机构及主要技术人员、设备的配备情况，安全、质量管理体系，施工管理措施、施工工艺、施工组织、工程质量控制、安全生产与文明施工等； 监理单位工程竣工质量评估报告，包括监理范围、监理内容及合同履行情况、监理组织、监理工作、监理效果等； 工程质量竣工验收意见书或单位工程质量竣工验收记录； 竣工验收存在问题整改通知书； 竣工验收存在问题整改验收意见书； 工程验收通知及重新组织竣工验收通知书； 单位工程质量控制资料核查记录； 单位工程安全和功能检验资料核查及主要功能抽查记录； 工程质量保修合同； 建设工程竣工验收报告；竣工图

2）应用流程

应用流程：①施工单位在施工过程模型基础上进行模型的补充和完善；②预验收合格后应将工程预验收形成的验收资料与模型进行关联；③竣工验收合格后应将竣工验收资料与模型进行关联，形成竣工验收模型。

3）应用成果

应用成果：①竣工模型；②竣工验收资料。

7.5　航道整治工程 BIM 与 GIS 集成技术

航道整治工程覆盖范围广，地形数据量大，BIM 平台难以承载多个项目的 BIM 信息，而 GIS 平台又难以表达工程详细、丰富的工程信息。对长江干线航道整治工程采用 BIM 与 GIS 的集成技术，可实现基于 GIS 的全线宏观管理、基于 BIM 的精细管理相结合的多层次管理。

7.5.1　BIM 与 GIS 集成分析

1. BIM 与 GIS 应用分析

BIM 技术是一种应用于工程设计、建造和管理的数字化技术与工作方式，是实现工业化和信息化融合的重要技术手段。GIS 是随着地理科学、计算机技术、遥感技术和信息科学的发展而发展起来的一门学科。GIS 主要应用于宏观区域，BIM 则主要应用于微观单体，BIM 与 GIS 集成应用，可通过数据集成、系统集成或应用集成来实现。BIM 与 GIS 集成应用，可提高长线工程和大规模区域性工程的管理能力。对长江干线航道整治工程项目采用 BIM 与 GIS 的集成技术，将大场景和大模型数据进行集成，可实现基于 GIS 的全线宏观管理、基于 BIM 的精细管理相结合的多层次管理。

2. GIS 平台选择

GIS 平台选择需要经过需求分析、市场调查、功能分析、初步筛选、分析评估、功能测试、试点应用、大规模推广等基本步骤。对 GIS 平台的选择需要关注软件功能、性能、二次开发扩展能力和技术支持等，需要特别重视对 BIM 的兼容能力，包括模型数据格式、模型材质、大模型读取时的稳定性和流畅性、模型属性的完整性、模型的可操作性等。

3. 数据特征与交换标准

1）BIM 数据特征

BIM 具有基于三维几何模型、以面向对象方式表示建筑构件、建筑构件包括可描述其行为的数据、数据一致且无冗余、模型视图协调一致等特征。BIM 数据特点是：三维参数化模型带有完整的属性信息，信息量丰富，数据量庞大。

BIM 数据大部分以文件形式存储，模型属性信息在文件内，单个文件较大，数据的存储和转换成为最大的影响因素。

2）GIS 数据特征

GIS 数据的基本特征是，对地理空间数据和属性数据的表达、组织与管理。地理空间数据表现了地理空间实体的位置、大小、形状、方向及几何拓扑关系；属性数据则表现了实体的空间和时间特征以外的其他属性特征，属性数据主要是对空间数据的说明。

GIS 数据结构通常包括矢量数据结构、格栅数据结构及矢栅一体化数据结构，主要提供空间与非空间数据的存储、查询检索、修改和更新功能。在 GIS 数据存储与管理中，关键是确定空间数据库与属性数据库的结构、空间与属性数据的连接。GIS 地理空间数据表征为矢量数据和格栅数据。矢量数据模型用 X、Y 坐标表示点要素，格栅数据模型用格网中的像元表示点要素。

3）GIS 数据交换标准

开放式地理信息系统协会（Open GIS Consortium，OGC）为实现地理空间数据的互操作，数据交换和服务互操作、标记语言（keyhole markup language，KML）、Web 要素服务（WFS）、仓库管理系统（WMS），以及用以交换的城市 3D 模型标准（CityGML）等方面指定公开的接口标准，并形成了规范。不同的厂商、各种 GIS 产品都可以按照这些标准定义开放服务接口、空间数据存储编码、空间操作方法等。CityGML 基于 XML

来实现虚拟三维城市模型的数据存储与交换,应用五个多细节层次(level of detail,LOD)对建筑物、建筑物部件及建筑物附属设施由简到繁地表达,支持五种 LOD 模型。

7.5.2 BIM 与 GIS 集成原理与方法

1. 集成原理

根据集成方式的不同,BIM 与 GIS 集成可分为在 BIM 应用中集成 GIS、在 GIS 应用中集成 BIM、BIM 与 GIS 的深度集成等。在 BIM 应用中集成 GIS 是通过数据集成方法将 GIS 数据集成到 BIM 中,或采用系统集成方法将 GIS 应用模块或插件集成到 BIM系统中。在 GIS 应用中集成 BIM 是通过数据集成方法将 BIM 数据集成到 GIS 中,实现 BIM 数据的 GIS 表现,或者采用系统集成方法将 BIM 应用模块或插件集成到 GIS系统中。BIM 与 GIS 的深度集成是采用第二种(在 GIS 应用中集成 BIM)或自定义的模型架构实现 BIM 与 GIS 的集成,如采用语义网等方式,建立涵盖 BIM 和 GIS 的新信息模型,同时建立相应的映射关系。

2. 集成技术路线

1)数据集成方法

目前,主流的 BIM 与 GIS 数据集成方式分为以下三类。

(1)GIS 数据集成到 BIM 一般采用扩展 BIM(如建筑结构的工业基础类 IFC 框架)的方式,使之支持 GIS 的显示拓扑表达、多层次模型等特性,实现 GIS 数据与 BIM 数据的集成。

(2)将 BIM 数据集成至 GIS 是建立 BIM 类与 GIS 类的映射关系,对于 GIS 不包含的 IFC 类型、属性和规则,扩展 GIS 的相关类型,实现 BIM 与 GIS 数据的集成。这种集成方式通常服务于微观应用。

(3)采用自定义模型架构集成 BIM 与 GIS 信息是采用语义网等方式,建立涵盖 BIM和 GIS 全部信息的新信息模型,同时建立相应的映射关系,实现 BIM 与 GIS 信息的集成。这种方式由于采用自定义模型架构,数据互用性不佳。

2)系统集成方法

系统集成是指在软件系统层面上实现集成,底层的 BIM 与 GIS 数据仍分开存储。系统集成主要分为四类:①基于数据库的系统集成;②基于网络服务的系统集成;③基于数据接口的系统集成;④基于中性文件的系统集成。

3)应用集成方法

应用集成更多体现在整体应用流程上,是最松散的 BIM 与 GIS 集成策略,集成优势与前两种集成方式相比不明显,但成本最低。BIM 与 GIS 的集成原理和方法见表 7-5-1。

表 7-5-1　BIM 与 GIS 的集成原理和方法

系统内容	数据集成	系统集成	应用集成
BIM 集成 GIS	采购 BIM 软件，研发 GIS 应用模型或插件	采购 BIM 和 GIS 软件，搭建系统集成平台	采购 BIM 和 GIS 软件，采用应用集成
GIS 集成 BIM	采购 GIS 软件，研发 BIM 应用模块或插件		
BIM 与 GIS 深度集成	自主研发 BIM 与 GIS 集成应用系统		

由于 GIS 平台支持大数据和大场景，它可以融合各方数据并流畅运行，便于管理数据，并且支持浏览器/服务器（browser/server，B/S）结构和服务器/客户机（client/server，C/S）结构模式。基于 BIM 的航道整治工程施工管理平台将 BIM 集成到了 GIS 平台，建立了模型属性数据库，可以通过网页端对模型和项目管理进行可视化关联查询。

7.5.3　BIM 与 GIS 集成应用内容

1. 整治建筑物与地理要素的空间信息展示

通过数据格式转换将 BIM 转换为 GIS 平台能够识别的数据格式，利用三维 GIS 平台将整治建筑物 BIM 与 GIS 数据进行集成。利用航空影像、卫星影像、DEM、矢量数据等 GIS 数据，可将航道现状、设计数据、规划信息等与周边环境等集成表达。

该方式可提供航道全线工程整体信息，对航道长度、航道走向、整治建筑物分布、河道滩槽分布、地形变化等有直观的认识；同时，可实现对单个整治工程项目详细信息的快速定位查找。通过整治建筑与地理要素的集成表达，为航道整治宏观决策和精细化管理提供了高效的辅助决策手段。

2. 河床动态演变三维展示

将不同历史时期的航道地形数据以三维模型的形式集成到 GIS 平台，既可形象化地展示不同历史时期地形的高程分布，又能够查询目标高程。同时，通过地形叠加对比，可快速展示冲淤变化范围分布和冲淤厚度、冲淤范围对护岸或整治建筑物的影响范围等。

3. 基于模型的航道维护观测信息管理

基于 BIM 技术实现定期检查和临时检查记录、观测和分析记录、维修或改善措施信息、维修或局部改善工程信息等三维模型的关联。通过信息管理窗口完成航道维护观测信息的检索、统计、修改等，实现了对航道整治工程维护管理信息的高效管理，有助于制定及时、科学、可靠的工程技术措施。

（1）地形信息的查询分析。航道整治维护中需要经常进行地形测量，可将不同时期测量形成的三维地面模型集成到 GIS 平台，提供高程分析、地形对比分析功能，为航道滩槽演变、地形冲淤变化、整治效果分析提供直观的、快速的信息展示，实现水下地形批量动态变化分析，满足航道维护及日常运行维护的需求。

（2）航道整治建筑物损毁对比分析。基于 GIS 技术，可实现多周期无人机航摄影像的存储管理及叠加对比，对航道整治建筑物的损毁情况进行分析，实现航道整治建筑物的评判分级、修复方案的制定，加强整治建筑物的管理。

4. 基于模型的整治建筑物信息溯源管理

基于 BIM 技术的航道整治工程管理中，项目信息数据量大、数据类型多、信息源多，BIM 技术可以集成、传递和共享建筑物各阶段的数据和信息，使模型各阶级、各相关方的信息得到有效的跟踪、存储、管理和共享，保证建设信息在不同参与方之间、不同阶段之间的传递不会流失，对提升航道维护管理水平和提升公益服务能力有重要意义。

7.5.4　BIM+GIS 的基础应用技术

本小节研究将 GIS 数据和 BIM 集成到三维 GIS 平台 CityMaker 的技术方法。

1. GIS 数据集成

CityMaker 支持 OGC 数据交换和服务互操作标准，常见的 KML、行政边界矢量数据（SHP）等矢量文件和文档对象模型（document object model，DOM）格式影像文件均能导入该平台。平台支持 Web 地图瓦片服务（Web map tile service，WMTS）、WMS 的快速添加和本地 GIS 格式航道要素数据的添加集成；同时，工程现场的海量高精度正摄影像数据，通过坐标校正、着色、图形拼接处理，作为栅格图层可添加到 CityMaker 平台，用于岸线演变分析、工程现场环境分析、整治效果评价等。

2. 整治工程 BIM 数据集成

CityMaker 采用地理特征数据库（feature database，FDB）管理地理空间要素，能够高效地存储和管理模型的空间、时间与属性数据。它提供了三维模型场景的组织与编辑功能，可快速整合和生产海量 GIS 数据，完成地理 FDB 的创建。CityMaker 支持的数据格式见表 7-5-2。

表 7-5-2　CityMaker 支持的数据格式

数据类型	数据格式	CityMaker 存储
矢量	shape file、dwg、dxf、kml	FDB/直连
	ArcSDE、WFS、Oracle Spatial、Microsoft SQL Server Spatial、PostGIS、MapServer	直连

续表

数据类型		数据格式	CityMaker 存储
栅格	DOM/DEM	img、tif、.jpg、jp2、j2k、bmp、sid、ecw、dem	地形数据库 TED/直连影像
		WMS、WMTS、MapServer、Oracle GeoRaster	直连
模型	三维数据	X file、.3ds、.dae、*.stl、SKP、FBX dwg、obj、OSG、ive、IFC	FDB
	贴图	.jpg、bmp、dds、jpeg/jpg、png、tga、gif、tif、PVR、CubeMap	FDB
	点云	las、ply	FDB
	瓦片	OSGB、TDB	瓦片数据库 TDB

　　为了加强对整治建筑物的维护，需要将竣工交付模型的信息继承并传递到维护管理阶段。将模型信息和竣工交付相关的文档、视频等资料在数据库建立一定的关系表，通过模型编码和构件身份标识号，实现信息快速分类检索。在 GIS 平台对模型构件重新建立关联管理，以此实现施工阶段 BIM 信息向运维阶段的传递和共享。

　　对 FDB 记录的所有数据进行瓦片化，能够降低对中央处理器(central processing unit，CPU)、内存、显卡的消耗，提高调度和渲染效率，提升对 Web 端、移动端甚至虚拟系统的支持性能。

3. 专业功能实现

　　专业功能实现包括 BIM 创建与发布、模型数据管理和发布、二次开发业务功能实现、业务流程管理、前台界面开发、后台数据存储管理及数据传输管理。其中，BIM 创建与发布通过 BIM 软件完成，模型数据管理由 CityMaker Builder 完成，GIS 数据发布基于 CityMaker Server 进行，CityMaker Explorer 提供数据和服务的应用展示功能，业务需求可通过 CityMaker SDK 开发实现，后台数据存储管理可采用 SQL、Orcal 等数据库进行。

7.6　GIS 平台水沙环境集成

7.6.1　GIS 平台集成河床冲淤演变数据

　　将不同时期的航道地形数据和冲淤变化结果在 GIS 平台进行形象化地展示和查询，对河床冲淤演变分析的科学化决策具有积极意义。该技术涉及高程点的图片化、图片导入 GIS 平台的坐标校正、在 GIS 平台进行查看和高程查询。

　　(1)通过插值计算将测量数据转换为具有规则数据结构的 GRD 文件，不同的 GRD 文件因数据结构和节点坐标相同，可通过节点高程值相减的方法生成新的 GRD 文件并用于地形高程的变化比较。

（2）绘制高程等值面并设置高程色阶，形象化地展示地形高程、冲淤变化等，输出为 TIF 格式图片。

（3）根据图片坐标位置设置坐标文件，也可借助 CityMaker 功能进行坐标校正。

（4）在 CityMaker 中，利用添加栅格图层中的添加影像文件功能，导入高程图或冲淤变化图。

（5）将不同时期的高程图和前后冲淤变化图展示到 CityMaker 视口，利用脚本功能实现 GIS 平台河床冲淤变化动态展示的效果。

（6）在 GIS 平台，通过坐标查询和坐标换算，从栅格数据文件中获取高程值，从而实现 GIS 平台上高程值、冲淤值的实时查询。

7.6.2 GIS 平台集成水动力模拟结果

GIS 平台集成水动力模拟结果是将水动力数值模拟软件模拟生成的水位、水深、流速、流向等数据结果转换为 GIS 平台能够识别的数据格式，导入 GIS 平台进行查看和查询。本小节研究有两种思路：一种是利用数值模拟软件后处理功能创建结果图片文件，经坐标校正后导入 GIS 平台；另一种是将从模拟结果中按照时间步提取的水位、水深、流速大小、流速矢量等数据转换为 SHP 格式，经坐标校正后导入 GIS 平台。

本小节采用 DHI MIKE21 软件进行水动力数值模拟，并将模拟数据结果转换并集成到三维 GIS 平台 CityMaker。地形网格为 MESH 格式文件，里面记录了节点编号、节点坐标、网格编号、网格节点等信息；流场模拟结果文件为 DFSU 格式，按时间步数保存了所有网格中心的水位、水深、流速、流向等水动力数据。实现方法如下。

（1）计算结果的提取：利用 DHI MIKE21 后处理工具将水位、流速、流向等按照时间步保存到相应的文件夹。

（2）计算结果转换为 SHP 或 TIF 文件：方法一为采用 Surfer 软件绘制水位图、流场图等，设置样式和坐标系统之后导出 SHP 或 TIF 格式的文件；方法二为按照时间步，根据提取的水位、水深、流速、流向等数值模拟结果，结合数值模拟网格文件，利用 GIS 开源库 ShapeLib 创建 SHP 文件，设置坐标信息并创建 PRJ 格式的坐标校正文件。

（3）栅格图像和矢量图形添加到 GIS 平台：利用 CityMaker 中的添加图层功能将水动力模拟结果转化的 SHP 或 TIF 文件添加到 GIS 平台，并调整相应的显示选项。

（4）动态显示处理：对于非恒定流，将模拟结果集成到 GIS 平台，通过视口控制每个时间步各结果的出现和消失状态，即可按照时间步动态地显示水位、流速的变化过程。

第8章

航道疏浚测量一体化设备

本章将对目前长江航道疏浚船舶的施工作业方式进行深入分析，提出船舶疏浚和测量一体化思路，对关键原理、方法和技术开展研究，研发与疏浚船舶相适应的系统及机构，结合船舶特点形成疏浚测量一体化设备，并开展相应的技术测试，保障技术的可靠性。

8.1 系统技术原理

8.1.1 回声测深原理

回声测深仪是通过测量超声波自发射至被反射接收的时间间隔来确定水深的。在船底装有发射超声波的发射换能器 A 和接收超声波的接收换能器 B，A 与 B 之间的距离为 s，s 称为基线长度。发射换能器 A 以间歇方式向水下发射频率为 20～200 kHz 的超声波脉冲，声波经河床发射后一部分能量被接收换能器 B 接收。只要测出声波自发射至接收所经历的时间，就可由式（8-1-1）求出水深：

$$H_J = D_c + h_J = D_c + \sqrt{AO^2 - AM^2} = D_c + \sqrt{\left(\frac{ct}{2}\right)^2 - \left(\frac{s}{2}\right)^2} \tag{8-1-1}$$

式中：H_J 为水面至海底的深度；D_c 为船舶吃水；h_J 为测量水深；s 为基线长度；c 为声波在海水中的传播速度，标准声速为 1 500 m/s；t 为声波自发射至接收所经历的时间；AO 为发射换能器距离目标距离；AM 为接收换能器距离目标距离。

显然，只要测出时间 t，即可求出水深 H_J，若换能器是收发兼用换能器，即 $AB=s=0$，取 $c=1\ 500$ m/s，则测量水深 h_J 可表示为

$$h_J = \frac{1}{2}ct = 750t \tag{8-1-2}$$

8.1.2 回声测深仪的主要技术指标

1. 最大测量深度

最大测量深度是回声测深仪可能测量到的最大深度。国际海事组织（International Maritime Organization，IMO）建议，适用于远洋船舶的回声测深仪，其最大测量深度为 400 m；沿海船舶的回声测深仪的最大测量深度为 100～200 m。最大测量深度与发射功率、换能器效率和工作频率等因素有关。发射功率越大，测量深度越深；换能器效率越高，能量损耗越小，测量深度越深；工作频率越低，传播损耗越小，测量深度越深，所以在一定的发射功率条件下，应选用较低的工作频率。

2. 最小测量深度

最小测量深度是回声测深仪能测量出来的最小深度。发射脉冲宽度 τ 是决定最小测量深度的主要因素，回声测深仪实际能测出的最小深度应大于 τ 所对应的深度，即

$$h_{min} > \frac{c\tau}{2} \tag{8-1-3}$$

适用于远洋船舶的回声测深仪的最小测量深度一般为 1～2 m,而浅水回声测深仪的最小测量深度可达 0.2～0.3 m。

3. 回声测深仪的误差

回声测深仪的误差包括声速误差、时间电机转速误差、基线误差、零点误差等。回声测深仪在浅水范围内的允许误差为 ±1 m,在深水范围内的允许误差为 ±5 m 或 ±5%。

4. 显示方式

IMO 规定记录式显示方式为回声测深仪必须具备的显示方式。数字式显示方式在现代回声测深仪中应用较多,常用的如发光二极管（light emitting diode,LED）显示方式,以及兼具探鱼与水下勘测功能的阴极射线管（cathode ray tube,CRT）显示方式和液晶显示器（liquid crystal display,LCD）显示方式。

5. 水声换能器

回声测深仪的换能器是实现电能与声能相互转换的器件。将电振荡能量转换为声能向水下发射超声波的换能器称为发射换能器,将海底反射回来的超声波声能转换为电振荡能量的换能器称为接收换能器。发射换能器和接收换能器可以收发分开,也可收发兼用。

8.2 系统组成

疏浚测量一体化系统包括三维矢量声呐测深系统、多维数据融合系统及测量软件等。

8.2.1 三维矢量声呐测深系统

三维矢量声呐测深系统在设计上区别于传统的单波束测深仪和多波束测深仪,不但具备单波束测深仪测深精度高、抗干扰性强、安装布置简单、系统造价低的特点,而且具备多波束测深仪测量效率高、可倾斜测量的优点,还能在疏浚测量一体化设备的使用条件下满足浅水深、大测宽的要求。

三维矢量声呐测深系统由带双轴高精度姿态仪的小波束角变频水下换能器（后简称小波束换能器）、三维带反馈运动机构、含闭环控制多通道采集主机、后端数据处理系统软件组成。

通过对声呐发射陶瓷进行特殊设计和加工,将小波束换能器的声呐发射和接收波束角约束在 1.5° 以内,从而缩小测深工作的测量脚印。与双轴高精度姿态仪在高精度的时间同步芯片的同步下进行距离和姿态测量,然后将其换算为测深数据。变频设计使声呐能够适应浑浊水域的测量。根据上端处理软件提高的水域浑浊预测,结合混响分析,智能调整声呐频率以获取稳定、可信的测量数据。小波束换能器在疏浚测量一体化设备中是测深数据感知的基础。

三维带反馈运动机构用于调整小波束换能器在水下的 X、Y 轴角度及 Z 轴下放深度，调整结果及时反馈给采集主机，形成闭环控制。疏浚测量一体化设备系统软件分析施工现场情况后计算出测量要求，然后通知采集主机，控制运动机构，调整小波束换能器的姿态，以进行适应当前施工要求的水深测量。

含闭环控制多通道采集主机承担着运动机构的闭环运动控制、小波束换能器测量时序的控制、测量数据的采集和初步计算、成果数据的传输等工作，是整个测量系统的控制和数据中枢。采集主机可同时接入多个（最大可接入 64 路）小波束换能器，并让这些小波束换能器协同工作、互不干扰。

后端数据处理系统软件与采集主机通过多种总线接口进行通信，实时获取测深数据，包含回波能量数据、小波束换能器姿态数据、回波时间数据、声呐频率数据等，采用各种滤波、降噪、纠正算法，结合对应测量环境现状的策略，计算出测深数据，并加上高精度的时间标志。

8.2.2 多维数据融合系统

多维数据融合系统主要包括多传感器集成和多源测量数据配准融合处理。

（1）多传感器集成。船载多传感器集成主要实现不同采集频率、不同安装位置和不同类型的测量传感器在时间与空间上的同步，实现多传感器数据的时空对准。其主要包括多传感器选型，多波束测深设备与船载平台（卫星定位、姿态传感器）的综合集成，多传感器的同步控制，以及解决多传感器的时间和空间协同问题，为船载一体化系统的实际应用奠定基础。

（2）多源测量数据配准融合处理。多源测量数据具有不同的时间和空间基准，多源测量数据配准融合处理主要研究用多波束测深获取的水下地形，三维点在全球定位系统/惯性传感器（GPS/IMU）定位定姿数据支持下的高精度空间配准；综合利用多波束测深、三维点高密度三维坐标进行航道及岸线地形空间数据和属性数据的一体化采集。

8.2.3 测量软件

系统在疏浚船舶上部署疏浚测量一体化施工管理系统软件，该软件通过获取船舶上配置的 GPS 和电罗经数据，导入船舶建造设计图纸，利用图形学的仿射变化技术，实现对船舶任意位置的精确定位。当使用实时差分定位（RTK）信号时，平面定位精度误差小于 1 cm［圆概率误差（CEP）］；当使用星站差分时，平面定位精度误差小于 0.45 m（CEP）。系统在全自动旋转升降测量机构上安装了若干个相对位置检测传感器，精确计算各测深仪与船体固定点（全自动旋转升降测量机构在船体的安装固定定位点）的位置偏移，通过船舶施工管理系统精确计算出每个测深仪的平面定位位置坐标，再结合船舶吃水数据、船舶纵横倾数据、测量杆行程及姿态数据对测深数据进行三维修正，最终得到精确的 X、

Y、Z 水深测量数据，并可根据施工需要结合当前水位自动将测量水深换算成高程，同时记录在数据库中。

系统软件按照时间段自动保存测量数据，测量数据自动成图，成图数据可以导出为通用测深文件格式，系统软件支持将数据导入 HYPACK 等主流软件中。

测图数据以多种方式显示在软件界面上，支持等深线显示、文字显示、色块图显示、回波图显示等。文字显示支持用户根据深度方位自定义文字大小和颜色；色块图显示支持用户自定义色标。

系统软件将水深测量数据实时显示在施工管理界面中，与施工中的重要数据结合叠加在一起，如长江电子航道图、施工设计图、疏浚前或疏浚后测深图、挖槽设计线、施工轨迹线等，帮助施工人员直观观测这些数据，提高施工效率，并使之具备自动深度过滤、浅点智能搜寻和标识、施工质量分析等功能。另外，在系统软件中设置图层开关功能，用于切换图层和开闭图层显示。

实时测量数据还可以通过船载远程施工管理系统实时远程传输至岸基中心服务器，项目管理人员也可实时观察到施工船舶附近水域的水深变化情况，及时指导船上人员制定施工方案。

8.3　测　量　机　构

定位及船舶姿态设备：定位及船舶姿态设备为测量数据的修正辅助设备。定位设备采用双天线差分全球定位系统（differential global positioning system，DGPS）。船舶姿态设备为测量船舶纵倾、横倾及吃水的设备。

测量机构为全自动机械设备，测量施工开始时，操作人员控制测量机构，使测深换能器平台从船舷内旋转至船舷外 90°，然后下放至水面。测量机构主要负责测深器平台的启动、伸出、下放、收回等操作，并保持测深器平台的稳定。

8.4　测　量　方　法

吸盘 2 号的船舶型宽为 15 m，吸盘头宽度为 10 m，单次施工挖槽宽度为 10～15 m。从测量机构、测量数据实用性等方面考虑，结合船舶设计，在每侧的测量机构上布置三维矢量声呐测深系统，其包含 6 台测深仪换能器，各换能器保持不同的测量角度，负责不同位置测点的深度测量。在 3～20 m 水深范围内，每侧测量机构均满足单次测宽大于 15 m 的要求。测点与测量水深点的间距小于等于 5 m，符合施工测量要求。测深精度为 5 cm±0.1% h_j（h_j 为测量水深）。测量机构外伸长度约为 8 m。测量设备采样频率为每秒钟 10～20 次，即使船舶按照 10 节船速航行，也满足纵向测深点间距不大于 1 m 的要求。

在施工测量过程中，疏浚前测量的水深数据可以指导下一槽的施工方案；疏浚中测量的水深数据可以作为疏浚施工质量的参考，对于水深数据不达标的浅点，可及时进行补救施工；疏浚后测量的水深数据可形成疏浚后测量图纸，作为整体施工质量的参考资料。具体测量方法如下。

（1）吸盘式挖泥船的疏浚施工一般采用逆水施工方式，利用分槽纵向直线施工，分槽施工的方向可向左侧，也可向右侧。本节以向右侧分槽为例进行说明。

（2）展开测量机构。在测量施工开始时，操作人员控制测量机构，使测深换能器平台从船舷内旋转至船舷外 90°，然后下放至水面。

（3）启动双天线 DGPS，开始设备定位；启动船舶姿态仪，开始船舶姿态定位；启动三维矢量声呐测深系统，开始水深测量及数据采集。

（4）采集到的 GPS 数据，船舶纵倾、横倾、吃水数据，测点水深数据，测点相对于换能器的偏移值数据等均通过传输线缆传输至工控机上的系统软件。系统软件可以计算出每一测点的大地坐标数据并进行记录存储。

（5）船舶行进时，测量机构保持展开姿态，相关测量设备持续实时回送测量数据。位于右侧船舷上的换能器回送的测量数据为疏浚前测量数据，位于船底板的换能器回送的测量数据为疏浚中测量数据，位于左侧船舷上的换能器回送的测量数据为疏浚后测量数据。

（6）船舶到达本槽施工终点后，将会退回至下一槽的施工起点。在此航行期间，若系统通过 GPS 天线判断船舶行驶方向为退回，则自动停止相关水深测量。

（7）船舶开始下一槽施工时，重复（2）～（6）的测量过程，直到完成本次疏浚施工的全部挖槽，即完成全部水深测量。

（8）回收测量机构。操作人员控制测量机构，关闭所有测量设备，使测量臂离开水面，升至测量臂水平位置，然后旋转测量臂至船舷内即完成测量机构回收。

8.5　功能及技术指标

8.5.1　主要功能

（1）测量数据采集。系统实时获取测量机构上测量设备的测量数据，进行 GPS、船舶姿态、船舶吃水、船舶桥架挖深等多维修正，并进行相应的转换和计算，得到实际测点的测深数据。

（2）测量数据融合和显示。系统软件将获取的测量数据和施工管理数据融合，并采用多种方式进行显示，包括回波图显示、测深点文字显示、色块图显示、等深线显示等。实时测量数据采用文字冒泡模式直观显示，便于施工人员观测。

（3）系统软件将水深测量数据实时显示在施工管理界面中，与施工中的重要数据融合叠加在一起，如长江电子航道图、施工设计图、疏浚前或疏浚后测深图、挖槽设计线、施工轨迹线等。

（4）测量数据成图。系统软件按照时间段自动保存测量数据，测量数据自动成图，成图数据可以导出为通用测深文件格式，系统软件支持将数据导入 HYPACK 等主流软件中。

（5）施工辅助管理。通过测量数据和施工数据的融合，帮助施工人员直观观测这些数据，提高施工效率，并使之具备自动深度过滤、浅点智能搜寻和标识、施工质量分析等功能。

（6）疏浚测量数据分析。根据用户设定的计划深度，结合疏浚前测量、疏浚中测量和疏浚后测量数据，进行对比分析。对比分析方式有二维断面曲线对比和三维面重构叠加对比两种主要方式。

8.5.2　主要技术指标

（1）系统工作环境。指标主要包括：河水流速≤5 m/s；测量时疏浚船舶施工浓度≤40%；船舶航速≤10 km/h；水温为 1～50 ℃；水深为 1～50 m。

（2）三维矢量水下声呐换能器。指标主要包括：外观材质为 306 不锈钢；换能器倾斜角度为-60°～60°；防护等级为 IP68，在下放至水下 30 m 深度内均可正常工作；测量频率为 200～400 kHz；工作温度为-20～60 ℃。

（3）测深系统。指标主要包括：测深范围 1～16 m（距换能器测量面）；测深精度 5 cm+0.1% h_{J}；船载 GPS 定位精度，平面为±5 cm+1 ppm[①]，高程为±2 cm+1 ppm；测深设备最大功率≤3 000 W；工作频率大于等于每秒 20PIN；防护等级为 IP22；吃水调整范围为 0～3 m，根据船舶吃水、纵横倾角自动修正；声速调整范围为 1 370～1 700 m/s，分辨率为 1 m/s；环境工作温度为-10～55 ℃；供电电源为交流 220 V。

（4）测量系统工控机。指标主要包括：CPU 主频≥2.0 GHz；内存≥2 GB；独立显卡，显存≥64 MB；磁盘空间≥4 GB；显示分辨率≥1 440×900。

8.6　技　术　测　试

8.6.1　浑浊水域条件下测深精度测试

开展了疏浚测量一体化设备在浑浊水域条件下的测深精度测试：测试地点在瓦口子水道航道外北侧。参与测试的船舶有吸盘 2 号和荆州航道处 18 m 测量快艇，其中测量快艇上配备 208 kHz 的高频测深仪和 RTK GPS。具体测试方案如下。

（1）测试小组确定测试区域，并设计测试用的施工挖槽计划线，根据设计的施工挖槽计划线设定测量计划线。

（2）在吸盘 2 号施工前，测量船首先按照设定的测量计划线进行测量，并将测量数据单独成图进行保存。

---

① 　1 ppm=1×10⁻⁶。

（3）吸盘 2 号按照预设的施工挖槽计划线施工，施工浓度保持在 30%～40%，边抛架置于船舶右舷进行边抛施工，同时测量船靠近吸盘船右舷中前部进行测量，测量时间约为 50 min，将测量数据单独成图进行保存。

（4）测量船开到吸盘 2 号边抛区域附近，在距离边抛泥浆落点下方约 5 m 处进行测量，测量时间约为 30 min。

对施工前、施工中的测量数据进行对比分析，结果表明：在吸盘 2 号施工过程中，对船舶舷侧的水深进行测量，测量数据和施工前同区域的测量数据基本一致。该测试表明，在吸盘式挖泥船施工过程中，使用通用型的高频测深仪能够完成精确的两侧水域的水深测量。测量船在吸盘 2 号边抛泥浆落点的附近水域进行测量，同时吸盘 2 号的施工浓度一直保持在最大施工浓度，即 40%左右，此时该水域水质呈深黑色，水质十分浑浊。测量船上测深仪假水深的出现概率约为 5%，通过人工对假水深数据进行剔除，处理后的数据和施工前测量数据基本一致。该测试表明，即使在施工水域比较浑浊的情况下，通过对测量数据质量进行控制，使用通用型的高频测深仪也可以较为准确地进行航道水深数据的测量。

8.6.2　航道水深条件下的测宽测试

开展了航道疏浚测量一体化设备航道水深条件下的测宽测试，测试地点在武汉月亮湾附近水域。具体测试方案如下。

（1）测试小组根据汉道标 201 的船体结构，制作了测量架并安装固定在船舶的艏部正前方，在测量架上安装三维矢量声呐测深系统。

（2）设计开发用于本次试验的测量软件，软件具备测量数据实时采集、显示和保存等功能。

（3）在船舶上临时安装 2 台 RTK GPS 船台，用于船舶的定位和定向。在月亮湾码头附近架设 RTK GPS 岸台，用于给 RTK GPS 船台提供差分信号。

（4）在船舶驾驶室架设一台计算机，该计算机可以连接并采集测量架上测深设备的测量数据，还可以连接船舶上自带的测深仪的数据。

（5）测试小组确定测试区域并设计测试用的船舶测量计划线。

（6）船舶依照船舶测量计划线开始测量试验工作。

对测量过程和测量数据进行分析，得出如下结论。

（1）船舶测量区域水深为 3～20 m，测试小组安装的三维矢量声呐测深系统和船舶上自带的测深仪的测量结果基本一致，表明本次测试方案中三维矢量声呐测深系统的测试精度满足要求。

（2）在 3～20 m 水深条件下，一次测量的宽度均大于 15 m，为减小吸盘船外展测量装置尺寸提供了技术上的支撑。

（3）在测试过程中，测试了三维矢量声呐测深系统中的多台换能器同时工作和间断工作的情况，测量结果基本保持一致。这表明多台换能器在同时工作时声波的干扰问题得到了抑制,为在吸盘船上实现 20 Hz 采样频率下同时完成疏浚前、疏浚中、疏浚后测量提供了技术上的支撑。

（4）本次测试过程中,三维矢量声呐测深系统的换能器是安装在船艏正前方的,且下放水线以下距离只有 20 cm,在船舶顺水和逆水航行时,测量数据的误差变化很小,说明系统对于水流影响的干扰处理效果比较理想。

8.6.3　疏浚测量一体化数据融合测试

开展了疏浚测量一体化设备疏浚测量数据融合测试,测试的目的是检验系统软件中施工数据和测量数据的融合功能,以及数据显示、数据成图、数据保存等功能。测试地点在瓦口子水道航道外北侧。具体测试方案如下。

（1）在汉道标 301 上安装、固定测量架,在测量架上安装三维矢量声呐测深系统。

（2）在汉道标 301 上临时架设 2 台 RTK GPS 设备用于船舶的定位和定向,GPS 设备采用湖北连续运行参考站（continuously operating reference stations,CORS）参考系统进行差分定位。

（3）在吸盘 2 号和汉道标 301 上临时架设远距离无线通信技术（WiFi）设备,并保持两船之前的网络畅通。

（4）设计配合测试用的吸盘船施工挖槽,包含挖槽轴线和挖槽边线。设计测试船舶的测量航行计划线。设计测试用的测量线。

（5）在船舶施工前,测量用船（航标工作船）首先按照测量线进行测量,即采集施工前的测深数据。

（6）船舶施工过程中,测量用船（航标工作船）靠近吸盘船舷边中前部距船舷 7～8 m 处,在吸盘船施工的同时进行测量,一次测宽约为 15 m,测点为 4 个。

（7）在吸盘 2 号上部署疏浚测量一体化设备测试软件,在测量用船和吸盘 2 号之间建立 WiFi 无线网络用于数据同步传输。在测量用船测量过程中,吸盘 2 号上的疏浚测量一体化设备测试软件同步显示测量结果,自动成图并保存成图数据。

（8）在测量测试结束后,对测量数据进行查阅和分析,并根据设定边界条件进行数据的过滤和筛选。

测试结果表明,测试过程中未出现错误、不畅等情况,疏浚测量一体化系统的软件、硬件和测量数据传输、融合较好,共同支撑了设备的正常运行。

8.6.4　航道水深条件下的综合测试

对航道水深条件下的测宽进行了现场试验,现场试验结果证明在航道水深条件下系统的测宽和精度均达到了设计要求。考虑到本系统的主要使用环境是在疏浚船舶上,工作时水域浑浊度高,所以系统必须在航道水深条件下,即既满足测宽条件,又满足浑浊水域的测深精度。对此,开展了现场综合试验。测试地点在武汉二七长江大桥下约 1 000 m

北岸区域，现场水深条件为 6～20 m。具体测试方案如下。

（1）测试小组根据汉道标 201 的船体结构，结合试验，制作了测量架并安装、固定在船舶的右舷侧艏部正前方，在测量架上安装三维矢量声呐测深系统。

（2）在汉道标 201 上临时架设 2 台 RTK GPS 设备用于船舶的定位和定向，GPS 设备采用湖北 CORS 参考系统进行差分定位。

（3）在船舶驾驶室架设一台计算机，该计算机可以连接并采集测量架上测深设备的测量数据，还可以连接船舶上自带的测深仪的数据。

（4）测试小组确定测试区域并设计测试用的船舶测量计划线。首先船舶在测试区域进行"清水"测量。测试过程中，采用交叉十字线测量方式校验三维矢量声呐测深系统的各换能器之间的精度。

（5）在完成区域"清水"测试后，吸盘 2 号驶入测试区域以最大浓度施工，同时采用边抛方式排泥，边抛泥浆落点也在测试区域内。

（6）在吸盘 2 号施工的同时，汉道标 201 在边抛泥浆落点附近开展测深工作，此时测深区域水质浑浊，呈深黑色。持续测量约 30 min 后，汉道标 201 逆时针从吸盘 2 号右舷绕船低速行驶一圈，同步进行测量。

对测量过程和测量数据进行分析，得出如下测试结论。

（1）在"清水"环境下，三维矢量声呐测深系统的各换能器之间的精度误差在 0.02 m 以内。分析测深系统的回波数据可知，数据回波稳定，基本无干扰。

（2）在浑浊水质环境下，三维矢量声呐测深系统的各换能器之间的精度误差同样控制在 0.02 m 以内。各倾斜角度测量精度均满足要求。分析测深系统的回波数据可知，抛泥落点出水域数据回波能量稳定，但出现较强混响干扰。进行混响特征识别和干扰减除计算后，测深数据稳定呈现。

（3）汉道标 201 进行了各种航速条件下的测试，当船舶时速低于 15 km 时，测深系统数据表现稳定；当船舶时速大于 15 km 时，水流冲击测量架并激起较大的浪花，此时测深数据出现跳动。加大测深设备下放水面下深度后，数据恢复正常。

第9章

成果应用示范

结合长江干线航道整治工程的建设进程，将防洪−通航协同下航道整治参数、防洪−通航协同下强冲刷河段水位及滩槽控制技术、航道整治工程信息化技术及疏浚测量一体化设备等成果分别示范应用于宜昌至昌门溪河段、荆州至城陵矶河段和武汉至安庆河段等的航道整治工程，以检验成果的效果。

9.1　防洪–通航协同下航道整治参数应用

防洪–通航协同下航道整治参数成果主要应用于荆江航道整治二期工程调关水道和大马洲水道航道整治工程。

9.1.1　守护型工程整治参数应用

结合荆江航道整治二期工程调关水道航道整治工程开展了守护型工程整治参数的应用研究。

1. 航道问题

调关水道位于长江中游的下荆江中部，上起南堤上，下至八十丈，全长约 16 km，为弯曲河段。三峡水库蓄水后，调关水道总体呈凸冲凹淤变化，放宽段的凹岸侧形成心滩，深泓摆至河心，将航道尺度提高至 4.5 m×200 m×1 050 m，本水道的碍航特性为，调关弯顶航槽弯曲半径较小，部分年份受季家咀边滩的挤压航宽较小时，船舶转向存在困难。

2. 整治思路及原则

通过守护边滩的高大完整，稳定航槽，并引导水流提前向凹岸侧过渡，遏制弯道段边滩冲刷带来的弯顶航宽和弯曲半径逐渐减小的不利变化趋势，改善航道条件。本小节航道整治参数成果主要用于调关水道左岸季家咀边滩的守护工程。

3. 整治参数确定

（1）整治水位。根据研究提出的方法，考虑到工程的整治效益和防洪的影响，将所需守护的季家咀边滩的滩面高程作为整治水位。同时，考虑到滩体高程随来水来沙的变化，滩面高程建议选取近年来航道条件较好的滩面平均值。

（2）整治线宽度。根据调关水道待整治河道的水沙特点，结合研究成果，确定水流挟沙能力系数 k_1=0.015，水流挟沙能力指数 m_1=0.92。利用已建数学模型成果，拟设不同的守护工程方案（表 9-1-1），统计了平均流量下，不同方案下的工程参数（表 9-1-1），以及工程前后滩体水流流速差 V_{t2}、V_{t1} 的变化情况，总体而言，随着工程结构尺度的增大，工程守护强度逐步增加，上滩水流流速逐步降低，有利于泥沙淤积。根据本次整治的目标，将航道条件较好的 2009 年作为依据，确定了滩体目前状态至达到目标优良滩体总淤积量约为 1 214 629 m³，考虑工程试运行期 T=1 年，并结合规范优化工程的布置系数，计算得荆江航道整治二期工程调关水道整治线宽度，约为 670 m。

表 9-1-1　调关水道航道整治工程整治线宽度计算表

试验组次	一	二	三	四
布置				
D	2.35	1.12	1.23	2.35
A_1/ m²	254 416	189 253	150 368	254 416
A_2/ m²		1 316 585		
h/ m	1.5	1.5	1.5	2.5
V_{t1}/ (m/s)		0.84		
V_{t2}/ (m/s)	0.82	0.82	0.83	0.76
k_1		0.015		
m_1		0.92		
a_1		4.886×10^7		
b_1		0.193		
c_1		1.217		
d_1/ m		2.791		

2011 年立项的交通运输部科技项目重大专项专题"新水沙条件下长江中游荆江河段航道系统治理整治参数研究"的成果（邓金运 等，2013）包括长江中游荆江河段藕池口至城陵矶河段优良时期河宽与最小航深的关系，并指明为满足 4.5 m 航深要求，藕池口至城陵矶河段的整治线宽度宜取为 650～850 m，与本成果研究结论相近。

成果为荆江航道整治二期工程的可行性研究提供了支撑，工程可行性研究阶段通过了数学模型和物理模型模论证，采用本成果可为调关水道航道条件提高至 4.5 m×200 m×1 050 m 提供支撑。

9.1.2　调整型工程整治参数应用

结合荆江航道整治二期工程大马洲水道航道整治工程，开展了调整型工程整治参数的应用研究。

1. 航道问题

大马洲水道随着河段进口段太和岭矶头挑流作用的增强，河段进口主流的摆动幅度加大，顶冲丙寅洲一带高滩岸线，丙寅洲前沿低滩冲失、高滩崩塌，横岭以上形成边滩；

大马洲高滩崩塌、下边滩冲退，致使横岭以下河段的过水断面增大，水流流速减小，泥沙在沙家边以下河段落淤形成心滩。随着心滩的发育，水流向两岸侧集中，两岸侧沿岸槽均发生冲刷。受河道展宽、下段右侧沿岸槽吸流影响，沙家边附近主流由右岸侧上深槽向左槽过渡的过渡段浅滩的水深条件较差，近期多次出现设计水位下 4.5 m 等深线断开的不利局面。

2. 整治思路及原则

维持太和岭挑流现状，采取不利年份疏浚的工程措施；对于大马洲水道浅区段，通过对丙寅洲边滩下段潜丁坝工程的建设及局部岸线守护，稳定大马洲水道现有的二次过渡航路，集中水流冲槽，并对过渡段浅区进行疏浚。本小节航道整治参数成果主要用于大马洲水道右岸的丙寅洲潜丁坝工程。

3. 整治参数确定

（1）整治水位。调整型工程整治水位的确定原则是寻找合适的浅滩冲刷水位，根据《航道工程设计规范》（JTS 181—2016），本小节主要采用造床流量法、优良河段平滩水位法等方法确定整治水位初步取值，见表 9-1-2。

表 9-1-2　大马洲水道整治水位分析表

水道名称	整治水位计算值/m		整治水位初步取值/m
	造床流量法	优良河段平滩水位法	
大马洲水道	23.35	20.60～22.20	22.10

（2）整治线宽度。根据规范，通过理论计算法、优良河段模拟法确定整治线宽度的初步取值，为 750～800 m。

（3）防洪限制条件下整治参数优化。由《长江流域综合利用规划报告》可知，长江中下游将 1954 年洪水作为总体防御标准，相应的设计洪水位监利为 37.28 m（黄海高程，下同），莲花塘为 32.48 m，螺山为 32.03 m。插值得到的工程区域的防洪设计水位为 34.73 m。利用防洪限制条件公式对整治参数进行优化，计算结果见表 9-1-3。分析可知，当初步确定的整治水位为 22.1 m 时，阻水率略高于 5%，结合大马洲水道典型水位值，取航道设计水位 21.1 m 作为本河段整治水位。因此，综合以上分析，本河段潜坝工程整治水位取 21.1 m，相应的整治线宽度约取 800 m。

表 9-1-3　不同整治水位下工程阻水率表

项目	整治水位/m					
	24.0	23.0	22.1	21.1（设计水位）	21.0	20.0
阻水率/%	7.54	6.61	5.72	4.83	4.74	3.80

成果为荆江航道整治二期工程的可行性研究提供了支撑，工程可行性研究阶段通过

了数模物模论证，采用本成果可为大马洲水道航道条件提高至 4.5 m×200 m×1 050 m 提供支撑，工程可行性研究已通过部审。

9.2　防洪-通航协同下强冲刷河段水位及滩槽控制技术应用

应用阻力系数公式的研究成果，对坝下砂卵石河段已建宜昌至昌门溪河段航道整治一期、二期工程的水位控制效果进行了分析，将防洪-通航协同下复杂分汊河段洲滩守护与塑造技术应用于马当河段，将防洪-通航协同下典型急弯河段滩槽控制技术应用于熊城河段的航道整治工程。

9.2.1　坝下砂卵石河段水位控制技术应用

基于阻力系数公式的研究成果，对坝下砂卵石河段已建工程的水位控制效果进行了分析。

1. 宜昌至昌门溪河段航道整治一期工程

宜昌至昌门溪河段航道整治一期工程于 2014 年 10 月开始实施，2016 年 9 月交工验收。工程主要包括关洲水道左汊进口一条护滩带及一道潜坝，芦家河水道石泓两道护底带及碛坝鱼嘴工程（图 9-2-1）。为定量分析工程实施对河床阻力的影响，结合水位观测资料，对工程实施前后的水位变化进行了分析。关洲水道工程先期实施，2015 年汛前仅完成关洲水道左汊进口护滩工程，2015 年 10 月完成芦家河水道石泓护底，2016 年 3 月完成关洲水道潜坝工程，碛坝鱼嘴工程于 2016 年 7 月完工。

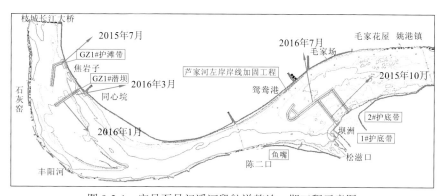

图 9-2-1　宜昌至昌门溪河段航道整治一期工程示意图

芦家河水道内航道整治一期工程对枯水位的影响在很大程度上与水道自身控制作用的增强混合，难以区分；而关洲水道在工程实施期间，其出口陈二口同流量下水位相对稳定，但枝城枯水位在 2015~2017 年有所抬升，落差增加约 6 cm。利用本水槽试验中确定的阻力系数公式，在 2018 年地形基础上，计算了无航道整治一期工程的水面线，计算表明，航道整治一期工程的实施，使枝城水位抬升幅度约为 4 cm，反映出总的抬升幅度内，可能还有河床粗化等其他影响因素。

2. 宜昌至昌门溪河段航道整治二期工程

宜昌至昌门溪河段航道整治二期工程于 2018 年 2 月开始实施，工程主要在 2018～2019 年枯水期实施，工程主要包括宜都河段中沙咀边滩守护工程、南阳碛护滩工程、南阳碛右汊守护工程、沙家湾护岸工程和后江沱护岸加固工程。方案示意图见图 9-2-2。

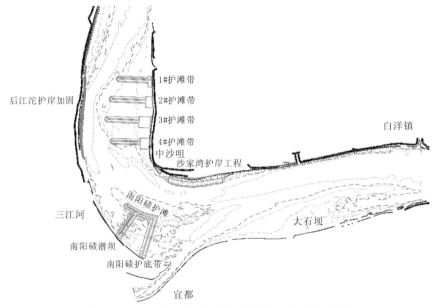

图 9-2-2　宜昌至昌门溪河段航道整治二期工程示意图

工程实施前，2016～2018 年初，周家河至宜都河段同流量下枯水位落差在 19～24 cm，而到 2019 年初，周家河至宜都河段枯水位落差已增至 27 cm。这一过程反映了工程实施期间宜都弯道段枯水位控制作用的逐步增强，这其中有整体水位逐步下降、河床自身控制作用逐步加强的影响，航道整治二期工程实施的影响同样也不可忽视。

利用水槽试验中确定的阻力系数公式，在 2018 年地形基础上，计算了无航道整治二期工程的水面线，计算表明，航道整治二期工程的实施，使周家河水位抬升幅度约为 6 cm，与实测水位落差增幅大体一致。

总体而言，航道整治一期、二期工程实施后，工程河段对上游水位的控制作用有一定程度的增强，同时也表明，提出的阻力系数公式是合理的，能够反映工程的实际加糙效果。

9.2.2　防洪-通航协同下复杂分汊河段洲滩守护与塑造技术应用

防洪-通航协同下复杂分汊河段洲滩塑造技术主要应用于长江下游马当河段的航道整治工程中。

1. 航道问题

马当河段位于长江下游,上起小孤山,下至华阳河口,长 30 km,为分汊河型。目前,马当南水道航道条件较差,马当矶以上航道弯曲、狭窄,枯季航宽仅有 200 m 左右,受马当矶影响,航线不平顺,水流条件恶劣,船舶航行困难;马阻水道在 2000～2003 年实施了沉船打捞工程后,航道随深泓左迁至打捞区后形势转好。东流直水道 2000 年后航道条件变差,部分年份水深不足,枯季航道维护困难。为了改善枯季航道条件,先后实施了马当河段一期航道治理工程、马当南水道航道整治工程。但马当南水道航道整治工程对棉外洲洲头及左汊进行了控制,左右槽格局基本稳定,但右槽进口浅区长期存在,且工程对左槽限制力度有限,左槽依然有继续发展的可能,如遇特殊不利年份右槽将会出现浅包或者因航宽不足碍航。同时,瓜子号洲右汊中部放宽,冲滩淤槽现象将长期存在,航道条件有向不利情形变化的可能。

2. 工程方案

为了解决以上航道问题,长江干线武汉至安庆河段航道整治工程中马当河段航道整治工程的具体方案包括:已建棉外洲顺坝加高工程、已建棉外洲顺坝加高工程、棉外洲中部护滩工程、左槽中段潜坝工程、右槽进口挖槽工程、瓜子号洲右缘中部护滩带工程(图 9-2-3)。其中,本研究结果主要应用于棉外洲中部护滩工程,工程主要对棉外洲中部进行守护,上端与已建顺坝尾部衔接,下端与已建左槽下段 1#护底带头部相连,长度约为 1 630 m。

棉外洲中部护滩中下部桩号 Y0+700～Y1+010 段(图 9-2-4)的轴线左缘地势较低,需要对该处滩体进行塑造,因此在该处增加透水促淤网箱进行促淤。根据水槽试验成果"利用水槽试验成果及已建工程的实施效果,结合外部环境,从工程效果与经济最优比来看,1 个透水促淤带宽度宜布置 20～30 m,相邻透水促淤带净间距与其宽度之比宜在1∶1～2∶1",每道促淤带共 30 m,促淤带间距为 40 m,共 5 道促淤带,分三年施工,每年施工 10 m 宽(图 9-2-5)。

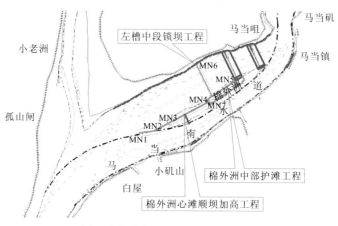

(a)马当河段航道整治工程方案布置示意图(一)

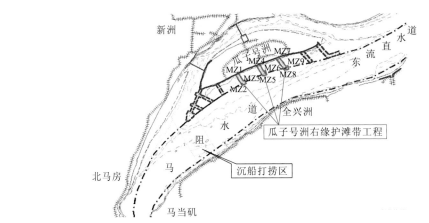

（b）马当河段航道整治工程方案布置示意图（二）

图 9-2-3 马当河段航道整治工程方案布置示意图

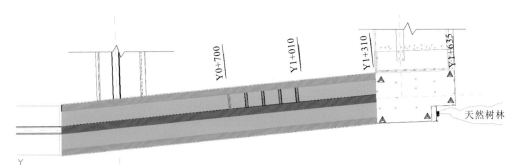

图 9-2-4 棉外洲中部护滩结构示意图

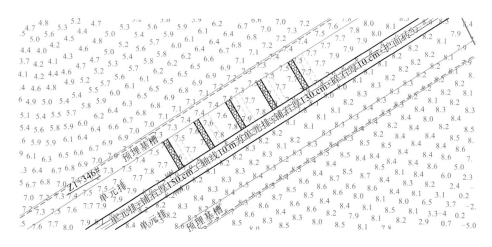

图 9-2-5 棉外洲中部护滩促淤带局部设计图

由于该部分位于施工水位以上，需要进行陆上施工，按照施工计划，第一年度施工为 2018～2019 年的枯水期，第二年度施工为 2019～2020 年的枯水期，第三年度施工为 2020～2021 年的枯水期。成果为马当河段航道整治工程工程可行性研究及设计提供了支撑，目前工程可行性研究及设计成果已通过部审，工程已实施完成，为保障马当河段航道条件提高至 6.0 m×200 m×1 050 m 提供了支撑。

9.2.3 防洪-通航协同下典型急弯河段滩槽控制技术应用

根据防洪-通航协同下典型急弯河段滩槽控制措施初步实施后的工程效果研究，以熊城河段为对象，在前述方案试验基础上，提出了防洪-通航协同下典型急弯河段滩槽综合整治方案，并应用于荆江航道整治二期工程熊城河段。

初步控制实施后，对工程附近河（航）道地形及弯道之间过渡段的河道河势产生了一定的影响，熊家洲凸岸护滩带工程使熊家洲弯道出口水流贴八姓洲西侧下行，八姓洲狭颈西侧岸线有所崩退；七号岭凸岸潜丁坝上游在不利水文年汛后航槽中部出现碍航浅包，主流出七号岭弯道后仍贴岸下行，七姓洲西侧未护岸线有不同程度的崩退；江湖汇流河段河床冲刷较大，加大了下荆江尾闾河段及洞庭湖出流的河道纵比降，对河势存在不利影响。

根据防洪-通航协同下典型急弯河段滩槽控制措施初步实施后的工程效果研究，需加强七号岭弯道凸岸侧的守护，进一步调整流向，控制弯曲半径变化，因此建议在七号岭弯道上段的凸岸侧增加护滩带工程，进一步改善此处不利的枯水滩槽格局。

对于江湖汇流段，从实测资料分析成果来看，三峡水库蓄水以来洞庭湖对下荆江的顶托作用减弱，预计江湖汇流段枯水期出现不利滩槽格局的概率可能会进一步降低，并且江湖汇流河段河势受上游河势变化及来水来沙影响较大，若遇不利水文年，荆河脑边滩有发生撇弯切滩的可能，进而使当前滩槽的整治措施难以发挥预期的作用。建议滩槽控制措施分期实施，即待上游滩槽控制工程实施运用后再结合最新河势变化开展进一步研究。

因此，根据因势利导、整疏结合（"守、调、疏"相结合）、循序渐进、分期实施的原则，最终提出了防洪-通航协同下典型急弯河段滩槽综合整治方案（图 9-2-6），为荆江航道整治二期工程可行性研究提供了支撑。

（1）熊家洲弯道凸岸护底工程（守护型工程）：在熊家洲弯道凸岸侧修建 4 道护底带，护底带长度分别为 255 m、266 m、224 m、239 m，并对根部岸线进行守护，长度为 2 854 m。

（2）熊家洲弯道乱石堆清除及疏浚工程（疏浚）：对熊家洲弯道上段航道内的乱石堆进行清除，对熊家洲弯道下段浅区进行疏浚。

（3）七号岭弯道上段凸岸潜丁坝工程（调整型工程）：在七号岭弯道上段的凸岸侧修建 6 道潜丁坝，潜丁坝长度分别为 113 m、126 m、155 m、198 m、277 m、288 m，坝顶高程为设计水位 18.7 m（85 国家高程）；对根部长 3 109 m 的高滩进行守护。对上游八姓洲西侧顺直过渡段 1 360 m 未护岸线进行守护。

（4）七号岭疏浚工程（疏浚）：对规划航路上水深不足的浅区进行疏浚，疏浚底高程为设计水位下 4.5 m。

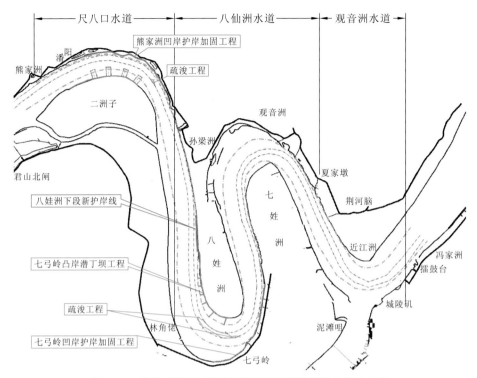

图 9-2-6　防洪-通航协同下典型急弯河段滩槽综合整治方案

（5）关键岸段的护岸加固工程（守护型工程）：对熊家洲弯道凹岸已护岸线进行加固，长度为 4 028 m；对七弓岭凹岸险工段已护岸线进行加固，加固长度为 3 925 m。

成果为荆江航道整治二期工程的可行性研究提供了支撑，工程可行性研究阶段通过了数模物模论证，采用本成果可为熊城河段航道条件提高至 4.5 m×200 m×1 050 m 提供支撑，工程可行性研究已通过部审。

9.3　航道整治工程信息化技术及疏浚测量一体化设备应用

为了进一步验证并完善研究成果，在武安工程戴家洲河段航道整治工程进行了施工图设计阶段和施工阶段 BIM 技术的示范应用，在长江中游蕲春水道航道整治工程进行了施工阶段 BIM 技术的示范应用，在太平口水道维护疏浚施工中进行了疏浚测量一体化设备示范应用。

9.3.1　武安工程戴家洲河段航道整治工程

1. 项目概况

戴家洲河段位于长江干线武汉至安庆河段的中上段，由顺直放宽段（巴河水道）连接弯曲分汊河段（戴家洲水道）组成，是长江中游重点碍航河段之一。目前，戴家洲河段的航道问题主要是进口浅区滩槽形态较差，直水道出口浅区局部滩槽不稳定，为实现本工程提出的航道条件（6.0 m×110 m×1 050 m），治理重点应为在确保两汊分流基本稳定的前提下，进一步完善对河道滩槽格局的守护，同时增强直水道的水流动力，改善直水道的航道条件，达到建设标准。本工程的建设内容具体如下。

（1）池湖港边滩护滩带工程：在右岸池湖港边滩建设 2 道护滩带，建设右岸护滩带根部 660 m 护岸。

（2）已建鱼骨坝延长工程：延长新洲头已建鱼骨坝，并在延长段上建设 5 道齿型护滩带。

（3）乐家湾边滩控制工程：在直水道右岸乐家湾建设 5 道护滩带，守护根部岸线 1 650 m；加固戴家洲右缘护岸 8 336 m。

（4）疏浚工程：对直水道进、出口进行疏浚；试运行期对浅区进行维护性疏浚。

（5）生态工程：在戴家洲中滩建设湿地，面积为 $65×10^4$ m²；在戴家洲圆港建设生态涵养试验区。

工程于 2018 年 11 月 8 日开工，合同工期为 42 个月。

2. 施工图设计阶段 BIM 技术应用

针对戴家洲河段航道整治工程，开展了地形曲面、整治建筑物、集成与可视化、基于 BIM 技术绘制工程图纸、工程量统计、设计方案的进度模拟展示等模型的构建，完成了施工图设计阶段 BIM 技术的应用。施工图设计阶段 BIM 技术应用内容见表 9-3-1。

表 9-3-1 施工图设计阶段 BIM 技术应用内容表

创建项目	内容
地形曲面模型	在 Autodesk Civil 3D 中创建三维地形曲面，并设置高程颜色分区，清晰展示工程范围内的高程分布，并可快速查询曲面内任一点的高程
整治建筑物模型	基于曲面提取实体功能创建了池湖港边滩护滩带、已建鱼骨坝延长工程、乐家湾边滩控制工程、戴家洲右缘护岸加固工程等模型，基于放坡开挖创建了直水道疏浚工程模型。建立了航道整治高程模型材质库，包括软体排、抛石、加厚抛石、钢丝网格、透水框架、无纺布、格宾石笼、六角混凝土块护面、生态护坡砖等，并将材质应用到本工程模型
集成与可视化模型	采用了 Autodesk Navisworks 平台进行模型的集成，通过旋转、缩放、查询等形象地展示工程内容和设计细节，并根据工程内容通过建立不同的模型视图表达需要重点关注的区域或部位，在快速表达设计意图、展示工程内容、设计技术交底中都起到了良好的沟通媒介作用
基于 BIM 技术绘制工程图纸模型	根据地形测图在 Autodesk Civil 3D 中创建了枯水期和洪水期的地形曲面，创建体积曲面并设置对照曲面和基准曲面，通过高程分析快速分析出不同时期的地形冲淤变化，并能快速创建河段冲淤变化图。通过提取地形曲面指定高程的等高线，快速建立河道等深线变化图。根据纵断面和横断面绘制功能快速创建工程区域地形断面变化图、护岸或护滩断面图等
工程量统计模型	建立体积或面积属性，并将属性集施加给抛石、软体排等工程模型，可在模型的扩展数据属性中快速查询和统计模型工程量

创建项目	内容
设计方案的进度模拟展示模型	利用 Autodesk Navisworks 建立施工计划方案的模型。首先将模型导入 Autodesk Navisworks，根据设计阶段制定的工程施工进度计划建立施工任务，并指定各任务的计划开始时间和计划结束时间，之后选择相应的模型单元与施工任务相关联，设置施工任务的任务类型，以明确各任务在施工动画模拟中的表现。基于此模型能够快速、形象化地展示施工进度计划，也能够查询任意时刻工程的进展情况及任一工程模型的进度计划

3. 施工阶段 BIM 技术应用

1）BIM 应用目标

通过 BIM 技术应用，加强项目各参与方（业主、设计、监理、施工及检测单位）的协同作业，实现项目各要素（进度、质量、成本、安全、合同、协调）的精细化管理。

2）组织措施

（1）项目团队与分工。本项目 BIM 工作组分为三个团队及项目各参与方。团队具体包括 BIM 应用团队、BIM 平台管控团队、BIM 现场服务团队。其中，BIM 应用团队主要负责模型的创建、拆分、编码及嵌入平台；BIM 平台管控团队主要负责平台模块的开发及使用中的优化完善；BIM 现场服务团队主要针对项目的各参与方，利用 BIM 平台使各方实现业务协同，同时需要开展模型、平台的使用推广培训，以及现场使用过程中意见和需求的收集反馈。项目各参与方包括业主、设计、监理、施工单位，主要是借助 BIM 平台完成业务协同作业。

（2）软硬件选择。软件采用 Autodesk 系列的 Revit、Civil 3D 建模软件，伟景行 CityMaker 系列软件及 IE11 浏览器等；电脑硬件性能配备标准为，CPU 为 i7-8700K，内存为 32 GB，显卡为 GTX 1080，显存为 8 GB，硬盘配备为 250G 固态及 1T 机械盘，相应的配件采用 Logitech 无线键盘鼠标。项目部为 BIM 技术的推广使用，部署现场安全门禁，同时配备了一台大疆无人机及一套 VR 设备。

3）BIM 构建

（1）模型创建。在 Autodesk Civil 3D 中导入设计提供的施工区域地形高程，基于高程生成曲面，再结合设计的结构进行实体的提取，对于已精细化拆分的结构，取其最小部分提取实体，完成后对不同类型的结构实体进行材质贴图，并将成果导出为 FDB 格式。

（2）模型编码。将 FDB 文件导入 CityMaker Builder 进行数据集的检查、归一和处理，随后利用 BIM+GIS 编码工具，对照工程 WBS 分解码，赋予模型相应的编码。

（3）模型嵌入平台。通过选定坐标系，将模型和场景卫星影像自动集成到 GIS 平台，再通过模型与平台的编码关联字段实现驱动模型。

4）基于 BIM 平台的施工管理

主要包括个人计算机 PC 端 BIM 管控平台和移动端 BIM 管控平台。

　　PC 端 BIM 管控平台主要分为模型和功能表单两部分。模型应用主要体现在模型的进度交互、进度分析及模型的信息承载上；功能表单除项目信息及虚拟建造、进度计划仍通过 PC 端共享外，其余表单鉴于数据现场采集和填报更多在现场完成。

　　平台功能表单的数据主要在现场采集，现场人员在移动端填报后，数据会自动流转至 PC 端。移动端 BIM 管控平台包含了工程管理所涉及的各要素，如进度、质量、成本、安全等，目前包含综合管理、问题管理、合同管理、质量管理、安全管理、工作协调、日志管理、会议管理 8 个业务模块，以及项目组织、人员、材料、机械等基础信息维护的基础数据模块和通知公告模块。施工阶段 BIM 技术应用内容见表 9-3-2。

表 9-3-2　施工阶段 BIM 技术应用内容表

BIM 管控平台	主要构建模块	内容
PC 端	项目信息	包含项目概况、项目概况管理、项目成员、组织机构树图、全景 360、全景 360 管理、资料分类、资料管理、资料台账、图纸分类、图纸管理，除全景 360 需要每月用无人机拍摄并上传外，其余数据前期上传后可以一直查看并使用，同时还支持文档检索
	虚拟建造	包含施工交底
	进度管理	包含投资计划、合同进度、施工进度、施工进度计划调整报审、施工进度统计分析、进度问题、施工进度上报、偏差分析
移动端	综合管理	包含开停工管理(工程开工令、工程开工报审、分项工程开工报审、工程暂停令、工程复工令、工程复工报审表、工程延期报审)、开工前检查(施工现场安全生产管理体系检查记录列表、施工环境保护管理体系检查记录列表、施工现场质量管理检查记录)、人员设备等报审与报备（分部分项工程划分备案、施工单位项目组织机构及人员资格报审、施工组织设计/方案报审、大中型施工机械和船舶设备进/退场报审）、施工控制网校核(施工控制测量成果报验、施工测量放线报验、工程测量控制点验收记录、施工测量基线和水准点验收记录)、监测数据（水位天气录入、水位天气监测）
	问题管理	包含问题统计、问题整理
	合同管理	包含工程合同（合同签转、合同台账、统计分析）、分包管理（分包单位资格报审、分包单位台账、统计分析、分包单位统计）、计量支付（工程计量申报、工程进度统计、工程进度款监理审核、工程进度款申请、工程款支付证书、工程款支付报审）、费用问题
	质量管理	包含原材料进场（进场验收记录、送检见证单、现场检验委托单、材料构配件设备报验表）、施工记录(沉排施工记录、抛石施工记录、抛投透水框架、护岸施工记录列表)、旁站记录、隐蔽工程（隐蔽工程报验、隐蔽工程验收记录列表）、质量检验（检验批质量检验记录详情表、分项工程质量检验记录表、分部工程质量检验记录表、单位工程质量检验记录表、检验批分项工程报验、分部工程报验、工程交工验收申请列表）、质量问题、预制构件及原材料信息（预制构件信息表、原材料信息）
	安全管理	包含安全资料、安全组织机构、安全风险管理及应急预案(风险管理、应急预案、安全演练)、安全方案（安全专项方案、安全专题方案）、安全培训及安全交底、安全日志(安全生产日志、安全监理日志)、安全检查及安全隐患处理（安全检查、重大安全质量隐患报告、事故隐患处理记录）、重大安全事故报告、消防管理、职业健康管理记录、安全问题、安全帽设备及摄像头设备管理、平安工地（平安工地评分、年度考核结果）

续表

BIM 管控平台	主要构建模块	内容
移动端	工作协调	此模块包含如下功能表单：工程业务联系单、监理工作联系单、监理通知单、监理通知回复单、安全隐患整改通知单、安全隐患整改结果复查报审表、建设单位工作联系单
	日志管理	此模块包含如下功能表单：施工日志、监理日志、甲方代表日志
	会议管理	包含会议纪要、会议纪要台账

5）平台培训

平台培训主要涉及：BIM 的交互如何操作，PC 端 BIM 管控平台的各模块功能如何使用，以及移动端 BIM 管控平台的各模块功能如何使用；平台的培训对象包括业主、监理及施工单位；平台的培训方式包括集体培训和单人培训。鉴于项目部及监理部人员大多数并未接触到 BIM 平台的实际操作情况，由驻场 BIM 工程师对于项目参与方进行实时指导。

6）基础数据录入

BIM 管控平台提供了基础数据库，如工程名称、施工单位、监理单位、人员、船舶、模型分解结构 MBS、工作分解结构 WBS、预制厂基础信息、检验批基础信息等，大部分数据只需要点选联动即可，大大缩减了施工管理人员的工作量。

4. 应用效果分析

长江干线武汉至安庆河段 6 m 水深航道整治工程（戴家洲河段）的施工图设计阶段基于 BIM 技术在 Autodesk Civil 3D 平台创建了地形曲面和工程模型，真实、准确地反映出了工程设计内容；并在 Autodesk Navisworks 平台进行了模型集成和可视化展示，起到了良好的沟通作用。利用 BIM 辅助施工图绘制及工程量统计，极大地提高了工作效率。

本项目在施工前利用 BIM 技术进行施工技术交底，将施工组织设计或施工方案的计划安排录入平台，可在模型中很直观地查看施工计划，找出最合理的施工安排；施工中的数据可溯源追根，能够清晰查看和管理原材、施工记录、质量、安全等全要素信息。

通过 BIM 技术，合理安排施工进度，有效地缩短了施工时间，有效地减少了工程成本，同时，在一定程度上提高了 BIM 技术对于工程项目的影响力，提高了 BIM 技术的有效性，更加证实了 BIM 新型管理模式的可行性，进一步提高了 BIM 技术对工程的贡献力度。

9.3.2 长江中游蕲春水道航道整治工程

1. 项目概况

蕲春水道位于湖北境内，水道上起下棋盘洲，下迄下黄颡口，全长约 16 km，工程的主要建设内容为，在李家洲边滩建设一条护岸、一道潜坝、三道护滩带，并加固左岸挂河口段的护岸，同时配套建设航道整治建筑物专用标志 10 座。工程于 2017 年 11 月 8 日开工，合同工期为 730 天。

2. 施工阶段 BIM 技术应用

将施工阶段 BIM 技术应用于蕲春水道航道整治工程，主要内容与 9.3.1 小节戴家洲河段航道整治工程施工阶段 BIM 技术应用一致，包括 BIM 应用目标、组织措施（项目团队与分工、软硬件选择）、BIM 构建、基于 BIM 平台的施工管理（PC 端 BIM 管控平台、移动端 BIM 管控平台）、平台培训、基础数据录入。

3. 应用效果分析

本项目施工前进行了 BIM4D、BIM5D 演示，为施工计划制定和施工进度管理提供了科学的决策；施工中的数据可溯源追根，可以很清晰地查看并了解到原材、施工记录、质量、安全等全要素信息；BIM 上还集成了智慧安全帽的应用点，能直观且实时地掌握人员分布情况，避免出现安全遗漏事故。

PC 端 BIM 管控平台侧重于记录各个部门的工作业务情况，如材料部、质量部、安全部、技术部等，将进度、费用、质量、安全通过填报上述业务表单实现管控，再结合信息流转，实现各部门各参与方的协同作业。移动端 BIM 管控平台使得施工数据采集更加方便、快捷，为施工过程远程协同管理提供了强有力的支撑。

本项目通过 BIM 技术应用，找出了不合理的安排，避免了计划错误带来的损失；通过 BIM 管控平台，提高了施工管理的信息化程度，使工程各参与方能通过电子化方式协同作业，减少了沟通成本；大量的施工计划和执行数据能集成在模型中，汇聚成大数据，为项目信息的追溯和后续维护管理提供了依据。

9.3.3　2018～2019 年太平口水道维护疏浚工程

1. 疏浚测量一体化设备应用

为保障 2018～2019 年枯水期航道的畅通，开展了 2018～2019 年长江干线航道维护疏浚工程，其中包括太平口水道维护疏浚。长狮 16 为益阳中海船舶有限责任公司制造的 2 000 m³/h 自航式绞吸挖泥船，将航道疏浚测量一体化设备安装上船后，于 2018 年 7 月交船，并应用于 2018～2019 年太平口水道维护疏浚中。

2. 应用效果分析

2018 年 8 月 1 日～2019 年 5 月 6 日，太平口水道沿岸槽累积完成疏浚量 810×10^4 m³，完成产值 9 720 万元。根据原施工工艺，绞吸挖泥船长狮 16 每天可完成疏浚量 2.3×10^4 m³，完成工程疏浚任务需要 350 天，考虑日常施工过程中每周测量一次，测量造成船舶暂停施工 40 余天，施工总工期为 390 天。

采用疏浚测量一体化设备后，长狮 16 实时监测施工前、施工中、施工后的河床水深及地形变化，船舶依据疏浚测量一体化设备监测的施工效果，及时调整施工方案，长狮 16 实际完成疏浚工程量只用了 9 个月（约 270 天），大大提高了施工效率，日均疏浚工程量达 $3 \times 10^4 \, \text{m}^3$，提前了 120 天。

采用疏浚测量一体化设备技术，本工程共节约直接成本 340 万元，其中，节省人工成本 140 万元，节省测量支出 200 万元，计算如下：船舶每月人工费近 35 万元，工期提前近 4 个月，节省人工成本 140 万元；长狮 16 自带测量系统后，无须聘请专业测量单位进行过程测量，节省测量 40 余次，每次节省测量费 5 万元，节省测量支出 200 万元。间接成本节约了约 724 万，计算如下：提前约 120 天完工，提高效率约 30.8%，减少设备损耗和燃润料的消耗等，每月减少消耗约 181 万元，近 4 个月约 724 万元。

参 考 文 献

白玉川, 冀自青, 徐海珏, 2017. 摆动河槽水动力稳定性特征分析[J]. 力学学报, 49(2): 274-288.

曹文洪, 陈东, 1988. 阿斯旺大坝的泥沙效应及启示[J]. 泥沙研究(4): 79-85.

曹耀华, 1994. 长江中游边滩类型及几何特征[J]. 江汉石油学院学报, 16(4): 22-27.

长江航道局, 2003. 航道工程手册[M]. 北京: 人民交通出版社: 812-813.

长江水利委员会, 2008. 长江流域防洪规划[R]. 武汉: 长江水利委员会.

陈立, 宋涛, 吕孙云, 等, 2018. 汉江下游典型弯曲河段的单向冲刷特点分析[J]. 武汉大学学报(工学版),
    51(4): 283-288.

陈远芳, 高凯春, 1997. 三峡工程下游宜昌至沙市河段河床冲刷预测[J]. 湖泊科学, 9(4): 317-324.

邓金运, 张幸农, 陈长英, 等, 2013. 新水沙条件下长江中游荆江河段航道系统治理整治参数研究[R].
    武汉: 武汉大学.

丁兵, 同宝, 雷文韬, 等, 2015. 四面六边透水框架防护层稳定性试验[J]. 浙江大学学报(工学版), 2(49):
    251-256.

丁君松, 王树东, 1989. 漫滩水流的水流结构及其悬沙运动[J]. 泥沙研究, 3: 82-87.

窦国仁, 2003. 窦国仁论文集[M]. 北京: 中国水利水电出版社.

樊咏阳, 张为, 韩剑桥, 等, 2017. 三峡水库下游弯曲河型演变规律调整及其驱动机制[J]. 地理学
    报, 72(3): 420-431.

付中敏, 郑惊涛, 王平义, 2010. 边滩对弯曲分汊河段河床演变影响分析[J]. 重庆交通大学学报(自然科
    学版), 29(6): 960-964.

高凯春, 黄颖, 黄召彪, 等, 2010. 长江中游航道整治参数关键技术研究[R]. 武汉: 长江航道局.

贡炳生, 1964. 航道整治线宽度及整治水位的确定[C]//中国水利学会河道与港口委员会. 山区性中小河
    流航道整治问题学术讨论会论文汇编. 北京: 中国水利学会河道与港口委员会.

韩剑桥, 孙昭华, 黄颖, 等, 2014. 三峡水库蓄水后荆江沙质河段冲淤分布特征及成因[J]. 水利学报,
    49(3): 277-285.

韩其为, 何明民, 1995. 三峡水库修建后下游长江冲刷及其对防洪的影响[J]. 水力发电学报, 50(3):
    34-46.

贺莉, 陈东, 贾亚非, 等, 2016. 弯道推移质同异岸输移的时空演变模拟[J]. 水力发电学报, 35(2): 54-60.

黄克中, 锺恩清, 1991. 估算平原河流航道整治线宽度的理论与应用[J]. 泥沙研究(2): 69-73.

假冬冬, 夏海峰, 陈长英, 等, 2017. 岸滩侧蚀对航道条件影响的三维数值模拟:以长江中游太平口水道
    为例[J]. 水科学进展, 28(2): 223-230.

贾锐敏, 1996. 从丹江口、葛洲坝水库下游河床冲刷看三峡工程下游河床演变对航道的影响[J]. 水道港
    口, 3: 1-13.

姜加虎, 黄群, 1997. 三峡工程对其下游长江水位影响研究[J]. 水利学报(8): 39-43.

乐培九, 李旺生, 1991. 冲积河流航道整治线宽度问题的研究[J]. 泥沙研究, 5: 21-26.

李健, 王平义, 贺小含, 等, 2019. 非恒定流条件下边滩冲刷机理试验研究[J]. 水运工程, 552(2): 81-88.

李明, 胡春宏, 方春明, 2018. 三峡水库坝下游河道断面形态调整模式与机理研究[J]. 水利学报, 49(2): 1439-1450.

李若华, 2004. 空心四面体框架群减速特性研究[D]. 南京: 河海大学.

李万松, 2000. 水库调流下游河段航道整治使用设计方法[J]. 珠江水运, 8: 26-28.

李义天, 邓金运, 2009. 三峡水库蓄水前后长江中游设计水位变化分析[R]. 武汉: 武汉大学.

李志威, 方春明, 2012. 弯道推移质横向输沙规律与床面平衡机理[J]. 水力发电学报, 31(3): 119-125.

林芬芬, 夏军强, 周美蓉, 等, 2017. 近 50 年来荆江监利段河床平面及断面形态调整特点[J]. 科学通报, 62: 2698-2708.

刘怀汉, 付中敏, 陈婧, 等, 2007. 长江中游航道整治建筑物护滩带稳定性研究[C]//中国水利学会青年科技工作委员会. 中国水利学会第三届青年科技论坛论文集. 郑州:黄河水利出版社: 290-294.

刘建民, 1998. 整治水位与整治线宽度及其走向的研究[J]. 水道港口, 4: 1-13.

刘建民, 2005. 冲积性河流浅滩整治水位与整治线宽度确定[J]. 水道港口, 26(2): 83-86.

刘林, 黄成涛, 李明, 等, 2014. 长江中游典型顺直河段交错边滩复归性演变机理[J]. 应用基础与工程科学学报, 22(3): 445-456.

卢汉才, 刘建民, 1961. 论冲积性河流航道整治线宽度及丁坝高度的确定[R]. 南京: 南京水利科学研究院.

马爱兴, 曹民雄, 王秀红, 等, 2011. 长江中下游航道整治护滩带损毁机理分析及应对措施[J]. 水利水运工程学报(2): 32-38.

闵朝斌, 2002. 关于最低通航设计水位计算方法的研究[J]. 水运工程, 336(1): 29-34.

潘文浩, 2018. 不同尺度密集粗糙与植被床面明渠流流场与总流特性研究[D]. 武汉: 武汉大学.

钱宁, 张任, 周志德, 1989. 河床演变学[M]. 北京: 科学出版社: 1.

荣天富, 万大斌, 1994. 略谈长江干流航行基面及其有关问题[J]. 水运工程,8: 27-30.

史卿, 刘芳, 周溪, 2017. 长江下游上巢湖至浏河口河段枯水期航道维护对策[J]. 水运管理, 39(7): 32-35.

舒安平, 周星, 余明辉, 等, 2018. 岸坡崩塌条件下弯道环流与水流剪切力的变化特征[J]. 水利学报, 49(3): 271-281.

水利部西北水利科学研究所, 2000. 护岸防洪防冲四面六边透水框架: 98233050. 2[P]. 2000-02-02.

宋晓龙, 白玉川, 2018. 一种正弦派生曲线弯道的演变试验研究[J]. 泥沙研究, 43(4): 16-23.

唐存本, 1990. 黄河北干流航道整治线宽度的确定[J]. 泥沙研究,1: 40-46.

王兵, 顾岚, 王翠峰, 2013. 河流心滩形成模式与构建技术研究[J]. 北京林业大学学报, 35(5): 79-83.

王南海, 张文捷, 王玢, 1999. 新型护岸技术: 四面六边透水框架群在长江护岸工程中的应用[J]. 长江科学院院报, 16(2): 11-16.

王秀英, 2006. 冲积河流航道整治设计参数确定方法研究[D]. 武汉: 武汉大学.

王秀英, 李义天, 王东胜, 等, 2008. 水库下游非平衡河流设计最低通航水位的确定[J].泥沙研究, 6: 61-65.

吴江平, 2011. 三峡蓄水后长江中游航道的演变及维护性疏浚方案分析[J]. 中国水运, 11: 44-45.

武建中, 卢志炎, 盛晨兴, 2017. 我国疏浚业的现状与展望[J]. 中国水运(2): 14-16.

谢鉴衡, 1992. 河床演变及整治[M]. 2 版. 北京: 中国水利水电出版社: 1.

徐国宾, 张耀哲, 2006. 混凝土四面六边透水框架群技术在河道整治、护岸及抢险中的应用[J]. 天津大学学报, 39(12): 1465-1469.

薛兴华, 常胜, 2017. 三峡水库运行后荆江段河湾平面形态演变特征[J]. 水力发电学报, 36(6): 12-22.

薛兴华, 常胜, 宋鄂平, 2018. 三峡水库蓄水后荆江洲滩变化特征[J]. 地理学报, 73(9): 1714-1727.

杨树青, 白玉川, 徐海珏, 等, 2018. 河岸植被覆盖影响下的河流演化动力特性分析[J]. 水利学报, 48(8): 905-1006.

杨绪海, 李义天, 刘聪聪, 等, 2020. 荆江门弯道近期滩槽演变特点及影响因素分析[J]. 长江科学院院报, 37(3):12-17.

杨中华, 白凤鹏, 胡朝阳, 2014. 两种布置方式下的四面六边透水框架周边流场的 PIV 试验研究[J]. 应用基础与工程科学学报, 22(5): 877-886.

余新明, 2014. 四面六边透水框架群水力特性试验研究[J]. 水运工程, 1(483): 117-126.

喻涛, 2009. 心滩守护前后水力学特性研究[D].重庆: 重庆交通大学.

张明, 2019. 三峡水库蓄水后尺八口水道弯道段演变特性[J]. 水运工程, 551(1): 12-18.

张沛文, 1979. 论冲积性浅滩航道整治线宽度的确定[J]. 水运工程, 2: 25-32.

张瑞瑾, 谢鉴衡, 陈文彪, 2007. 河流动力学[M]. 武汉: 武汉大学出版社: 1.

张秀芳, 王平义, 王伟峰, 等, 2010. 软体排护滩带的护滩效果研究[J]. 水运工程, 12: 98-103.

张旭东, 金震宇, 刘红, 等, 2017. 福姜沙北水道 12.5 m 深水航道疏浚方案的难点与对策[J]. 水运工程, 11(536): 146-151, 185.

张雅静, 申向东, 2008. 植被覆盖地表空气动力学粗糙度与零平面位移高度的模拟分析[J]. 中国沙漠, 28(1): 21-26.

中交上海航道勘察设计研究院有限公司, 中交天津航道勘察设计研究院有限公司, 2012. 疏浚与吹填工程设计规范: JTS 181—5—2012[S]. 北京: 人民交通出版社.

周美蓉, 夏军强, 林芬芬, 等, 2017. 三峡工程运用后上荆江枯水河槽调整及其对航道的影响[J]. 工程科学与技术, 49(增 2): 74-82.

周祥恕, 刘怀汉, 黄成涛, 等, 2013. 下荆江莱家铺弯道河床演变及航道条件变化分析[J]. 人民长江, 44(1): 26-29.

朱玲玲, 许全喜, 陈子寒, 2018. 新水沙条件下荆江河段强冲刷响应研究[J]. 应用基础与工程科学学报, 26(1): 85-97.

AMIN K E, 1987. Friction characteristics of lubricated copper surfaces with controlled asperity sizes[J]. Wear, 3(115): 361-373.

ANDREW E D, 1980. Effective and bankfull discharges of streams in the Yampa River Basin, Colorado and Wyoming [J]. Journal of hydrology, 46(3/4):311-330.

BATHURST J C, 1996. Field measurement of boulder flow drag[J]. Journal of hydraulic , 122(3): 167-169.

BATHURST J C, SIMONS D B, LI R M, 1981. Resistance equation for large-scale roughness[J]. Journal of the hydraulics division, 107(12): 1593-1613.

BLANCKAERT K, 2011.Hydrodynamic processes in sharp meander bends and their morphological implications [J]. Journal of geophysical research: earth surface, 116(F1):1-2.

CHEN D, DUAN J G , 2012. Simulation of meandering channel evolution with an analytical model[C]// World Water and Environmental Resources Congress 2004. Salt Lake City:ASCE: 1-10.

CHEN Z Y, WANG Z H, 2010. Implications of flow control by the Three Gorges Dam on sediment and channel dynamics of the middle Yangtze (Changjiang) River, China[J]. Geology, 38(11): 1043-1046.

CHENG N S, 2017. Simple modification of Manning-Strickler formula for large-scale roughness[J]. Journal of hydraulic engineering, 143(9): 1-8.

DAI S B, LU X X, 2014. Sediment load change in the Yangtze River (Changjiang): A review[J]. Geomorphology, 215(12): 60-73.

DE KRAMER J, WILBERS A, VAN DEN BERG J, et al., 2000. De Allier als morfologisch voorbeeld voor de Grensmaas. Deel II: Oevererosie en meandermigratie[J]. Natuurhistorisch maandblad, 89: 189-198.

EINSTEIN H A, EL-SAMNI E S A, 1949. Hydrodynamic forces on a rough wall[J]. Reviews of modern physics, 21(3): 520-524.

FANG H, HAN X, HE G , et al., 2018. Influence of permeable beds on hydraulically macro-rough flow[J]. Journal of fluid mechanics, 847: 552-590.

FRANK L E, BRUCE L R, 2012. Interaction among mean flow, turbulence, bed morphology, bank failures and channel planform in an evolving compound meander loop[J]. Geomorphology, 163:70-83.

GHISALBERTI M, 2009. Obstructed shear flows: similarities across systems and scales[J]. Journal of fluid mechanics, 641: 51.

HICKIN E J, NANSON G C, 1975. The character of channel migration on the Beatton River, northeast British Columbia, Canada[J]. Geological society of America bulletin, 86: 487- 494.

HICKIN E J, NANSON G C, 1984. Lateral migration of river bends[J]. Journal of hydraulic engineering, 109: 327- 337.

HOOKE J M, 1987. Discussion of "lateral migration rates of river bends" by Edward J. Hickin and Gerald C. Nanson (November, 1984) [J]. Journal of hydraulic engineering, 113(7): 915-918.

HUANG J, VARYU D R, GREIMANN B P, 2009. Numerical model of channel meandering in the Middle Sacramento River[C]// World Environmental and Water Resources Congress 2009. Kansas City: ASCE: 3451-3461.

HUDSON P F, KESEL R H, 2000. Channel migration and meander-bend curvature in the lower Mississippi River prior to major human modification[J]. Geology, 28(6): 531-534.

JACKSON P S, 1981. On the displacement height in the logarithmic velocity profile[J]. Journal of fluid mechanics, 111: 15-25.

KATUL G, WIBERG P, ALBERTSON J, et al., 2002. A mixing layer theory for flow resistance in shallow streams[J]. Water resources research, 38(11): 1-8.

LAWRENCE D S L, 1997. Macroscale surface roughness and frictional resistance in overland flow[J]. Earth surface processes and landforms: the journal of the British geomorphological group, 22(4): 365-382.

LÓPEZ R, BARRAGÁN J, 2008. Equivalent roughness of gravel-bed rivers[J]. Journal of hydraulic engineering, 134(6): 847-851.

MOLION L C B, MOORE C J, 1983. Estimating the zero-plane displacement for tall vegetation using a mass conservation method[J]. Boundary-layer meteorology, 2(26): 115-125.

NIKORA V, GORING D, MCEWAN I, et al., 2001. Spatially averaged open-channel flow over rough bed[J]. Journal of hydraulic engineering, 127(2): 123-133.

NIKURADSE J, 1933. Strömungsgesetze in rauhen Rohren[C]//Forschung auf dem Gebiete des Ingenieurwesens. Berlin: VDI-Verlag: 1-22.

PAINTAL A S, 1971. Concept of critical shear stress in loose boundary open channels[J]. Journal of hydraulic research, 9(1): 91-113.

RECKING A, FREY P, PAQUIER A, et al., 2008. Bed-load transport flume experiments on steep slopes[J]. Journal of hydraulic engineering, 134(9): 1302-1310.

RICKENMANN D, RECKING A, 2011. Evaluation of flow resistance in gravel-bed rivers through a large field data set[J]. Water resources research, 47(7): 1-22.

ROBERSON J A, BAJWA M, WRIGHT S J, 2010. A general theory for flow in rough conduits[J]. Journal of hydraulic research, 12(2): 223-240.

SALANT N L, RENSHAW C E, MAGILLIGAN F J, 2006. Short and long-term changes to bed mobility and bed composition under altered sediment regimes[J]. Geomorphology, 76(1/2): 43-53.

SCHLICHTING H, 1979. Boundary layer theory[M]. 7th ed. New York: McGraw-Hil.

SHALASH S, 1983. Degradation of the River Nile[J]. Water power & dam construction, 35(7): 37-43.

SHIELDS JR F D, SIMON A, STEFFEN L J, 2000. Reservoir effects on downstream river channel migration[J]. Environmental conservation, 27(1): 54-66.

WIBERG P L, SMITH J D, 1991. Velocity distribution and bed roughness in high-gradient streams[J]. Water resources research, 27(5): 825-838.

WILLIAMS G P, WOLMAN M G, 1984. Downstream effects of dams on alluvial rives[J]. United States Geological Survey professional paper, 1286: 83.

YANG Y P, ZHANG M J, SUN Z H, 2018. The relationship between water level change and river channel geometry adjustment in the downstream of the Three Gorges Dam[J]. Journal of geographical sciences, 28(2): 193-211.

YEN B C, 1992. Dimensionally homogeneous Manning formula[J]. Journal of hydraulic engineering, 118(9): 1326-1332.

YEN B C, 1993. Dimensionally homogeneous Manning's formula closure[J]. Journal of hydraulic engineering, 12(1443): 1443-1445.